왜 정답인지
모두 풀이 해 주는

HSK4급
모의고사
문제집

다락원 홈페이지와 콜롬북스
APP에서 MP3 파일 다운로드
및 실시간 재생 서비스

이준복·성룡 저

다락원

왜 정답인지
모두 풀이 해 주는

HSK4급
모의고사
문제집

汉语水平考试

HSK（四级）

第一套

注　意

一、 HSK（四级）分三部分：

    1．听力（45题，约30分钟）

    2．阅读（40题，40分钟）

    3．书写（15题，25分钟）

二、 听力结束后，有5分钟填写答题卡。

三、 全部考试约105分钟（含考生填写个人信息时间5分钟）。

一、听 力

第 一 部 分

第1-10题：判断对错。

例如： 我想去买一个裤子，明天下午你有时间吗？陪我去一趟商场？

    ★ 他打算明天去商场。　　　　　　　　　　　　（　✓　）

    很多人都喜欢开车时听广播，因为通过听广播，司机们不仅不会感到无聊，而且还可以及时了解道路上的情况。

    ★ 开车时听广播不安全。　　　　　　　　　　　（　×　）

1. ★ 今天他不想吃包子。　　　　　　　　　　　　（　　　）

2. ★ 广播在找丢护照的人。　　　　　　　　　　　（　　　）

3. ★ 前几天天气很冷。　　　　　　　　　　　　　（　　　）

4. ★ 老王总是迟到。　　　　　　　　　　　　　　（　　　）

5. ★ 现在想在这儿吃饭的人很多。　　　　　　　　（　　　）

6. ★ 他的猫喜欢在相同的地方睡觉。　　　　　　　（　　　）

7. ★ 网站的所有电影都免费。　　　　　　　　　　（　　　）

8. ★ 他想成为律师。　　　　　　　　　　　　　　（　　　）

9. ★ 幸福和金钱关系很大。　　　　　　　　　　　（　　　）

10. ★ 葡萄酒不能乱喝。　　　　　　　　　　　　　（　　　）

第11-25题：请选出正确答案。

例如：女：该出发了，护照带好了吗？

男：带了，你放心吧。

问：男的主要是什么意思？

A 不能出发　　　B 带护照了 ✓　　C 快到机场了　　D 飞机起飞了

11. A 散步　　　　B 跑步　　　　C 爬山　　　　　D 打乒乓球

12. A 足球场　　　B 网球场　　　C 停车场　　　　D 电影院

13. A 腿疼　　　　B 感冒了　　　C 非常困　　　　D 一直发烧

14. A 2份　　　　B 6份　　　　C 8份　　　　　D 10份

15. A 休息　　　　B 旅行　　　　C 出差　　　　　D 看电影

16. A 顾客不多　　B 菜不好吃　　C 生意很好　　　D 正招聘服务员

17. A 去面试　　　B 去办签证　　C 护照到期　　　D 受到了邀请

18. A 医生　　　　B 教授　　　　C 警察　　　　　D 司机

19. A 不吃饭　　　B 少做运动　　C 多吃辣的　　　D 少吃甜的

20. A 问路　　　　B 看地图　　　C 买新手机　　　D 参观美术馆

21. A 汉字　　　　B 语法　　　　C 单词　　　　　D 顺序

22. A 结婚　　　　B 去出差　　　C 参加婚礼　　　D 邀请朋友

23. A 喜欢长发　　B 想剪短发　　C 喜欢看电视　　D 不爱赶流行

24. A 票难买　　　B 座位很少　　C 票没卖完　　　D 能在网上看

25. A 没有纸了　　B 活动推迟了　C 打印机坏了　　D 材料打印好了

第三部分

第26-45题：请选出正确答案。

例如：
男：你这么着急去哪儿啊？

女：两点半开会，我去打印一些文件。

男：不是三点吗？

女：提前了，你没收到短信吗？

男：我没带手机，那我也去准备一下。

问：会议几点开始？

A 一点　　　　　B 两点半 ✓　　　C 三点　　　　　D 四点半

26. A 鞋子　　　　　B 袜子　　　　　C 裤子　　　　　D 衬衫

27. A 客厅　　　　　B 车上　　　　　C 车站　　　　　D 沙发上

28. A 多云　　　　　B 下雨了　　　　C 降温了　　　　D 风刮得厉害

29. A 快毕业了　　　B 要留在学校　　C 去杭州应聘　　D 在杭州工作

30. A 很开心　　　　B 没关系　　　　C 影响自信　　　D 压力不小

31. A 迷路了　　　　B 经验不够　　　C 很有信心　　　D 性格活泼

32. A 得交罚款　　　B 要马上还书　　C 打算买那本书　D 可以开学后还书

33. A 房价不贵　　　B 环境很好　　　C 旁边有公园　　D 交通很方便

34. A 夫妻　　　　　B 同学　　　　　C 师生　　　　　D 司机与乘客

35. A 填表格　　　　B 扔垃圾　　　　C 打篮球　　　　D 擦桌子

36. A 蓝色   B 黑色   C 黄色   D 咖啡色

37. A 看电视   B 吃好吃的   C 给猫洗澡   D 抱着猫午觉

38. A 一起学习   B 朋友介绍   C 网上聊天   D 参加活动

39. A 很害羞   B 要求很高   C 有点马虎   D 有责任心

40. A 没人使用   B 没有什么变化   C 使用者增加了   D 收费越来越高

41. A 多比较   B 去商店看看   C 看是否包邮   D 看是否打折

42. A 容易成功   B 不容易走   C 不一定适合你   D 不会让人失望

43. A 要懂得感谢   B 方法是关键   C 要互相关心   D 要走自己的路

44. A 多喝水   B 穿凉鞋   C 先洗脸   D 拿上伞

45. A 怎么打扮   B 刷牙的好处   C 夏天的天气   D 怎么保护皮肤

二、阅读

第46-50题：选词填空。

A 大约　　　B 接着　　　C 羡慕　　　D 坚持　　　E 粗心　　　F 戴

例如：我（　D　）锻炼，吃东西也很注意，所以身体越来越好。

46．李叔叔的两个孩子都通过了那个考试，真让人（　　　　）。

47．为了方便开车，一些老司机喜欢（　　　　）太阳镜。

48．爸爸把那张桌子搬进来，（　　　　）妈妈把它擦干净了。

49．这次报名的人中，（　　　　）三分之一是李教授的硕士研究生。

50．我真是太（　　　　）了，竟然连放护照的包都忘带了。

第51-55题：选词填空。

A 堵车　　　B 标准　　　C 温度　　　D 到底　　　E 挺　　　F 方向

例如： A：洗澡的时候，(　C　)不要太高，身体感觉到舒服就好！

B：不过我觉得用热水洗澡才舒服啊。

51. A：你怎么买这个牙膏了？

B：朋友们都说(　　　)好用的，而且今天还买一送一，怎么了？

52. A：我恐怕要迟到了，下班时间这段路很(　　　)。

B：好的，我们也刚到，我们先聊一会儿天，等你来了再点菜。

53. A：你说这个消息(　　　)是真的还是假的啊？

B：现在网上的信息假的太多了，我也不太清楚啊。

54. A：想要说出(　　　)的汉语，光听是不够的。

B：你说的对，不仅要多听，还要多说。

55. A：您好，请问长江大桥是往这个(　　　)走吗？

B：对，在前面路口往左转，然后再走十分钟就能看到了。

第 二 部 分

例如： A 这些家具很多都是他帮忙抬上来的

        B 力气却大得很

        C 别看小黄个子不高，人也瘦   C B A

56. A 她的丈夫是很浪漫的人

     B 可她非常实际

     C 因此她往往无法理解丈夫的想法

57. A 而有些人只有睡好觉才能减轻压力

     B 比如有些人只要吃好吃的就可以轻松起来

     C 任何人都有自己放松的方式

58. A 一到医院就哭，她怎么也没有想到

     B 我长大后竟然会成为一名医生

     C 妈妈说我小时候特别怕打针

59. A 自行车随处乱放的情况越来越严重了

     B 希望能快点儿找到解决方法

     C 已经成为了城市环境管理的新问题

60. A 生活中，我们谁都不会知道

     B 努力过好每一天才是我们应该做的

     C 第二天将会发生什么

61. A 然后再往左走50米

    B 过了公交车站，你就能看见邮局了

    C 你先直走到前面的红绿灯 _____

62. A 不管是做什么事儿

    B 从小，爸爸对我十分严格

    C 他总是要求我要认认真真，不能有半点儿马虎 _____

63. A 但电视上说今天有雨

    B 我本打算和朋友一起去打网球

    C 我不得不改变了想法，去体育馆打篮球了 _____

64. A 不管压力有多大，为了我们共同的理想

    B 一定不能放弃

    C 而要继续坚持到底 _____

65. A 虽然相声历史比较短，可以说是年轻的艺术

    B 它发展得快，深受大家喜爱

    C 但是与其他表演艺术相比 _____

第 三 部 分

第66-85题：请选出正确答案。

例如：小王，这儿离你们学校也就两三站的距离，周围环境不错，房租也算便宜，再考虑一下，好不好？

　　★ 小王：

　　A 被骗了　　　　B 住在附近　　C 在找房子 ✓　　D 在看广告

66. 陈阿姨，您先填一下这张申请表，姓名、性别、年龄和地址都要写好，然后交给我就可以了。

　　★ 她让陈阿姨：

　　A 填表格　　　B 讲笑话　　　C 继续努力　　　D 打扫教室

67. 人们往往觉得，尽管花一样的钱，现金付款和刷信用卡的感觉却完全不同：付现金时总感觉好像花了很多；而刷卡的时候，只看到数字的减少，并没有那么心疼。

　　★ 跟刷卡比，直接付现金：

　　A 更正式　　　B 优点更多　　　C 更让人心疼　　　D 越来越普遍

68. 小李，别哭了，哭对解决问题没有任何帮助，这件事儿也没有你想得那么严重，还有我呢，我们一起去解决它吧。

　　★ 对于这件事情，说话人希望小李：

　　A 找到重点　　B 先哭再说　　C 一起找办法　　D 放弃这件事

69. 教育孩子的时候，要多给他们加油。因为孩子会通过父母的语言来认识自己，听到这些话孩子也会变得更加自信。

　　★ 教育孩子的时候，父母要：

　　A 理解孩子　　B 多鼓励孩子　　C 对孩子诚实　　D 多跟孩子交流

70. 如果发现什么问题，请您拿着购物小票来就可以。按照我们商场的规定，7天内包换，所以请您放心购买。

★ 如果有问题：

A 可以换　　　B 要懂规定　　　C 来找说话人　　D 要扔掉小票

71. 生气前，请冷静地想一想是不是真的值得为这件事情发脾气。很多时候你会发现，其实这件事情用不着生气。

★ 这段话主要告诉我们：

A 性格要好　　　B 做事要认真　　　C 要学会拒绝　　　D 不要发脾气

72. 中国一些省份的名字与河流和高山有关。比如说，山东、山西是因为在太行山的东面和西面而得名；在黄河的北边和南边的两个省份就是河北省和河南省。

★ 山西省在：

A 黄河的北边　　B 黄河的南边　　C 太行山以西　　D 太行山以东

73. 刷牙的次数不是越多越好，如果刷牙次数太多会对牙的健康带来不好的影响。研究发现，早晚各一次最合适，最好别超过三次。

★ 关于刷牙，我们可以知道：

A 越多越好　　　B 要用温水　　　C 可以刷三次　　D 至少刷5分钟

74. 据调查，睡觉时间短的人比睡觉时间长的人容易胖。一般来说，每天睡5个小时以下的人，往往比每天睡眠时间超过7个小时的人胖。

★ 调查结果说明：

A 做梦是运动　　B 睡觉影响胖瘦　　C 早睡对身体好　　D 晚睡晚起容易胖

75. 周围的环境怎么样，我们无法改变，但可以决定我们的态度。只要我们换一种态度去思考，很多看起来非常困难的问题，很快就会得到解决。

★ 根据这段话，可以知道什么？

A 要尊重别人　　B 环境很重要　　C 要有同情心　　D 态度可以选择

76. 我公司现招聘一名职员，要求有一年以上工作经验，会一门以上外语者优先，男女不限，欢迎符合条件者前来应聘。

★ 应聘者必须：

A 会说外语　　　　B 读过大学　　　　C 有工作经验　　　D 35岁以下

77. 担担面是中国四川省的常见小吃，它有点辣，但特别香。当你肚子饿的时候，担担面一定是一个不错的选择。

★ 说话人认为，担担面：

A 很酸　　　　　B 不辣　　　　　C 好吃　　　　　D 是广东菜

78. 有些人喜欢打扮自己养的动物，比如给小狗穿衣服、给小猫戴项圈什么的，还给它们"理发"。可是对动物们喜不喜欢这样打扮，他们好像不太考虑。

★ 对打扮动物，说话人是什么看法？

A 可以试试　　　B 让人愉快　　　C 完全同意　　　D 不怎么接受

79. 一般认为，飞机起飞和降落时危险最大，人们把刚起飞后的6分钟和降落时的7分钟，叫做"黑色13分钟"。

★ "黑色13分钟"是指什么样的时间？

A 速度慢　　　　B 需要加油　　　C 最不安全　　　D 离地面最近

80-81.

刚开始，报纸不是送到每家门前，而是人们要到一个专门的地方取，太麻烦了。一个小孩子为爷爷去取报纸时，想出了一个主意。他敲响了每个邻居的门，对邻居说："要是您每月给我一点儿钱，我就会帮您把报纸取来。"很快，他有了几十个顾客。一个月后，他拿到了不少钱。这就是送报服务的开始。

★ 小孩儿说他会把报纸送到哪儿？

A 房东家　　　B 学校门口　　　C 邻居家门前　　　D 专门的地方

★ 小孩儿通过送报纸：

A 赚到了钱　　　B 得到了表扬　　　C 提高了成绩　　　D 交到了朋友

82-83.

　　"低头族"是最近很普遍的现象，指的是坐各种交通工具或者走路时低着头玩手机的人。现在，到处都在举行"放下手机"活动，目的是让大家暂时离开手机，注意安全，并关心别人。这个活动得到了很多人的支持，在社会上影响也很大。

★ 举行"放下手机"活动是为了：

A 保护环境　　　B 保护眼睛　　　C 吸引人们　　　D 照顾别人

★ 关于"低头族"，下列哪个正确？

A 给奖金　　　B 受到欢迎　　　C 会有危险　　　D 让人兴奋

84-85.

　　很多人都羡慕律师，觉得他们能赚到很多钱。其实律师并不像人们想象的那样轻松。首先，律师要对法律非常了解，而且还要根据实际情况想办法赢得法官的认同。其次，律师每天要看很多材料，只有能吃苦，才能坚持下来。最后，在法庭中还会出现各种各样的问题，律师必须能够冷静面对。

★ 很多人羡慕律师的原因是：

A 很轻松　　　B 收入高　　　C 受到尊敬　　　D 了解法律

★ 根据这段话，可以知道：

A 坚持是关键　　　B 做法官不轻松　　　C 律师工作辛苦　　　D 问题要及时解决

三、书写

第一部分

第86-95题：完成句子。

例如： 究竟   发生了   你们那儿   什么事情

你们那儿究竟发生了什么事情?

86. 让   那场比赛   激动   所有观众都   非常

87. 这种看法   接受   现在还很难   被

88. 这些游客   同一个城市   几乎都   来自

89. 妻子   钥匙   镜子前   把   放到了

90. 禁止人们   加油站是   抽烟   的

91. 举行   下次音乐节   在上海   也许

92. 那个楼   大使馆旁边   有人住   吗

93. 小说   感动了   人   许多   那本

94. 比原来的   新   省时   航班

95. 这个语法   准确   很   使用得

16

第二部分

第96-100题：看图，用词造句。

例如： 网球　　　　　她很喜欢打网球。

96.  巧克力　　97.  来不及

98.  挂　　　　99.  感动

100.  到底

17

제1회
모의고사 정답과 모범 답안

해설서 10쪽

一、听力 듣기

1 ✓	2 ✗	3 ✗	4 ✗	5 ✓	6 ✗	7 ✗	8 ✓	9 ✗	10 ✓
11 C	12 B	13 B	14 B	15 C	16 C	17 D	18 D	19 D	20 B
21 A	22 C	23 B	24 A	25 A	26 A	27 B	28 A	29 A	30 B
31 B	32 D	33 C	34 B	35 B	36 A	37 B	38 B	39 C	40 C
41 A	42 C	43 D	44 D	45 D					

二、阅读 독해

46 C	47 F	48 B	49 A	50 E	51 E	52 A	53 D	54 B	55 F
56 ABC	57 CBA	58 CAB	59 ACB	60 ACB	61 CAB	62 BAC	63 BAC	64 ABC	65 ACB
66 A	67 C	68 C	69 B	70 A	71 D	72 C	73 C	74 B	75 D
76 C	77 C	78 D	79 C	80 C	81 A	82 D	83 C	84 B	85 C

三、书写 쓰기

86 那场比赛让所有观众都非常激动。

87 这种看法现在还很难被接受。

88 这些游客几乎都来自一个城市。

89 妻子把钥匙放到了镜子前。

90 加油站是禁止人们抽烟的。

91 下次音乐节也许在上海举行。

92 大使馆旁边那个楼有人住吗?

93 那本小说感动了许多人。

94 新航班比原来的省时。

95 这个语法使用得很准确。

96 我每天都吃甜甜的巧克力。

97 今天起晚了,现在去上课已经来不及了。

98 客厅里挂着很多照片。

99 因为男朋友送给我很多花,所以我很感动。

100 这道题到底怎么做?

汉语水平考试

HSK（四级）

第二套

注　意

一、 HSK（四级）分三部分：

　　1．听力（45题，约30分钟）

　　2．阅读（40题，40分钟）

　　3．书写（15题，25分钟）

二、 听力结束后，有5分钟填写答题卡。

三、 全部考试约105分钟（含考生填写个人信息时间5分钟）。

一、听 力

第 一 部 分

第1-10题：判断对错。

例如： 我想去买一个裤子，明天下午你有时间吗？陪我去一趟商场？

　　　★ 他打算明天去商场。　　　　　　　　　　　（ ✓ ）

　　　很多人都喜欢开车时听广播，因为通过听广播，司机们不仅不会感到无聊，而且还可以及时了解道路上的情况。

　　　★ 开车时听广播不安全。　　　　　　　　　　（ × ）

1．★ 航班正常起飞了。　　　　　　　　　　　　　（ 　 ）

2．★ 爷爷会用手机上网。　　　　　　　　　　　　（ 　 ）

3．★ 他丢了钱包。　　　　　　　　　　　　　　　（ 　 ）

4．★ 小李在北京读博士。　　　　　　　　　　　　（ 　 ）

5．★ 国庆节期间，那家店的家具很便宜。　　　　　（ 　 ）

6．★ 他不想离开云南。　　　　　　　　　　　　　（ 　 ）

7．★ 那个植物不长叶子。　　　　　　　　　　　　（ 　 ）

8．★ 医院的厕所里可以抽烟。　　　　　　　　　　（ 　 ）

9．★ 脾气不受压力的影响。　　　　　　　　　　　（ 　 ）

10．★ 过程比结果更重要。　　　　　　　　　　　　（ 　 ）

第 二 部 分

第11-25题：请选出正确答案。

例如：女：该出发了，护照带好了吗？

男：带了，你放心吧。

问：男的主要是什么意思？

A 不能出发　　　　B 带护照了 ✓　　　C 快到机场了　　　D 飞机起飞了

11. A 填表格　　　　B 发通知　　　　C 去面试　　　　D 离开公司

12. A 发高烧　　　　B 感冒很重　　　C 咳嗽厉害　　　D 不想吃药

13. A 看书　　　　　B 上网　　　　　C 做菜　　　　　D 买菜

14. A 游泳　　　　　B 休息　　　　　C 买手机　　　　D 修理手机

15. A 车上　　　　　B 船上　　　　　C 教室里　　　　D 办公室里

16. A 很暖和　　　　B 很舒服　　　　C 比较暗　　　　D 温度低

17. A 护士　　　　　B 房东　　　　　C 教授　　　　　D 孙女

18. A 菜都很辣　　　B 菜都很咸　　　C 生意很好　　　D 菜不好吃

19. A 没带护照　　　B 想打出租车　　C 不记得密码　　D 找不到银行

20. A 儿童节目　　　B 观众数量　　　C 新闻报道　　　D 广告收入

21. A 两个小时　　　B 三个小时　　　C 两个半小时　　D 三个半小时

22. A 搬家　　　　　B 抬桌子　　　　C 擦窗户　　　　D 整理房间

23. A 很笨　　　　　B 很可怜　　　　C 聪明活泼　　　D 认真负责

24. A 皮鞋小　　　　B 不能上网　　　C 没有袜子　　　D 大小没关系

25. A 看演出　　　　B 听音乐　　　　C 上台表演　　　D 电话关机了

第 三 部 分

第26-45题：请选出正确答案。

例如： 男：你这么着急去哪儿啊？

女：两点半开会，我去打印一些文件。

男：不是三点吗？

女：提前了，你没收到短信吗？

男：我没带手机，那我也去准备一下。

问：会议几点开始？

A 一点　　　　　　B 两点半 ✓　　　　C 三点　　　　　　D 四点半

26. A 楼下　　　　　B 停车场　　　　C 办公室　　　　D 窗户边

27. A 很无聊　　　　B 很一般　　　　C 让她失望　　　D 不值得看

28. A 邮寄杂志　　　B 联系作者　　　C 修理汽车　　　D 开汽车公司

29. A 减肥了　　　　B 很吃惊　　　　C 要去图书馆　　D 喜欢打扮

30. A 月底　　　　　B 下班后　　　　C 星期天　　　　D 明天晚上

31. A 网速慢　　　　B 密码错误　　　C 拿错钥匙了　　D 电话一直占线

32. A 表示感谢　　　B 感到抱歉　　　C 同情心强　　　D 喜欢男的

33. A 觉得酸　　　　B 有点咸　　　　C 太甜了　　　　D 不好喝

34. A 打针　　　　　B 吃药　　　　　C 检查身体　　　D 陪他去医院

35. A 电脑坏了　　　B 作业没存上　　C 成绩出来了　　D 忘记请假了

36. A 房子不大　　　B 房租便宜　　　C 附近购物方便　　D 需要开车出行

37. A 游泳　　　　　B 看电影　　　　C 打篮球　　　　　D 打羽毛球

38. A 作业很多　　　B 不能看电视　　C 每天去上课　　　D 与其它孩子比较

39. A 成绩好　　　　B 会弹钢琴　　　C 受到欢迎　　　　D 开心地长大

40. A 害羞　　　　　B 活泼　　　　　C 内向　　　　　　D 可爱

41. A 四川菜　　　　B 四川女性　　　C 四川旅行　　　　D 四川的景色

42. A 打七折　　　　B 有活动　　　　C 卖得不好　　　　D 可以送货

43. A 厨师　　　　　B 警察　　　　　C 艺术家　　　　　D 售货员

44. A 很无聊　　　　B 让人失望　　　C 要负责任　　　　D 很难成功

45. A 要有梦想　　　B 不要浪费时间　C 知识就是金钱　　D 只有努力是不够的

二、阅 读

第 一 部 分

第46-50题：选词填空。

A 重　　　B 可惜　　　C 故意　　　D 坚持　　　E 既然　　　F 往往

例如：我（　D　）锻炼，吃东西也很注意，所以身体越来越好。

46. 这次真是太（　　　　）了，竟然差一分没有通过考试。

47. 幽默的人（　　　　）会给我们留下很深的印象。

48. 没关系，我自己拿得动，一点儿都不（　　　　）。

49. 对不起，我不是（　　　　）的，请你原谅。

50. 你（　　　　）那么困，就别坚持了，快去洗洗睡吧。

第51-55题：选词填空。

A 交　　　　B 鼓励　　　　C 温度　　　　D 盒　　　　E 正好　　　　F 危险

例如：A：洗澡的时候，（　C　）不要太高，身体感觉到舒服就好！

　　　　B：不过我觉得用热水洗澡才舒服啊。

51. A：这个巧克力广告做得很好，很吸引人。

　　 B：是啊，现在的广告越来越有意思了，我现在就想去买一(　　　　)。

52. A：怎么突然停了？

　　 B：那个人应该是刚学开车，突然加速，实在是太(　　　　)了。

53. A：先生，你还需要(　　　　)一份签证申请表。

　　 B：我记得所有材料都写好了啊，放哪儿了呢？

54. A：这次大赛获得了第一名，我真的替你开心啊。

　　 B：谢谢老师，如果没有老师的(　　　　)，我早就放弃了。

55. A：明天就搬家了，现在还没收拾完呢，房间比较乱。

　　 B：这么快就搬了啊？我明天(　　　　)有空，我来帮你吧。

第 二 部 分

第56-65题：排列顺序。

例如： A 这些家具很多都是他帮忙抬上来的

B 力气却大得很

C 别看小黄个子不高，人也瘦　　　　　　　　　　C B A

56. A 其实这会让很多顾客感到压力

B 他们更喜欢自己转转

C 去逛商店时，有的售货员有点儿太热情了　　　＿＿＿＿＿＿＿

57. A 他们之间偶尔会发生一些小误会

B 由于语言和文化不一样

C 我公司的同事们都来自不同的国家　　　　　　＿＿＿＿＿＿＿

58. A 到现在还没有好好逛过

B 我搬到这个城市已经三个月了

C 正好今天请了一天假，打算到处走走　　　　　＿＿＿＿＿＿＿

59. A 很快就会解决那些麻烦

B 他总是有一些好办法

C 当所有人都不知道该怎么做的时候　　　　　　＿＿＿＿＿＿＿

60. A 即使到春节回老家过年

B 也只是偶尔出来聚一下

C 小学毕业以后，我们很少见面了　　　　　　　＿＿＿＿＿＿＿

26

61. A 然而一定要及时放回原来的地方

B 这里的书只能在这儿看，你要是有需要

C 可以拿到旁边的复印店复印

62. A 对于这条法律究竟是否合适

B 是否应该继续保留着

C 不同的人有不同的看法

63. A 完全不像一个刚毕业的大学生

B 让我们吃惊的是

C 新来的那个小伙子遇到问题时很冷静

64. A 大家一块儿在客厅看足球

B 最近他经常邀请朋友们来自己家

C 一边看一边喝啤酒，十分热闹

65. A 由孔子的学生们整理而成

B 《论语》主要内容是孔子和他学生的对话

C 现在它已成为研究孔子的重要材料

第 三 部 分

第66-85题：请选出正确答案。

例如：小王，这儿离你们学校也就两三站的距离，周围环境不错，房租也算便宜，再考虑一下，好不好？

　　★ 小王：

　　A 被骗了　　　　B 住在附近　　　C 在找房子 ✓　　D 在看广告

66. 喂，妈，我现在刚打完篮球，正在回家的路上。我实在太饿了，能给我做点饺子吗？要是不行，我就买包子回家。

　　★ 说话人现在怎么了？

　　A 非常饿　　　　B 想打篮球　　　C 不想回家　　　D 肚子不舒服

67. 他们结婚已经10年了，虽然生活中有风风雨雨，但他们总是能相互鼓励度过困难。除了这些，平时的小浪漫，让他们的感情更深。

　　★ 他们：

　　A 很无聊　　　　B 没有浪漫　　　C 感情很好　　　D 没有烦恼

68. 为了翻译好这个材料，我看了很多有关材料，每天加班到很晚才回家，付出了很多努力。

　　★ "我"付出努力干什么？

　　A 解释原因　　　B 及时回家　　　C 整理材料　　　D 翻译文章

69. 李总经理年轻时十分喜欢旅游，去过很多国家。不管到哪里，她都会带着几本书。她说，它里面也有完全不同的一个世界，旅行中休息的时候看看，也有另外一番趣味。

　　★ 李总经理旅行时：

　　A 爱照相　　　　B 经常迷路　　　C 有空爱看书　　D 喜欢回忆过去

70. 李阳，快过来帮一下忙，和我一起抬这个沙发。我不小心掉了办公室的钥匙，掉到沙发底下了。

   ★ 说话人希望李阳帮他：

   A 找钥匙　　　　B 买沙发　　　　C 回办公室　　　　D 打扫卫生

71. 他爷爷是中学老师，他从小就跟着爷爷学数学。在爷爷仔细的教授下，他坚持学习，十年如一日，最终被招聘到一所大学当教授了。

   ★ 关于他，可以知道：

   A 很诚实　　　　B 要求很低　　　　C 受父母的影响　　D 数学知识很丰富

72. 有一种植物非常奇怪，它可以自己"搬家"。如果它"住"的地方很长时间不下雨，那么它就会离开，随风到水丰富的地方。它之所以能够这样，是因为缺水让它的身体自动收缩起来。

   ★ 关于那种植物，可以知道：

   A 会唱歌　　　　B 会污染环境　　　　C 不喜欢阴雨天　　D 会搬到有水的地方

73. 父母一般都希望自己的孩子热爱读书。要想让孩子成为这样的人，父母首先要从自我做起。要是连自己都不喜欢看书，在家里只看着电视，孩子又怎么认真读书呢？

   ★ 想要让孩子看书，父母应该：

   A 多看电视　　　　B 多陪孩子　　　　C 不要管孩子　　　　D 从自己做起

74. "有声图书"是一种新鲜的读书方式，读者可以利用休息时间，通过手机应用来听自己感兴趣的书。这样读者不仅能节约时间，还能得到新的知识。

   ★ 关于"有声图书"，正确的是：

   A 很普遍　　　　B 用手机看　　　　C 节约时间　　　　D 本来就有

75. 想要打好网球，关键是速度和力气，用力把球打到对方那儿很重要，然而更重要的是快速跑到正确的位置，接到对方打来的球。

   ★ 打网球的时候，要：

   A 省力气　　　　B 动作快　　　　C 动作好看　　　　D 多同情对方

76. "拿望远镜看别人，拿放大镜看自己"的意思是，我们要发现别人的优点，也要发现自己的缺点。这样我们才能受到人们的欢迎。另外，这样的人才能在工作上获得成功。

★ 怎样才能受到欢迎？

A 了解自己　　　B 工作成功　　　C 语言幽默　　　D 发现机会

77. 有的人总是接受朋友的要求，以为拒绝会给友谊带来消极的影响。但实际上，即使你拒绝了，真正的朋友会理解你的，而且这样才不会让自己太累。

★ 有的人总接受朋友的请求，原因是：

A 理解朋友　　　B 朋友太累　　　C 怕影响友情　　　D 不愿意后悔

78. 当你给别人提意见的时候，一定要注意方法。如果你的方法不好，比如态度不好，或者说话难听等等，那么即使你的意见再正确，别人也很难接受。

★ 提意见时，要注意什么？

A 不能太直接　　　B 方法很重要　　　C 内容要正确　　　D 信息要详细

79. 现在很流行用手机送礼物。如果直接送礼物，要去商场买礼物，还要自己去送或者寄过去，实在太麻烦了。而用手机送，发一个短信就可以了。

★ 跟直接买礼物送比起来，用手机送礼物：

A 更省钱　　　B 更方便　　　C 更有意义　　　D 不太受欢迎

80-81.

以前有一个在广告公司工作的年轻人，他发现给别人发广告纸时，人们很少认真看，而且很多人都会直接丢掉地上。为了解决这个问题，他想到与邮局合作，把广告印在信封上，这样做，收信的时候，每个人都会看到手中的广告。一个月后，来他公司做广告的人多了一倍。

★ 后来，年轻人把广告印在哪儿？

A 书皮上　　　B 信封上　　　C 广告纸上　　　D 邮局的门上

★ 最后他的公司怎么了？

A 生意更好　　　B 输了很多钱　　　C 得到了表扬　　　D 开始做广告

82-83.

现在全世界大约有20个国家，拥有高速铁路或正在修高铁。高铁的速度一般在每小时250公里或更快，其发展情况往往可以代表一个国家的经济发展的水平。高铁的优点有很多，除了速度很高以外，还安全方便。但缺点是票价高，甚至有的时候比机票还贵。

★ 通过高铁，可以判断那个国家的：

A 火车数量　　　B 科学技术　　　C 教育情况　　　D 经济能力

★ 高铁有什么优点？

A 收费便宜　　　B 车快且方便　　　C 不污染环境　　　D 座位非常舒服

84-85.

成功是什么？有人说，赚很多钱就是一种成功。也有人说，有一个幸福的家庭才是最大的成功。还有人说，上学的时候，获得好成绩是一种成功；工作后，认真负责的事情得到了肯定就是成功。不管你认为成功是什么，只要你感到了幸福与满足，这就是属于你自己的成功。

★ 有人觉得，工作后的成功是：

A 赚很多钱　　　B 积累经验　　　C 获得肯定　　　D 开自己的公司

★ 属于自己的成功指的是：

A 感到幸福　　　B 让人羡慕　　　C 十分自信　　　D 知识丰富

三、书 写

第一部分

第86-95题：完成句子。

例如： 究竟　　　　发生了　　　　你们那儿　　　　什么事情

　　　　<u>你们那儿究竟发生了什么事情?</u>

86. 智能手机　　第一台　　世界上　　出现在20年前

87. 把他的照片　　挂　　在这边儿　　不要

88. 一家自助餐厅　　郊区　　开　　将要

89. 她对　　月底的　　考试　　信心　　很有

90. 他　　讲　　流利地　　两门外语　　会

91. 这种药　　受不了　　苦得　　让人

92. 这次活动是　　负责安排　　的　　由我

93. 到厨房里　　帮我　　一双筷子吗　　拿　　可以

94. 我们　　下周　　事情　　去北京出差的　　正在商量

95. 我从来　　后悔过跟你　　结婚　　没有

第二部分

第96-100题：看图，用词造句。

例如： 网球 <u>她很喜欢打网球。</u>

96. 寄

97. 优秀

98. 页

99. 沙发

100. 毕业

제2회
모의고사 정답과 모범 답안

해설서 53쪽

一、听力 듣기

1 ✕	2 ✓	3 ✕	4 ✕	5 ✓	6 ✓	7 ✕	8 ✕	9 ✕	10 ✓
11 A	12 D	13 C	14 D	15 A	16 D	17 B	18 C	19 C	20 A
21 B	22 A	23 D	24 A	25 A	26 D	27 C	28 B	29 B	30 C
31 A	32 D	33 C	34 D	35 B	36 C	37 C	38 D	39 D	40 B
41 B	42 B	43 D	44 D	45 D					

二、阅读 독해

46 B	47 F	48 A	49 C	50 E	51 D	52 F	53 A	54 B	55 E
56 CAB	57 CBA	58 BAC	59 CBA	60 CAB	61 BCA	62 ABC	63 BCA	64 BAC	65 BAC
66 A	67 C	68 D	69 C	70 A	71 B	72 D	73 D	74 C	75 D
76 A	77 C	78 B	79 B	80 B	81 A	82 D	83 B	84 C	85 A

三、书写 쓰기

86 世界上第一台智能手机出现在20年前。

87 不要把他的照片挂在这边儿。

88 郊区将要开一家自助餐厅。

89 她对月底的考试很有信心。

90 他会流利地讲两门外语。

91 这种药苦得让人受不了。

92 这次活动是由我负责安排的。

93 可以帮我到厨房里拿一双筷子吗?

94 我们正在商量下周去北京出差的事情。

95 我从来没有后悔过跟你结婚。

96 我要把这些材料寄给所有顾客。

97 今天来面试的人都很优秀。

98 上次，我们学到了这本书的第三页。

99 我躺在沙发上，一边听歌一边玩手机。

100 我们顺利地从大学毕业了。

汉语水平考试

HSK（四级）

第三套

注　意

一、HSK（四级）分三部分：

    1．听力（45题，约30分钟）

    2．阅读（40题，40分钟）

    3．书写（15题，25分钟）

二、听力结束后，有5分钟填写答题卡。

三、全部考试约105分钟（含考生填写个人信息时间5分钟）。

一、听 力

第 一 部 分

第1-10题：判断对错。

例如： 我想去买一个裤子，明天下午你有时间吗？陪我去一趟商场？

    ★ 他打算明天去商场。   (✓   )

    很多人都喜欢开车时听广播，因为通过听广播，司机们不仅不会感到无聊，而且还可以及时了解道路上的情况。

    ★ 开车时听广播不安全。   (✕   )

1. ★ 他反对开窗户。   (   )

2. ★ 儿子的数学成绩不差。   (   )

3. ★ 爷爷房间里挂着张山水画。   (   )

4. ★ 说话人没来得及看演出。   (   )

5. ★ 去学校只能坐地铁。   (   )

6. ★ 说话人想去郊区旅游。   (   )

7. ★ 妻子觉得房租很便宜。   (   )

8. ★ 父母对女朋友的印象很好。   (   )

9. ★ 中国人喜欢数字"八"。   (   )

10. ★ 养成习惯需要一段时间。   (   )

第二部分

第11-25题：请选出正确答案。

例如：女：该出发了，护照带好了吗？

男：带了，你放心吧。

问：男的主要是什么意思？

A 不能出发　　　　B 带护照了 ✓　　C 快到机场了　　D 飞机起飞了

11. A 饼干　　　　　B 蛋糕　　　　　C 西瓜汁　　　　D 葡萄汁

12. A 来了邮件　　　B 听朋友说　　　C 看到广告　　　D 听到广播

13. A 搬家　　　　　B 继续租　　　　C 买房子　　　　D 找房东商量

14. A 经理　　　　　B 小张　　　　　C 教授　　　　　D 大夫

15. A 学历　　　　　B 年龄　　　　　C 职业　　　　　D 环境

16. A 在家休息　　　B 快点吃药　　　C 早晚锻炼　　　D 穿暖和些

17. A 刚上大学　　　B 毕业没多久　　C 找了新工作　　D 已经结婚了

18. A 去上班　　　　B 吃早餐　　　　C 早下班　　　　D 去医院

19. A 来得及　　　　B 小心车　　　　C 欢迎再来　　　D 讨厌出门

20. A 国籍　　　　　B 年龄　　　　　C 性别　　　　　D 地址

21. A 餐厅　　　　　B 银行　　　　　C 邮局　　　　　D 家具店

22. A 知识丰富　　　B 钢琴弹得好　　C 成绩合格了　　D 表演结束了

23. A 比较害羞　　　B 要接亲戚　　　C 飞机晚点了　　D 不喜欢热闹

24. A 难懂　　　　　B 很好看　　　　C 有点无聊　　　D 非常幽默

25. A 很苦　　　　　B 孤单　　　　　C 难受　　　　　D 顺利

第 三 部 分

第26-45题：请选出正确答案。

例如：男：你这么着急去哪儿啊？

女：两点半开会，我去打印一些文件。

男：不是三点吗？

女：提前了，你没收到短信吗？

男：我没带手机，那我也去准备一下。

问：会议几点开始？

A 一点　　　　　B 两点半 ✓　　　C 三点　　　　　D 四点半

26. A 长城　　　　　B 机场　　　　　C 地铁站　　　　D 高速公路

27. A 租金贵　　　　B 超市很远　　　C 位置不好　　　D 很受欢迎

28. A 更好看　　　　B 脏得快　　　　C 不流行　　　　D 价格高

29. A 开饭店　　　　B 修电脑　　　　C 去吃饭　　　　D 玩游戏

30. A 瓶子太大　　　B 没有电梯　　　C 箱子里是有碗　D 还剩很多箱子

31. A 论文有问题　　B 推迟上课时间　C 通知放假时间　D 给男的留作业

32. A 照相技术高　　B 买了新相机　　C 喜欢喝咖啡　　D 总是发脾气

33. A 骑自行车　　　B 去洗车店　　　C 回家睡觉　　　D 翻译材料

34. A 试衣服　　　　B 办签证　　　　C 准备行李　　　D 买行李箱

35. A 饭后吃　　　　B 儿童可以吃　　C 一天吃三次　　D 没有说明书

36. A 生活习惯　　　　B 兴趣爱好　　　　C 是否在家　　　　D 具体地址

37. A 很赚钱　　　　　B 很受欢迎　　　　C 按时收费　　　　D 是一种新职业

38. A 在跳舞　　　　　B 在购物　　　　　C 在弹钢琴　　　　D 在看电视

39. A 很生气　　　　　B 想关电视　　　　C 不想睡觉　　　　D 觉得很精彩

40. A 同情　　　　　　B 反对　　　　　　C 怀疑　　　　　　D 误会

41. A 公平很重要　　　B 要互相理解　　　C 不要过多解释　　D 尊重别人的选择

42. A 没变瘦　　　　　B 压力大　　　　　C 变漂亮了　　　　D 皮肤不好了

43. A 多运动　　　　　B 不吃东西　　　　C 只吃苹果　　　　D 放松心情

44. A 生活无聊　　　　B 容易失败　　　　C 一切顺利　　　　D 对人热情

45. A 要诚实　　　　　B 要有责任心　　　C 要懂得拒绝　　　D 多说积极的话

二、阅 读

第一部分

第46-50题：选词填空。

A 吃惊　　　B 来自　　　C 趟　　　D 坚持　　　E 汗　　　F 调查

例如： 我（　D　）锻炼，吃东西也很注意，所以身体越来越好。

46. 北极的冰层正在以让人（　　　）的速度减少。

47. 森林起火的原因还在（　　　），应该马上就能有结果。

48. 这位是（　　　）韩国的朋友，请他给我们谈谈他学习中文的经验。

49. 他用毛巾擦了一下脸上的（　　　），坚持到了最后。

50. 今天银行休息，我早上白跑了一（　　　）。

第51-55题：选词填空。

A 允许　　　B 景色　　　C 温度　　　D 咸　　　E 随便　　　F 不管

例如： A：洗澡的时候，（　C　）不要太高，身体感觉到舒服就好！

B：不过我觉得用热水洗澡才舒服啊。

51. A：这次寒假我去南方转了转，特别是桂林的（　　　　）真是美极了。

B：所以人们常说"桂林山水甲天下"嘛。

52. A：姐，这是我亲手包的包子，怎么样？

B：味道很不错，就是稍微有点（　　　　）。

53. A：先生，不好意思，这里是不（　　　　）抽烟的。

B：对不起，我没注意。

54. A：你一路小心。每天都要给妈妈打电话！

B：妈妈，知道了。我（　　　　）到哪里，都会给你打电话的。

55. A：今天我请客，你（　　　　）点。

B：真的啊？听说这家餐厅的烤鸭很好吃，我要点一份。

第二部分

第56-65题：排列顺序。

例如： A 这些家具很多都是他帮忙抬上来的

      B 力气却大得很

      C 别看小黄个子不高，人也瘦　　　　　　　　C B A

56. A 如果你继续按照这个速度做下去

    B 几乎是不可能的

    C 想按时写完材料

57. A 一个社会的公众意识

    B 还会受到经济条件的影响

    C 除了与市民受过的教育水平和内容有关

58. A 你把它们按顺序排列

    B 这些货物箱上面都有号码

    C 同时把货物的数量记好后告诉我

59. A 所以大家最好拿一条毛巾

    B 打乒乓球的运动量不少

    C 这样在需要的时候可以擦擦汗

60. A 经过很长一段时间的讨论

    B 我们最后决定12月底举行表演活动

    C 请大家积极参加本次活动

61. A 你都要接受，不用后悔

   B 既然你已经做好了所有的努力

   C 无论最后的结果会怎么样

   _____

62. A 往往和白天经历的事情 _____

   B 人们晚上睡觉时梦见什么

   C 或者他们心里的感情有关 _____

63. A 也使我积累了不少经验

   B 那段经历不仅丰富了我的生活

   C 当读大学的时候，我在很多地方打过工

   _____

64. A 我打算下周再陪她去医院看看

   B 不过她的那条腿仍然疼得厉害

   C 妻子上个月底刚打过几次针

   _____

65. A 希望大家能注意听自己说的内容

   B 来引起大家的注意

   C 李经理故意把声音提高

   _____

第三部分

第66-85题: 请选出正确答案。

例如: 小王，这儿离你们学校也就两三站的距离，周围环境不错，房租也算便宜，再考虑一下，好不好？

　　★ 小王：

　　A 被骗了　　　　　B 住在附近　　　C 在找房子 ✓　　D 在看广告

66. 今天上班时，我不小心把钱包丢在了出租车上。师傅找到了我钱包里的名片给我打了电话，把钱包还给我了，我非常感谢他。

　　★ 司机为什么给他打电话？

　　A 想交朋友　　　B 找他零钱　　　C 还他钱包　　　D 让他付款

67. 喂，是小丽吗？我要麻烦你，帮我做一点事儿，我想报名和你一样的硕士专业，你能给我推荐一些书吗？

　　★ 说话人想：

　　A 读博士　　　　B 推荐书　　　　C 换专业　　　　D 考研究生

68. 各位乘客，大家好，非常感谢大家乘坐本次航班，我们的飞机马上就要起飞了，请各位乘客关掉手机，系好安全带。

　　★ 飞机：

　　A 晚点了　　　　B 要起飞了　　　C 被取消了　　　D 到目的地了

69. 我叫李想，昨天晚上在图书馆丢了一个笔盒，笔盒里有几支笔和橡皮，还有我的学生证、银行卡和一些现款。如果有同学看到了，请与我联系，非常感谢。

　　★ 写这段内容是为了：

　　A 道歉　　　　　B 找东西　　　　C 交新朋友　　　D 申请银行卡

70. 昨天来应聘的那个小伙子是学互联网专业的，不但在校成绩优秀，还参加了很多社会活动。面试的时候，我感觉他热情、有责任心，应该是不错的人选。

   ★ 说话人觉得那个小伙子怎么样？

   A 脾气好　　　　B 可以选择　　　　C 遇事冷静　　　　D 讲话有吸引力

71. 这个电影真是太精彩了，特别是女主角的演技太棒了，她的武打动作也非常漂亮。以后如果有这个女演员演出的电影，一定要告诉我啊。

   ★ 他认为女主角：

   A 让人失望　　　　B 马马虎虎　　　　C 长得很漂亮　　　　D 演得很不错

72. 这是本介绍国际关系的书，说到国际外交会让人有一种不易懂的感觉。不过这本书语言简单幽默，很多对这方面完全不感兴趣的人，读起来都会觉得非常有意思。

   ★ 关于那本书，我们可以知道：

   A 很有趣　　　　B 很难懂　　　　C 是一种杂志　　　　D 与自然有关

73. 即使只有万分之一的机会，我们也可以试一试，否则成功的可能性就一点儿都没有了。再说，失败了也可以积累经验。

   ★ "万分之一"的意思是：

   A 性格简单　　　　B 希望极小　　　　C 理想很大　　　　D 工作紧张

74. 有些人总是想要做得最好，不允许自己有任何错误。但我认为谁都有缺点，每件事都会有大大小小的问题，我们要发现问题并一个一个地改掉，只要做到这一点就可以不后悔了。

   ★ 根据这段话，我们要：

   A 学会原谅　　　　B 做得最好　　　　C 改掉缺点　　　　D 后悔过去

75. 黑龙江省哈尔滨市是中国著名的"冰雪之都"。由于冬季降雪量大，一到冬天，哈尔滨就会变成"冰雪世界"。哈尔滨的冰雪节也被叫做世界三大冰雪节之一，每到冰雪节的时候，各种各样的冰灯吸引来自世界各地游客。

   ★ 哈尔滨市：

   A 冬暖夏凉　　　　B 街灯很亮　　　　C 空气很新鲜　　　　D 冰雪节很有名

76. 练习听力的时候，遇到听不懂的词，先不要着急看原文，得猜一猜它的意思。实在猜不出来，再去看原文，然后查词典，这样才能提高我们的听力水平。

★ 听不懂单词时，最好先：

A 猜意思　　　B 看原文　　　C 查词典　　　D 上网查

77. 对一些人来说，边逛街边试穿喜欢的衣服，可以算是放松心情、减轻压力的一个法子。遇到合适的衣服，那种愉快的感觉可以让人暂时忘掉烦恼。

★ 根据上文，减轻压力的方法是什么？

A 获得爱情　　　B 上网购物　　　C 买很多衣服　　　D 逛街看衣服

78. 一位著名的作家说过："我只是把别人喝咖啡的时间用到了工作上。"我们在羡慕他人的时候，却想不到他们为此付出的努力。每个人都在为自己的理想努力，但最后能完成目的的人，往往是利用好了你浪费的时间。

★ 想要成功，应该：

A 多喝咖啡　　　B 不怕麻烦　　　C 找到理想　　　D 节约时间

79. 迟到是很不礼貌的。也许有人会认为晚到10分钟影响不大，其实时间对每个人都非常重要，严格来说，迟到就是在浪费他人的生命。

★ 根据这段话，我们要：

A 准时　　　B 诚实　　　C 节约　　　D 细心

80-81.

毕业后，我在一家小公司工作。我原以为在小公司工作，工作会轻松一些。可没想到上班的第一天，我累得连回家的力气都没有了。我才明白，不管是小公司，还是大公司，工作都很辛苦。最大的区别就是，在小公司里，你要会做所有与工作有关的事情，但这让我积累到了很多经验。

★ "我"一开始以为在小公司工作：

A 能赚钱　　　B 比较轻松　　　C 力气要大　　　D 能积累经验

★ 在小公司工作可以让人：

A 专业化　　　B 区别好坏　　　C 经验丰富　　　D 无法回家

82-83.

近年来，随着信息技术的发展，网上点餐变得越来越普遍了。同时，许多餐厅也想出了各种办法来吸引顾客，不仅举办打折活动，而且还提供24小时服务、免费送餐服务、准时服务等。现在，我们只要躺在沙发上动一动手指，不到一个小时，就能在家吃上高质量的饭菜了。

★ 现在没有哪种服务？

A 买一送一　　　B 免费送餐　　　C 准时送到家　　　D 24小时送餐

★ 关于网上点餐，可以知道什么？

A 用电脑　　　B 非常方便　　　C 完全免费　　　D 很少使用

84-85.

人们常说："计划没有变化快"。这句话值得我们深思，它提醒我们，很多做好的计划可能不会很顺利。因此，我们在做计划的同时，还得根据事情发展的方向，不断地重新安排我们的计划。

★ "计划没有变化快"指的是，计划：

A 没有用　　　B 很顺利　　　C 变得很快　　　D 赶不上变化

★ 想要让计划成功，我们应该：

A 想得很深　　　B 不断发展自己　　C 好好了解计划　　D 重新安排计划

三、书写

第一部分

第86-95题：完成句子。

例如： 究竟　　　　发生了　　　　你们那儿　　　　什么事情

你们那儿究竟发生了什么事情？

86. 所有　都　人　反对这个　计划

87. 我手机上　详细内容　可以把　发到　吗

88. 继续　进行　篮球比赛　还　在

89. 他的那部　电影　精彩　演得　很

90. 离这儿　30公里　大约有　下一个加油站

91. 吃光了　那盒饼干　被　儿子

92. 要　好习惯　的　养成　节约用电

93. 经验是　一步一步地　要　积累的

94. 这个导游　一些　更阳光　比其他导游

95. 那棵树　20米　高　大约有

第二部分

第96-100题：看图，用词造句。

例如： 网球 她很喜欢打网球。

96. 脏

97. 道歉

98. 压力

99. 打针

100. 地址

제3회
모의고사 정답과 모범 답안

해설서 96쪽

一、听力 듣기

1 ✗	2 ✓	3 ✗	4 ✗	5 ✗	6 ✓	7 ✗	8 ✓	9 ✓	10 ✓
11 D	12 C	13 B	14 B	15 B	16 D	17 C	18 B	19 A	20 A
21 A	22 D	23 B	24 B	25 D	26 D	27 A	28 B	29 A	30 C
31 A	32 A	33 B	34 C	35 B	36 A	37 D	38 C	39 B	40 D
41 C	42 D	43 A	44 C	45 D					

二、阅读 독해

46 A	47 F	48 B	49 E	50 C	51 B	52 D	53 A	54 F	55 E
56 ACB	57 ACB	58 BAC	59 BAC	60 ABC	61 BCA	62 BAC	63 CBA	64 CBA	65 CBA
66 C	67 D	68 B	69 B	70 B	71 D	72 A	73 B	74 C	75 D
76 A	77 D	78 D	79 A	80 B	81 C	82 A	83 B	84 D	85 D

三、书写 쓰기

86 所有人都反对这个计划。

87 可以把详细内容发到我手机上吗？

88 篮球比赛还在继续进行。

89 他的那部电影演得很精彩。

90 下一个加油站离这儿大约有30公里。

91 那盒饼干被儿子吃光了。

92 要养成节约用电的好习惯。

93 经验是要一步一步地积累的。

94 这个导游比其他导游更阳光一些。

95 那棵树大约有20米高。

96 他把那个脏镜子擦干净了。

97 我误会你了，应该向你道歉。

98 虽然工作压力很大，但我还是要努力。

99 昨天护士给我打针后，现在我就不发烧了。

100 你能告诉我你家的地址吗？

汉 语 水 平 考 试
HSK（四级）答题卡

─── 请填写考生信息 ───　　　　　　─── 请填写考点信息 ───

按照考试证件上的姓名填写：

姓名	

如果有中文姓名，请填写：

中文姓名	

考
生
序
号

[0] [1] [2] [3] [4] [5] [6] [7] [8] [9]
[0] [1] [2] [3] [4] [5] [6] [7] [8] [9]
[0] [1] [2] [3] [4] [5] [6] [7] [8] [9]
[0] [1] [2] [3] [4] [5] [6] [7] [8] [9]
[0] [1] [2] [3] [4] [5] [6] [7] [8] [9]

考
点
代
码

[0] [1] [2] [3] [4] [5] [6] [7] [8] [9]
[0] [1] [2] [3] [4] [5] [6] [7] [8] [9]
[0] [1] [2] [3] [4] [5] [6] [7] [8] [9]
[0] [1] [2] [3] [4] [5] [6] [7] [8] [9]
[0] [1] [2] [3] [4] [5] [6] [7] [8] [9]
[0] [1] [2] [3] [4] [5] [6] [7] [8] [9]
[0] [1] [2] [3] [4] [5] [6] [7] [8] [9]

国籍

[0] [1] [2] [3] [4] [5] [6] [7] [8] [9]
[0] [1] [2] [3] [4] [5] [6] [7] [8] [9]
[0] [1] [2] [3] [4] [5] [6] [7] [8] [9]

年龄

[0] [1] [2] [3] [4] [5] [6] [7] [8] [9]
[0] [1] [2] [3] [4] [5] [6] [7] [8] [9]

性别　　　　男　[1]　　　　女　[2]

注意	请用2B铅笔这样写：■

一、听力

1. [✔] [✗]　　6. [✔] [✗]　　11. [A] [B] [C] [D]　　16. [A] [B] [C] [D]　　21. [A] [B] [C] [D]
2. [✔] [✗]　　7. [✔] [✗]　　12. [A] [B] [C] [D]　　17. [A] [B] [C] [D]　　22. [A] [B] [C] [D]
3. [✔] [✗]　　8. [✔] [✗]　　13. [A] [B] [C] [D]　　18. [A] [B] [C] [D]　　23. [A] [B] [C] [D]
4. [✔] [✗]　　9. [✔] [✗]　　14. [A] [B] [C] [D]　　19. [A] [B] [C] [D]　　24. [A] [B] [C] [D]
5. [✔] [✗]　　10. [✔] [✗]　　15. [A] [B] [C] [D]　　20. [A] [B] [C] [D]　　25. [A] [B] [C] [D]

26. [A] [B] [C] [D]　　31. [A] [B] [C] [D]　　36. [A] [B] [C] [D]　　41. [A] [B] [C] [D]
27. [A] [B] [C] [D]　　32. [A] [B] [C] [D]　　37. [A] [B] [C] [D]　　42. [A] [B] [C] [D]
28. [A] [B] [C] [D]　　33. [A] [B] [C] [D]　　38. [A] [B] [C] [D]　　43. [A] [B] [C] [D]
29. [A] [B] [C] [D]　　34. [A] [B] [C] [D]　　39. [A] [B] [C] [D]　　44. [A] [B] [C] [D]
30. [A] [B] [C] [D]　　35. [A] [B] [C] [D]　　40. [A] [B] [C] [D]　　45. [A] [B] [C] [D]

二、阅读

46. [A] [B] [C] [D] [E] [F]　　51. [A] [B] [C] [D] [E] [F]
47. [A] [B] [C] [D] [E] [F]　　52. [A] [B] [C] [D] [E] [F]
48. [A] [B] [C] [D] [E] [F]　　53. [A] [B] [C] [D] [E] [F]
49. [A] [B] [C] [D] [E] [F]　　54. [A] [B] [C] [D] [E] [F]
50. [A] [B] [C] [D] [E] [F]　　55. [A] [B] [C] [D] [E] [F]

56. ＿ ＿ ＿ ＿　58. ＿ ＿ ＿ ＿　60. ＿ ＿ ＿ ＿　62. ＿ ＿ ＿ ＿　64. ＿ ＿ ＿ ＿

57. ＿ ＿ ＿ ＿　59. ＿ ＿ ＿ ＿　61. ＿ ＿ ＿ ＿　63. ＿ ＿ ＿ ＿　65. ＿ ＿ ＿ ＿

66. [A] [B] [C] [D]　　71. [A] [B] [C] [D]　　76. [A] [B] [C] [D]　　81. [A] [B] [C] [D]
67. [A] [B] [C] [D]　　72. [A] [B] [C] [D]　　77. [A] [B] [C] [D]　　82. [A] [B] [C] [D]
68. [A] [B] [C] [D]　　73. [A] [B] [C] [D]　　78. [A] [B] [C] [D]　　83. [A] [B] [C] [D]
69. [A] [B] [C] [D]　　74. [A] [B] [C] [D]　　79. [A] [B] [C] [D]　　84. [A] [B] [C] [D]
70. [A] [B] [C] [D]　　75. [A] [B] [C] [D]　　80. [A] [B] [C] [D]　　85. [A] [B] [C] [D]

86–100题　➡

三、书写

86. _____

87. _____

88. _____

89. _____

90. _____

91. _____

92. _____

93. _____

94. _____

95. _____

96. _____

97. _____

98. _____

99. _____

100. _____

请不要写到框线以外!

汉 语 水 平 考 试
HSK（四级）答题卡

请填写考生信息

按照考试证件上的姓名填写：

姓名	

如果有中文姓名，请填写：

中文姓名	

考生序号	[0] [1] [2] [3] [4] [5] [6] [7] [8] [9]
	[0] [1] [2] [3] [4] [5] [6] [7] [8] [9]
	[0] [1] [2] [3] [4] [5] [6] [7] [8] [9]
	[0] [1] [2] [3] [4] [5] [6] [7] [8] [9]
	[0] [1] [2] [3] [4] [5] [6] [7] [8] [9]

请填写考点信息

考点代码	[0] [1] [2] [3] [4] [5] [6] [7] [8] [9]
	[0] [1] [2] [3] [4] [5] [6] [7] [8] [9]
	[0] [1] [2] [3] [4] [5] [6] [7] [8] [9]
	[0] [1] [2] [3] [4] [5] [6] [7] [8] [9]
	[0] [1] [2] [3] [4] [5] [6] [7] [8] [9]
	[0] [1] [2] [3] [4] [5] [6] [7] [8] [9]
	[0] [1] [2] [3] [4] [5] [6] [7] [8] [9]

国籍	[0] [1] [2] [3] [4] [5] [6] [7] [8] [9]
	[0] [1] [2] [3] [4] [5] [6] [7] [8] [9]

年龄	[0] [1] [2] [3] [4] [5] [6] [7] [8] [9]
	[0] [1] [2] [3] [4] [5] [6] [7] [8] [9]

性别	男 [1] 女 [2]

注意　请用2B铅笔这样写：▬

一、听力

1. [✓] [×]
2. [✓] [×]
3. [✓] [×]
4. [✓] [×]
5. [✓] [×]

6. [✓] [×]
7. [✓] [×]
8. [✓] [×]
9. [✓] [×]
10. [✓] [×]

11. [A] [B] [C] [D]
12. [A] [B] [C] [D]
13. [A] [B] [C] [D]
14. [A] [B] [C] [D]
15. [A] [B] [C] [D]

16. [A] [B] [C] [D]
17. [A] [B] [C] [D]
18. [A] [B] [C] [D]
19. [A] [B] [C] [D]
20. [A] [B] [C] [D]

21. [A] [B] [C] [D]
22. [A] [B] [C] [D]
23. [A] [B] [C] [D]
24. [A] [B] [C] [D]
25. [A] [B] [C] [D]

26. [A] [B] [C] [D]
27. [A] [B] [C] [D]
28. [A] [B] [C] [D]
29. [A] [B] [C] [D]
30. [A] [B] [C] [D]

31. [A] [B] [C] [D]
32. [A] [B] [C] [D]
33. [A] [B] [C] [D]
34. [A] [B] [C] [D]
35. [A] [B] [C] [D]

36. [A] [B] [C] [D]
37. [A] [B] [C] [D]
38. [A] [B] [C] [D]
39. [A] [B] [C] [D]
40. [A] [B] [C] [D]

41. [A] [B] [C] [D]
42. [A] [B] [C] [D]
43. [A] [B] [C] [D]
44. [A] [B] [C] [D]
45. [A] [B] [C] [D]

二、阅读

46. [A] [B] [C] [D] [E] [F]
47. [A] [B] [C] [D] [E] [F]
48. [A] [B] [C] [D] [E] [F]
49. [A] [B] [C] [D] [E] [F]
50. [A] [B] [C] [D] [E] [F]

51. [A] [B] [C] [D] [E] [F]
52. [A] [B] [C] [D] [E] [F]
53. [A] [B] [C] [D] [E] [F]
54. [A] [B] [C] [D] [E] [F]
55. [A] [B] [C] [D] [E] [F]

56. ___ ___ ___
57. ___ ___ ___
58. ___ ___ ___
59. ___ ___ ___
60. ___ ___ ___
61. ___ ___ ___
62. ___ ___ ___
63. ___ ___ ___
64. ___ ___ ___
65. ___ ___ ___

66. [A] [B] [C] [D]
67. [A] [B] [C] [D]
68. [A] [B] [C] [D]
69. [A] [B] [C] [D]
70. [A] [B] [C] [D]

71. [A] [B] [C] [D]
72. [A] [B] [C] [D]
73. [A] [B] [C] [D]
74. [A] [B] [C] [D]
75. [A] [B] [C] [D]

76. [A] [B] [C] [D]
77. [A] [B] [C] [D]
78. [A] [B] [C] [D]
79. [A] [B] [C] [D]
80. [A] [B] [C] [D]

81. [A] [B] [C] [D]
82. [A] [B] [C] [D]
83. [A] [B] [C] [D]
84. [A] [B] [C] [D]
85. [A] [B] [C] [D]

86-100题 →

三、书写

86. _____

87. _____

88. _____

89. _____

90. _____

91. _____

92. _____

93. _____

94. _____

95.

96. _____

97. _____

98. _____

99. _____

100.

请不要写到框线以外!

汉 语 水 平 考 试
HSK（四级）答题卡

一、听力

1. [✓] [✗]
2. [✓] [✗]
3. [✓] [✗]
4. [✓] [✗]
5. [✓] [✗]

6. [✓] [✗]
7. [✓] [✗]
8. [✓] [✗]
9. [✓] [✗]
10. [✓] [✗]

11. [A] [B] [C] [D]
12. [A] [B] [C] [D]
13. [A] [B] [C] [D]
14. [A] [B] [C] [D]
15. [A] [B] [C] [D]

16. [A] [B] [C] [D]
17. [A] [B] [C] [D]
18. [A] [B] [C] [D]
19. [A] [B] [C] [D]
20. [A] [B] [C] [D]

21. [A] [B] [C] [D]
22. [A] [B] [C] [D]
23. [A] [B] [C] [D]
24. [A] [B] [C] [D]
25. [A] [B] [C] [D]

26. [A] [B] [C] [D]
27. [A] [B] [C] [D]
28. [A] [B] [C] [D]
29. [A] [B] [C] [D]
30. [A] [B] [C] [D]

31. [A] [B] [C] [D]
32. [A] [B] [C] [D]
33. [A] [B] [C] [D]
34. [A] [B] [C] [D]
35. [A] [B] [C] [D]

36. [A] [B] [C] [D]
37. [A] [B] [C] [D]
38. [A] [B] [C] [D]
39. [A] [B] [C] [D]
40. [A] [B] [C] [D]

41. [A] [B] [C] [D]
42. [A] [B] [C] [D]
43. [A] [B] [C] [D]
44. [A] [B] [C] [D]
45. [A] [B] [C] [D]

二、阅读

46. [A] [B] [C] [D] [E] [F]
47. [A] [B] [C] [D] [E] [F]
48. [A] [B] [C] [D] [E] [F]
49. [A] [B] [C] [D] [E] [F]
50. [A] [B] [C] [D] [E] [F]

51. [A] [B] [C] [D] [E] [F]
52. [A] [B] [C] [D] [E] [F]
53. [A] [B] [C] [D] [E] [F]
54. [A] [B] [C] [D] [E] [F]
55. [A] [B] [C] [D] [E] [F]

56. ___
57. ___
58. ___
59. ___
60. ___
61. ___
62. ___
63. ___
64. ___
65. ___

66. [A] [B] [C] [D]
67. [A] [B] [C] [D]
68. [A] [B] [C] [D]
69. [A] [B] [C] [D]
70. [A] [B] [C] [D]

71. [A] [B] [C] [D]
72. [A] [B] [C] [D]
73. [A] [B] [C] [D]
74. [A] [B] [C] [D]
75. [A] [B] [C] [D]

76. [A] [B] [C] [D]
77. [A] [B] [C] [D]
78. [A] [B] [C] [D]
79. [A] [B] [C] [D]
80. [A] [B] [C] [D]

81. [A] [B] [C] [D]
82. [A] [B] [C] [D]
83. [A] [B] [C] [D]
84. [A] [B] [C] [D]
85. [A] [B] [C] [D]

86–100题 →

三、书写

86. _____

87. _____

88. _____

89. _____

90. _____

91. _____

92. _____

93. _____

94. _____

95. _____

96. _____

97. _____

98. _____

99. _____

100. _____

请不要写到框线以外！

왜 정답인지 모두 풀이해 주는
HSK4급 모의고사

지은이 이준복, 성룡
펴낸이 정규도
펴낸곳 (주)다락원

기획·편집 정아영, 한은혜, 이상윤
디자인 구수정, 박선영

녹음 중국어 차오훙메이(曹红梅), 피아오룽쥔(朴龙君)

다락원 경기도 파주시 문발로 211
전화 (02)736-2031 (내선 250~252 / 내선 430~439)
팩스 (02)732-2037
출판등록 1977년 9월 16일 제406-2008-000007호

정가 15,000원 (해설서+문제집+MP3 무료 다운로드)

ISBN 978-89-277-2276-2 14720
       978-89-277-2275-5 (set)

www.darakwon.co.kr

• 다락원 홈페이지를 방문하시면 상세한 출판 정보와 함께 동영상 강좌, MP3
  자료 등 다양한 어학 정보를 얻으실 수 있습니다.

왜 정답인지
모두 풀이 해 주는

HSK4급
모의고사

문제집

왜 정답인지
모두 풀이 해 주는

HSK4급
모의고사

저자의 말

많은 수험생들이 중국어를 배울 때 생경한 발음과 복잡한 한자로 괴로워하며 HSK도 어려울 것이라 주저하는 경우가 많습니다. 하지만 HSK는 문제 유형이 정해져 있고, 어휘와 어법지식에 대한 요구도 명확하기 때문에 노력하면 반드시 좋은 결과를 얻을 수 있는 시험입니다.

이에 『왜 정답인지 모두 풀이해 주는 HSK 4급 모의고사』는 최근 HSK에서 출제된 문제 유형과 어휘, 어법을 철저하게 분석하고 최신 출제 경향을 연구한 결과를 모아 HSK를 준비하는 수험생들에게 도움을 되고자 합니다. 본 교재는 HSK를 앞둔 수험생들에게 자신의 실력을 가늠하게끔 하는 동시에 실전 감각을 높일 수 있게끔 하는 최고의 선택이 될 것입니다.

본 교재와 함께하는 수험생 여러분의 노력에 행운까지 더해져 원하는 바를 이루길 기원합니다.

이준복

HSK의 출제 경향과 내용은 계속해서 변화하고 있지만 핵심적인 출제 의도는 변함없이 유지되고 있습니다. 그렇기 때문에 HSK를 준비하는 수험생들은 원하는 점수를 얻기 위해서는 핵심 어휘와 어법을 익히는 동시에 최신 출제 경향에 적응하는 훈련을 해야 합니다.

『왜 정답인지 모두 풀이해 주는 HSK 4급 모의고사』는 저와 이준복 선생님이 최근 HSK에 출제된 문제를 분석하고 꼭 필요한 문제만을 추려 총 3회 분량의 모의고사로 정리한 것입니다. 최신 출제 경향이 완벽하게 반영된 문제와 함께 수험생들이 틀리기 쉬운 내용을 중심으로 자세한 해설을 담았습니다.

수험생 여러분들이 이 교재를 통해 지금까지 공부한 지식을 자신의 것으로 만들고 원하는 목표를 이루길 바랍니다.

성룡(조龙)

구성과 특징

『왜 정답인지 모두 풀이해 주는 HSK 4급 모의고사』는 해설서와 문제집으로 구성되어 있으며, HSK 4급을 준비하는 학습자를 대상으로 합니다. 최신 출제 경향이 반영된 모의고사 문제와 저자 이준복·성룡 선생님의 친절한 해설이 함께합니다.

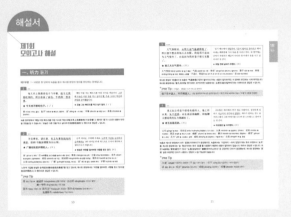

장점 1 실전 같은 문제
치밀하게 분석한 HSK 출제 경향과 난이도를 적용한 모의고사와 함께라면 3회만으로도 충분히 합격할 수 있습니다.

장점 2 수준별 문제
해설에 표시된 별의 개수는 문제의 난이도를 나타냅니다.
★★는 합격, ★★★는 고득점을 위한 문제입니다. 채점 후 본인의 수준에 맞게 복습해 보세요.

장점 3 바로 보는 해석
원문과 대조하여 원하는 해석을 한눈에 찾을 수 있고, 출제된 단어도 따로 사전을 찾을 필요없이 바로 확인하고 바로 암기할 수 있습니다.

장점 4 전략적인 해설
정답과 오답을 모두 해설하여, '왜 정답인지' '왜 정답이 아닌지' 완벽하게 이해할 수 있습니다. 또한 답을 찾아 가는 과정을 단계별로 풀이하여 시험장에서 그대로 적용할 수 있는 전략적인 해설을 제시하였습니다.

장점 5 고득점 Tip
추가 단어와 예문으로 어휘력을 확장하고, 관련 어법까지 학습하여 고득점을 노려 보세요.

MP3 이용 안내

  모의고사 듣기(听力) 영역의 MP3 파일은 다락원 홈페이지(www.darakwon.co.kr)와 콜롬북스 APP을 통해 무료로 내려받을 수 있습니다. 스마트폰으로 QR코드를 스캔하면 MP3 다운로드 및 실시간 재생 가능한 페이지로 바로 연결됩니다.

차례

HSK 소개

'汉语水平考试(Hànyǔ Shuǐpíng Kǎoshì)'의 한어병음 머리글자를 딴 것으로 제1언어가 중국어가 아닌 사람을 대상으로 하는 국제 중국어 능력 표준화 시험입니다. 생활·학습·업무 등 실생활에서 중국어를 운용하는 능력을 평가합니다. HSK 급수는 1~6급으로 나뉘며 시험은 각 급수별로 치러집니다.

1 시험 방식

HSK 시험은 PBT 방식과 IBT 방식으로 나뉩니다. PBT와 IBT 시험의 성적은 효력이 동일합니다.

- HSK PBT(Paper-Based Test): 시험지와 OMR 답안지로 진행하는 시험
- HSK IBT(Internet-Based Test): 컴퓨터로 진행하는 시험

2 용도

- 국내외 대학(원) 및 특목고 입학·졸업 시 평가 기준
- 중국정부장학생 선발 기준
- 각급 업체 및 기관의 채용·승진을 위한 평가 기준

3 시험 접수

PBT는 인터넷, 우편, 방문 접수가 가능하고 IBT는 인터넷 접수가 가능합니다.

- 인터넷 접수: HSK한국사무국(www.hsk.or.kr) 또는 HSK시험센터(www.hsk-korea.co.kr)에서 접수
- 우편 접수: 응시 원서, 사진 2장, 응시비 입금 영수증을 동봉하여 'HSK 한국사무국'으로 등기 우편을 발송
- 방문 접수: 접수 시간에 응시 원서, 사진 3장, 응시비(현금 또는 카드 결제)를 가지고 '서울공자아카데미'에서 접수

4 시험 당일 준비물

- PBT: 수험표, 유효 신분증, 2B 연필, 지우개
- IBT: 수험표, 유효 신분증

※ 유효 신분증: 주민등록증, 운전면허증, 기간 만료 전의 여권 등. (학생증, 사원증, 국민건강보험증, 주민등록등본, 공무원증 등은 불가)

5 성적 조회

- 성적 조회: PBT는 시험일로부터 1개월 후, IBT는 시험일로부터 2주 후 성적 조회 가능
- 성적표 수령: PBT와 IBT 모두 시험일로부터 45일 후 수령 가능
- 성적 유효 기간: PBT와 IBT 모두 시험일로부터 2년간 성적 유효

HSK 4급 소개

1 시험 대상

매주 2~4시간씩 4학기(190~400시간) 정도의 중국어를 학습하고 1200개의 상용 어휘와 관련 어법 지식을 습득한 학습자를 대상으로 합니다.

2 시험 구성 및 시간 배분

시험은 듣기(听力), 독해(阅读), 쓰기(书写) 세 영역으로 구분되며, PBT의 경우 응시자 개인정보 작성 시간이 추가로 5분 주어집니다.

	시험 내용		문항 수	시험 시간	점수
듣기 听力	제1부분	한 단락의 녹음을 듣고 제시된 문장의 정오를 판단	10문항		약 30분	100점
	제2부분	두 사람의 대화를 듣고 질문에 알맞은 보기를 선택	15문항	45문항		
	제3부분	대화나 단문을 듣고 질문에 알맞은 보기를 선택	15문항			
듣기 영역에 대한 답안 작성 시간					5분	
독해 阅读	제1부분	문장 속 빈칸에 들어갈 보기를 선택	10문항		40분	100점
	제2부분	3개의 문장을 순서에 맞게 나열	10문항	40문항		
	제3부분	단문을 읽고 질문에 알맞은 보기를 선택	20문항			
쓰기 书写	제1부분	제시어를 나열하여 하나의 문장으로 작성	10문항		25분	100점
	제2부분	제시어를 활용하여 사진에 맞는 하나의 문장을 작성	5문항	15문항		
총계			100문항		약 100분	300점

3 시험 진행 중 주의사항

• 듣기 시험은 한 번씩만 들려줍니다.
• 듣기 시험 종료 후 듣기 시험 답안 작성 시간이 5분 주어집니다.
• 독해와 쓰기 시험은 별도의 답안 작성 시간이 주어지지 않으므로 문제 풀이 시간 내에 답안 작성을 완료해야 합니다.

4 합격 기준

• 각 영역별 만점은 100점으로, 총점이 180점 이상이면 합격입니다.
• HSK 4급에 합격한 응시자는 여러 영역에 관련된 화제에 대해 중국어로 토론을 할 수 있습니다.
  또한 비교적 유창하게 원어민과 대화하고 교류할 수 있습니다.

답안지 작성법

1 응시자 정보 작성 방법

汉 语 水 平 考 试
HSK （四级） 答题卡

응시자 정보를 기입하세요.　　　　　　　　　고사장 정보를 기입하세요.

— 请填写考生信息 —　　　　　　　　　　— 请填写考点信息 —

按照考试证件上的姓名填写: 수험표상의 이름을 기입하세요.

❶ 姓名

④ 考点代码

| [0] [1] [2] [3] [4] [5] [6] [7] [8] [9] |
| [0] [1] [2] [3] [4] [5] [6] [7] [8] [9] |
| [0] [1] [2] [3] [4] [5] [6] [7] [8] [9] |
| [0] [1] [2] [3] [4] [5] [6] [7] [8] [9] |
| [0] [1] [2] [3] [4] [5] [6] [7] [8] [9] |
| [0] [1] [2] [3] [4] [5] [6] [7] [8] [9] |
| [0] [1] [2] [3] [4] [5] [6] [7] [8] [9] |

如果有中文姓名，请填写: 중문 이름이 있으면 기입하세요.

❷ 中文姓名

⑤ 国籍

| [0] [1] [2] [3] [4] [5] [6] [7] [8] [9] |
| [0] [1] [2] [3] [4] [5] [6] [7] [8] [9] |
| [0] [1] [2] [3] [4] [5] [6] [7] [8] [9] |

❸ 考生序号

| [0] [1] [2] [3] [4] [5] [6] [7] [8] [9] |
| [0] [1] [2] [3] [4] [5] [6] [7] [8] [9] |
| [0] [1] [2] [3] [4] [5] [6] [7] [8] [9] |
| [0] [1] [2] [3] [4] [5] [6] [7] [8] [9] |
| [0] [1] [2] [3] [4] [5] [6] [7] [8] [9] |

⑥ 年龄

| [0] [1] [2] [3] [4] [5] [6] [7] [8] [9] |
| [0] [1] [2] [3] [4] [5] [6] [7] [8] [9] |

⑦ 性别　　　　　　　男　[1]　　　　　女　[2]

❶ 수험표상의 이름을 기입합니다.

❷ 수험표상의 중문 이름을 기입합니다.

❸ 수험 번호를 기입하고 마킹합니다.

④ 고사장 번호를 기입하고 마킹합니다.

⑤ 국적 번호를 기입하고 마킹합니다. (한국: 523)

⑥ 연령을 만 나이로 기입하고 마킹합니다.

⑦ 성별에 마킹합니다.

2 답안지 작성 주의사항

- 답안지를 작성할 때는 반드시 2B 연필을 사용해야 합니다.
- 답안은 네모칸을 꽉 채워서 진하게 마킹해야 합니다.
- 시험 중간에 답안지는 교체되지 않습니다.
- 답안을 정정할 때는 지우개로 깨끗하게 지우고 답안을 새로 기입해야 합니다.

일러두기

1 이 책에 나오는 인명과 지명은 중국어 발음을 우리말로 표기했습니다.
단, 우리에게 널리 알려진 고유명사는 익숙한 발음으로 표기했습니다.

> **예** 小李 샤오리 　　北京 베이징 　　长城 만리장성

2 품사는 다음과 같이 약자로 표기했습니다.

품사	약자		품사	약자		품사	약자
명사	명		형용사	형		접속사	접
고유명사	고유		부사	부		감탄사	감
동사	동		수사	수		조사	조
조동사	조동		양사	양		수량사	수량
대사	대		개사	개		성어	성

3 해설서에 제시된 단어 중 HSK 4급 필수 단어는 * 표시를 하였습니다.

제1회
모의고사 해설

一、听力 듣기

제1부분 1~10번은 한 단락의 녹음을 듣고 제시된 문장의 정오를 판단하는 문제입니다.

1 ★★

每天早上我都拿包子当早餐，但今天我想吃别的，所以准备了面包、牛奶和一些水果。 ★ 今天他不想吃包子。(✓)	매일 아침 저는 빠오즈를 아침 식사로 먹습니다. 그런데 오늘은 다른 것을 먹고 싶어서 빵, 우유 그리고 약간의 과일을 준비했습니다. ★ 오늘 그는 빠오즈를 먹고 싶지 않다. (✓)

拿 ná 통 가지다, 들다 | 包子* bāozi 명 빠오즈, 왕만두 | 当* dāng 통 ~이 되다 | 早餐 zǎocān 명 아침 식사 | 准备 zhǔnbèi 통 준비하다

녹음 앞부분에서 '매일 아침 빠오즈를 아침 식사로 먹는다(每天早上我都拿包子当早餐)'고 했지만 '但'이 나오면 내용이 반전될 것임을 알 수 있습니다. '오늘은 다른 것을 먹고 싶다(今天我想吃别的)'고 했으므로 정답은 ✓입니다.

2 ★★

各位乘客，请注意，有丢失黄色钱包的乘客，请到1号航站楼服务台认领。 ★ 广播在找丢护照的人。(×)	승객 여러분, 주의해 주세요. 노란색 지갑을 분실하신 승객께서는 1번 터미널 안내 데스크로 오셔서 확인하고 찾아가시기 바랍니다. ★ 방송은 여권을 잃어버린 사람을 찾고 있다. (×)

各* gè 대 각, 여러 | 位 wèi 양 명, 분 [사람을 높여서 세는 양사] | 乘客 chéngkè 명 승객 | 注意 zhùyì 통 주의하다 | 丢失 diūshī 통 분실하다, 잃어버리다 | 钱包 qiánbāo 명 지갑 | 航站楼 hángzhànlóu 명 공항 터미널 | 服务台 fúwùtái 명 안내 데스크 | 认领 rènlǐng 통 확인하고 찾아가다 | 广播* guǎngbō 명 방송, 라디오 | 丢* diū 통 잃다, 내버려 두다 | 护照 hùzhào 명 여권

'노란색 지갑을 분실한 승객(丢失黄色钱包的乘客)'을 찾고 있는데, 제시된 문장에서는 '여권을 잃어버린 사람을 찾고 있다(在找丢护照的人)'고 했으므로 정답은 ×입니다.

✦고득점 Tip

楼 lóu 건물 ➡ 航站楼 hángzhànlóu 공항 터미널 | 办公楼 bàngōnglóu 오피스 빌딩 |
第一号楼 dì-yī hào lóu 1번 건물

服务 fúwù 서비스 ➡ 服务员* fúwùyuán 종업원 | 服务台 fúwùtái 안내 데스크 |
免费服务 miǎnfèi fúwù 무료 서비스

3 ★★★

天气预报说，<u>从明天起气温就降低了</u>，所以妻子想去商场买点衣服。我觉得不是因为天气变冷了，而是因为我的妻子想买衣服了。

★ 前几天天气很冷。(×)

일기 예보에서 내일부터 기온이 떨어질 것이라고 해서 아내는 백화점에 가서 옷을 좀 사려고 한다. 내 생각에는 날씨가 추워지기 때문이 아니라 내 아내가 옷을 사고 싶어서인 것 같다.

★ 며칠 전에 날씨가 추웠다. (×)

天气预报 tiānqì yùbào 몡 일기 예보 | 气温 qìwēn 몡 기온 | 降低* jiàngdī 동 내려가다, 떨어지다 | 妻子 qīzi 몡 아내 | 商场 shāngchǎng 몡 마트, 백화점, 쇼핑몰 | 不是A，而是B bú shì A ér shì B A가 아니라 B이다 | 变 biàn 동 변하다

제시된 문장의 '冷(춥다)'과 녹음의 '气温降低(기온이 떨어지다)'라는 내용이 일치하지만, 이 문제의 포인트는 시제 파악입니다. 제시된 문장에서는 '前几天(며칠 전)'이라는 과거이지만 녹음에서는 '从明天起(내일부터)'라는 미래이므로 정답은 ×입니다.

고득점 Tip | 不是A，而是B A가 아니고 B이다

我不是中国人，而是韩国人。 나는 중국인이 아니고 한국인입니다. ['而'은 따로 해석하지 않고, '不是'와 '是'를 연결함]

4 ★★

老王在公司是个很受欢迎的人，他工作认真，从不迟到。而且说话很幽默，和他聊天感觉我的压力都减轻了。

★ 老王总是迟到。(×)

라오왕은 회사에서 인기 있는 사람이다. 성실하게 일하고 지금까지 지각하지 않았다. 게다가 말하는 것도 유머러스해서 그와 이야기를 나누면 내 스트레스도 풀어지는 것 같다.

★ 라오왕은 늘 지각한다. (×)

公司 gōngsī 몡 회사 | 受欢迎 shòu huānyíng 환영받다, 인기 있다 | 认真 rènzhēn 형 성실하다, 진지하다 | 迟到 chídào 동 지각하다 | 而且 érqiě 접 게다가, 또한 | 幽默* yōumò 형 유머러스하다 | 聊天 liáotiān 동 이야기하다, 한담하다 | 感觉* gǎnjué 동 느끼다 | 压力* yālì 몡 스트레스, 압력 | 减轻 jiǎnqīng 동 경감하다, 가볍게 하다 | 总是 zǒngshì 부 늘, 항상

녹음과 제시된 문장에서 모두 '迟到(지각하다)'가 등장했지만, 녹음에서는 '지금까지 ~하지 않았다'라는 뜻의 부정부사 '从不'를, 제시된 문장에서는 '늘' '항상'이라는 뜻의 '总是'를 사용했기 때문에 내용이 일치하지 않습니다. 따라서 정답은 ×입니다. 또한 녹음에는 '受欢迎(인기 있다)' '认真(성실하다)' '幽默(유머러스하다)' 등 긍정적인 단어가 등장했는데, 제시된 문장에는 '迟到' 같은 부정적인 단어가 나왔으니 정답이 ×일 가능성이 높습니다.

고득점 Tip

从来* cónglái 지금까지, 여태껏 + 不 bù ~하지 않다 → 从不 cóng bù 지금까지 ~하지 않았다

减 jiǎn 줄다 ➡ 减少* jiǎnshǎo 감소하다 | 减轻 jiǎnqīng 경감하다 | 减慢 jiǎnmàn 속도를 늦추다

5

由于现在等着用餐的人比较多，所以请大家先排队取号，之后我会过来叫大家的。

★ 现在想在这儿吃饭的人很多。（ ✓ ）

식사를 기다리고 있는 사람들이 꽤 많기 때문에 모두 먼저 줄을 서서 번호표를 뽑으면 그 후에 제가 여러분을 부르러 오겠습니다.

★ 지금 이곳에서 식사하려는 사람이 많다. （ ✓ ）

由于* yóuyú 젭 ~때문에 │ 等 děng 통 기다리다 │ 用餐 yòngcān 통 식사하다 │ 比较 bǐjiào 뷔 비교적, 꽤 │ 先 xiān 뷔 먼저, 우선 │ 排队* páiduì 통 줄을 서다 │ 取号 qǔ hào 번호표를 뽑다 │ 过来 guòlái 통 오다

'식사를 기다리고 있는 사람이 꽤 많다(现在等着用餐的人比较多)'고 했으므로 정답은 ✓입니다. '用餐(식사하다)'은 '吃饭(밥을 먹다)'의 격식적인 표현입니다. 3급 단어 '用'은 '사용하다'라는 의미 외에 '먹다'라는 뜻으로도 자주 쓰입니다. 예를 들어 '请慢用(맛있게 드세요)' 같은 표현을 많이 씁니다.

6

我家的小猫喜欢每次都在不同的地方睡觉，有时在沙发上睡，有时还跑到我的床上。

★ 他的猫喜欢在相同的地方睡觉。（ ✗ ）

우리 집 고양이는 매번 다른 곳에서 잠자는 것을 좋아해요. 어떤 때는 소파에서 자고, 어떤 때는 나의 침대에도 뛰어 올라와요.

★ 그의 고양이는 같은 곳에서 잠자는 것을 좋아한다. （ ✗ ）

地方 dìfang 명 장소, 곳 │ 沙发* shāfā 명 소파 │ 床 chuáng 명 침대 │ 相同* xiāngtóng 형 같다

'우리 집 고양이는 매번 다른 곳에서 잠자는 것을 좋아한다(我家的小猫喜欢每次都在不同的地方睡觉)'고 하였으므로 정답은 ✗입니다. '어떤 때는 소파에서 자고, 어떤 때는 나의 침대에도 뛰어 올라온다(有时在沙发上睡，有时还跑到我的床上)'는 부분에서도 고양이가 여러 곳에서 잔다는 것을 알 수 있습니다.

7

这个网站上有很多电影，虽然几乎都需要付款后才能看，但每天也有免费的电影。

★ 网站的所有电影都免费。（ ✗ ）

이 웹 사이트에는 많은 영화가 있습니다. 비록 거의 모두 돈을 지불한 다음에야 볼 수 있지만, 매일 무료 영화도 있습니다.

★ 웹 사이트의 모든 영화는 무료이다. （ ✗ ）

网站* wǎngzhàn 명 웹 사이트 │ 虽然A，但是B suīrán A, dànshì B 비록 A하지만, B하다 │ 几乎 jīhū 뷔 거의 │ 需要 xūyào 통 필요하다 │ 付款* fùkuǎn 통 지불하다 │ 免费* miǎnfèi 통 무료로 하다 │ 所有* suǒyǒu 형 모든

무료 영화의 범위를 유념해서 들어야 합니다. '거의 모두 돈을 지불해야 한다(几乎都需要付款)' '무료 영화도 있다(也有免费的电影)'고 했으므로 정답은 ✗입니다.

8 ★★

他对法律非常感兴趣，而且律师也是一个受人尊重的职业。因此，<u>他的理想一直都是成为一名律师</u>。

★ 他想成为律师。（ ✓ ）

그는 법률에 매우 관심이 있습니다. 그리고 변호사는 또한 사람들로부터 존중을 받는 직업입니다. 그래서 <u>그의 꿈은 줄곧 변호사가 되는 것이었습니다</u>.

★ 그는 변호사가 되고 싶다. （ ✓ ）

法律* fǎlǜ 몡 법률 | 感兴趣 gǎn xìngqù 관심이 있다, 흥미가 있다 | 律师* lǜshī 몡 변호사 | 受 shòu 통 받다 | 尊重* zūnzhòng 통 존중하다 | 职业* zhíyè 몡 직업 | 因此* yīncǐ 접 그래서, 이것 때문에 | 理想* lǐxiǎng 몡 꿈, 이상 | 一直 yìzhí 튀 계속, 줄곧 | 成为* chéngwéi 통 ~이 되다 | 名 míng 양 명 [사람을 세는 양사]

그의 꿈이 무엇인지 유념해서 들어야 합니다. 4급 단어 '理想(꿈)'이 이 문제의 키워드입니다. 녹음에서 '그의 꿈은 줄곧 변호사가 되는 것(他的理想一直都是成为一名律师)'이라고 했으므로 정답은 ✓입니다.

9 ★★★

有的人觉得有了爱情才是幸福，有的人觉得有了金钱才有幸福。<u>实际上，幸福没有一定的标准，只要生活快乐就是幸福</u>。

★ 幸福和金钱关系很大。（ ✕ ）

어떤 사람은 사랑이 있어야 행복하다고 생각하고, 어떤 사람은 돈이 있어야 행복하다고 생각합니다. <u>실제로는 행복에는 정해진 기준이 없습니다. 삶이 즐겁기만 하면 바로 행복한 것입니다.</u>

★ 행복과 돈은 관계가 크다. （ ✕ ）

爱情* àiqíng 몡 사랑, 애정 | 幸福* xìngfú 몡 행복 | 金钱 jīnqián 몡 돈, 금전 | 实际上 shíjìshang 튀 실제로 | 一定 yídìng 혱 정해진, 일정한 | 标准* biāozhǔn 몡 기준, 표준 | 只要* zhǐyào 접 ~하기만 하면 | 生活* shēnghuó 몡 삶, 생활 | 快乐 kuàilè 혱 즐겁다 | 关系 guānxi 몡 관계

주장을 파악하는 문제에서는 '但是' '可是' '然而' '不过' 등의 역접을 나타내는 접속사나 '其实' '实际上' 등의 부사 뒤에 답이 나오는 경우가 많습니다. 또한 녹음에서 '돈이 있어야 행복하다(有了金钱才有幸福)'고 했지만 주어가 '有的人'이기 때문에 보편성을 가질 수 없습니다. 따라서 정답은 ✕입니다. 정답을 파악하기 어려운 경우, 상식을 근거로 답을 고르는 것도 하나의 방법입니다. '幸福和金钱关系很大(행복과 돈은 관계가 크다)'와 같이 금전지상주의를 나타내는 내용은 틀린 것일 확률이 높습니다.

10 ★★★

平时喝一点葡萄酒，对身体是有好处的，<u>但应该适度。如果每天都喝，或者喝太多对身体肯定是不好的</u>。

★ 葡萄酒不能乱喝。（ ✓ ）

평소에 약간의 와인을 마시는 것은 건강에 좋다. <u>그러나 적당히 해야 한다. 만일 매일 마시거나 혹은 너무 많이 마시면 몸에 분명히 좋지 않다.</u>

★ 와인은 무분별하게 마시면 안 된다. （ ✓ ）

平时* píngshí 몡 평소 | 葡萄* pútao 몡 포도 | 好处* hǎochù 몡 좋은 점 | 应该 yīnggāi 조통 마땅히 ~해야 한다 | 适度 shìdù 혱 (정도가) 적당하다 | 如果 rúguǒ 접 만약 ~라면 | 或者 huòzhě 접 혹은 | 肯定* kěndìng 튀 확실히 | 乱* luàn 튀 함부로, 제멋대로

역접의 접속사 '但(是)'가 나오면 그 뒤에는 앞과 반대되는 내용이 나올 것임을 예상할 수 있습니다. 제시된 문장의 '乱'은 4급 단어로, '함부로' '제멋대로'라는 뜻의 부사입니다. 와인을 매일 마시거나 혹은 너무 많이 마시는 경우가 뜻하는 것이 와인을 무분별하게 마시는 것이므로 정답은 ✓입니다.

11 ★★

男：我们休息一会儿吧，我爬不动了。 女：马上就到了，再坚持一下，山上的美景在等着我们。 问：他们在干什么？ 　A 散步　　　　B 跑步 　C 爬山　　　　D 打乒乓球	남：우리 좀 쉬자. 나는 못 오르겠어. 여：금방 도착할 테니 좀 더 버텨 봐. 산 위의 아름다운 풍경이 우리를 기다리고 있어. 질문：그들은 무엇을 하고 있는가? 　A 산책을 한다　　　B 조깅을 한다 　C 등산을 한다　　　D 탁구를 친다

休息 xiūxi 통 쉬다, 휴식하다 | 一会儿 yíhuìr 수량 잠시, 곧 | 爬 pá 통 기어오르다 | 马上 mǎshàng 부 곧 | 坚持* jiānchí 통 버티다, 견지하다 | 干* gàn 통 하다 | 散步* sànbù 통 산책하다 | 跑步 pǎobù 통 조깅하다 | 爬山 pá shān 등산하다 | 乒乓球* pīngpāngqiú 명 탁구

'爬不动(못 오르다)' '山上的美景(산 위의 아름다운 풍경)' 등의 표현을 통해 C가 정답임을 알 수 있습니다.

✦ 고득점 Tip

美景 měijǐng 아름다운 풍경 ➡ 景色* jǐngsè 경치, 풍경 | 景区 jǐngqū 관광지 | 景点 jǐngdiǎn 명소

12 ★★

女：网球比赛马上就开始了，你再不来就来不及了。 男：我刚停好车，马上就进去。 问：女的最可能在哪儿？ 　A 足球场　　　　B 网球场 　C 停车场　　　　D 电影院	여：테니스 경기가 곧 시작하는데 당신 계속 안 오면 늦는다. 남：방금 주차 다 했고 곧 들어가. 질문：여자는 어디에 있을 가능성이 큰가? 　A 축구장　　　　B 테니스장 　C 주차장　　　　D 영화관

网球* wǎngqiú 명 테니스 | 比赛 bǐsài 명 경기, 시합 | 来不及* láibují 통 늦다, 제시간에 댈 수 없다 | 刚* gāng 부 막, 방금 | 停车 tíngchē 통 주차하다 | 停车场 tíngchēchǎng 명 주차장

'여자'가 무엇을 하고 있는지 유념해서 들어야 합니다. 여자가 '테니스 경기가 곧 시작한다(网球比赛马上就开始了)'고 한 것에서 여자는 테니스장에 있다는 것을 알 수 있습니다. 따라서 정답은 B입니다. 반면에 남자는 '방금 주차 다 했다(刚停好车)'고 한 것으로 주차장에 있다는 것을 알 수 있습니다. 만일 질문에서 남자가 있는 곳을 물었다면 C가 정답입니다.

男: 昨天看你总是咳嗽，感冒好点了吗？

女: 今天早上去打针了，现在不难受了，好像也不发烧了。

问: 女的怎么了？

　A 腿疼　　　　　B 感冒了

　C 非常困　　　　D 一直发烧

남: 어제 계속 기침하던데, 감기는 좀 나아졌어요?

여: 오늘 아침에 주사를 맞으러 갔어요. 지금은 힘들지 않아요. 열도 안 나는 것 같아요.

질문: 여자는 무슨 일인가?

　A 다리가 아프다　　　B 감기에 걸렸다

　C 아주 졸리다　　　　D 계속 열이 난다

咳嗽* késou 통 기침하다 | 感冒 gǎnmào 명 감기 통 감기에 걸리다 | 打针* dǎzhēn 통 주사를 놓다, 주사를 맞다 | 难受* nánshòu 형 힘들다 | 好像* hǎoxiàng 부 마치 ~같이 | 发烧 fāshāo 통 열이 나다 | 腿 tuǐ 명 다리 | 疼 téng 형 아프다 | 困* kùn 형 졸리다

'咳嗽(기침하다)' '感冒(감기에 걸리다)' 등의 표현을 통해 B가 정답임을 알 수 있습니다. 여자의 말에서 '发烧(열나다)'가 등장했지만 앞에 부정의 '不'를 놓치면 안 됩니다. 또한 시제로 봤을 때 기침과 발열은 어제의 상황이므로 D는 정답이 아닙니다.

女: 我不是让你复印8份材料吗？怎么少了两份？

男: 对不起，我马上再去复印。

问: 男的复印了几份材料？

　A 2份　　　　　B 6份

　C 8份　　　　　D 10份

여: 제가 당신에게 이 자료를 8부 복사하라고 했지 않나요? 어째서 2부가 모자라죠?

남: 죄송합니다. 바로 다시 복사하러 가겠습니다.

질문: 남자는 자료를 몇 부 복사했는가?

　A 2부　　　　　B 6부

　C 8부　　　　　D 10부

复印* fùyìn 통 복사하다 | 份* fèn 양 부 [서류, 신문, 잡지 등을 세는 양사] | 材料* cáiliào 명 자료

간단한 계산이 필요한 문제입니다. 여자는 8부를 복사하라고 했는데 2부가 모자라다고 했으므로 남자가 6부를 복사했다는 것을 알 수 있습니다. 따라서 정답은 B입니다. 질문에 따라 답이 달라질 수 있으므로 묻는 바를 정확히 파악하는 것이 중요합니다. 예를 들어 '女的要几份材料?(여자는 자료가 몇 부 필요한가?)'가 질문이라면 C가 정답입니다. 또는 '少了几份材料?(자료가 몇 부 모자란가?)'가 질문이라면 A가 정답입니다.

男: 我们好久没见了，今天一起去吃晚饭吧。

女: 不好意思，公司突然让我去趟上海，等我出差回来以后，再一起吃吧。

问: 女的要去做什么？

　A 休息　　　　　B 旅行

　C 出差　　　　　D 看电影

남: 우리 오랫동안 못 봤는데, 오늘 같이 저녁 먹으러 가요.

여: 미안해요. 회사가 갑자기 저에게 상하이에 갔다 오라고 하네요. 제가 출장 갔다가 돌아오면 같이 먹어요.

질문: 여자는 무엇을 하러 가려는가?

　A 휴식　　　　　B 여행

　C 출장　　　　　D 영화 보기

久 jiǔ 형 (시간이) 오래되다 | 晚饭 wǎnfàn 명 저녁 식사 | 突然 tūrán 부 갑자기 | 趟* tàng 양 차례, 번 [왕복한 횟수를 세는 양사] | 上海 Shànghǎi 고유 상하이 [지명] | 出差* chūchāi 통 출장 가다 | 旅行* lǚxíng 통 여행하다

'회사가 여자에게 상하이에 갔다 오라고 한 것(公司突然让我去趟上海)'은 출장을 가리킵니다. 따라서 정답은 C입니다.

---

16 ★★★

女: 这家餐厅没让你失望吧？ 男: 好吃是好吃，就是刚才排队排了太长时 间了。 问: 关于这个餐厅，下列哪个正确？ 　　A 顾客不多 　　B 菜不好吃 　　C 生意很好 　　D 正招聘服务员	여: 이 식당 실망스럽지 않았지？ 남: 맛있긴 맛있는데 다만 방금 너무 오래 줄을 섰어. 질문: 이 식당에 관하여 다음 중 어느 것이 올바른가? 　　A 손님이 많지 않다 　　B 음식이 맛없다 　　C 장사가 잘된다 　　D 종업원을 모집하고 있다

餐厅* cāntīng 명 식당 | 失望* shīwàng 동 실망하다 | 刚才 gāngcái 명 방금, 막 | 正确* zhèngquè 형 정확하다, 옳다 | 顾客* gùkè 명 고객, 손님 | 生意* shēngyì 명 장사, 사업 | 招聘* zhāopìn 동 모집하다, 초빙하다 | 服务员 fúwùyuán 명 종업원

'A是A，就是/但是/可是/不过/然而B'는 'A하기는 A하지만, 다만 B하다'라는 뜻의 역접문인데, 역접의 접속사 뒤에 핵심 정보가 나오는 경우가 많습니다. '너무 오래 줄을 섰다(排队排了太长时间了)'는 남자의 말을 통해 이 식당에 줄을 선 사람이 많다는 것을 알 수 있으므로 C가 정답입니다. 따라서 A는 정답이 될 수 없으며, 남자가 '맛있긴 맛있다(好吃是好吃)'고 했으므로 B 또한 정답이 아닙니다.

---

17 ★★★

男: 今天怎么穿得这么正式？去面试？ 女: 不是，大使馆邀请我们留学生去参加一 个活动。 问: 女的为什么要去大使馆？ 　　A 去面试 　　B 去办签证 　　C 护照到期 　　D 受到了邀请	남: 오늘은 왜 이렇게 차려 입었어? 면접 시험을 보러 가 니? 여: 아니야. 대사관이 우리 유학생들을 한 행사에 참석하 라고 초청했어. 질문: 여자는 왜 대사관에 가려고 하는가? 　　A 면접 시험을 보려고 　　B 비자 신청하려고 　　C 여권이 만기되어서 　　D 초청을 받아서

正式* zhèngshì 형 공식적이다, 정식이다 | 面试 miànshì 동 면접 시험을 보다 | 大使馆* dàshǐguǎn 명 대사관 | 邀请* yāoqǐng 동 초청하다 | 参加 cānjiā 동 참석하다, 참가하다 | 活动* huódòng 명 행사, 활동 | 签证* qiānzhèng 명 비자 | 到期 dàoqī 동 기한이 되다, 만기가 되다 | 受到* shòudào 동 받다

'대사관이 우리 유학생들을 초청했다(大使馆邀请我们留学生)'는 여자의 말을 듣고 정답이 D임을 알 수 있습니다. 남자가 '면접 시험을 보러 가냐(去面试)'고 물은 것에 대해 여자가 '아니(不是)'라고 답했기 때문에 A는 정답이 아닙니다.

18 ★★

女: 师傅，我想去星海广场，到那儿需要多长时间？

男: 现在不堵车，20分钟就能到。

问: 男的是做什么的？

   A 医生   B 教授

   C 警察   D 司机

여: 기사님, 싱하이 광장에 가려고 하는데 거기까지 얼마나 걸리나요?

남: 지금 차가 막히지 않으니, 20분이면 바로 도착할 수 있습니다.

질문: 남자는 뭐 하는 사람인가?

   A 의사   B 교수

   C 경찰   D 운전사

师傅* shīfu 몡 기사, 운전사 [기술자를 부르는 호칭] | 广场 guǎngchǎng 몡 광장 | 堵车* dǔchē 됭 차가 막히다 | 医生 yīshēng 몡 의사 | 教授* jiàoshòu 몡 교수 | 警察* jǐngchá 몡 경찰 | 司机 sījī 몡 기사, 운전사

4급 단어 '师傅'는 운전사, 요리사, 수리 기사 등 기술자를 부르는 호칭입니다. 또한 여자가 '到那儿需要多长时间?(거기까지 얼마나 걸리나요?)'과 같이 이동 시간을 묻고, 남자가 '现在不堵车(지금 차가 막히지 않는다)'와 같이 교통 상황을 설명하고 있는 것으로 보아 정답은 D입니다.

19 ★★

男: 我从今天开始减肥！晚饭我就不吃了。

女: 减肥的时候不是不吃，而是要少吃，特别是甜的，还要多跑步。

问: 减肥的时候要做什么？

   A 不吃饭

   B 少做运动

   C 多吃辣的

   D 少吃甜的

남: 난 오늘부터 다이어트하려고! 저녁은 안 먹을 거야.

여: 다이어트할 때는 안 먹는 것이 아니라 적게 먹어야 해. 특히 단것을 말이야. 그리고 조깅도 많이 해야 돼.

질문: 다이어트할 때 무엇을 해야 하는가?

   A 밥을 먹지 않는다

   B 운동을 적게 한다

   C 매운 것을 많이 먹는다

   D 단것을 적게 먹는다

减肥* jiǎnféi 됭 다이어트하다, 살 빼다 | 特别 tèbié 뷔 특히, 매우 | 甜 tián 혱 달다 | 辣* là 혱 맵다

이중 부정은 강한 긍정입니다. 즉, 여자가 '안 먹는 게 아니다(不是不吃)'라고 한 것은 먹어야 한다는 뜻이기 때문에 A는 정답이 아닙니다. '要少吃，特别是甜的(적게 먹어야 해. 특히 단것을 말이야)'라는 여자의 말에서 D가 정답임을 알 수 있습니다.

20 ★★★

女: 打开手机地图，找一下国家博物馆怎么走。

男: 我的手机没有电了，用你的吧。

问: 男的接着可能要做什么？

   A 问路   B 看地图

   C 买新手机   D 参观美术馆

여: 휴대폰 지도를 열어서 국가박물관에 어떻게 가는지 한번 찾아 봐.

남: 내 휴대폰은 배터리가 다 됐어. 네 것을 쓰자.

질문: 남자는 이어서 무엇을 할 가능성이 큰가?

   A 길을 물어본다   B 지도를 본다

   C 새 휴대폰을 산다   D 미술관을 견학한다

17

手机 shǒujī 명 휴대폰 | 地图 dìtú 명 지도 | 博物馆 bówùguǎn 명 박물관 | 走 zǒu 동 걷다, 가다 | 接着* jiēzhe 부 이어서 |
问路 wèn lù 길을 묻다 | 参观* cānguān 동 견학하다, 참관하다 | 美术馆 měishùguǎn 명 미술관

'用你的吧(네 것을 쓰자)'는 남자의 말은 여자가 말한 '打开手机地图(휴대폰 지도를 열다)'와 같이 여자의 휴대폰으로 지도를 보자는 뜻이기 때문에 정답은 B입니다. 남자의 '我的手机(내 휴대폰)'를 듣고 C를 선택할 수 있으나, 남자가 휴대폰을 사는 것은 아니므로 정답이 아닙니다. 녹음 속 인물들이 가려는 곳은 국가박물관이므로 D 또한 정답이 아닙니다.

---

21 ★★

男: 你的中文真好! 学多长时间了?

女: 快2年了, 但是还有很多字写错, 我还得加油啊。

问: 女的总是弄错什么?

  A 汉字   B 语法

  C 单词   D 顺序

남: 중국어를 정말 잘하시네요! 얼마나 배웠어요?

여: 곧 2년이 돼요. 하지만 아직도 많은 글자를 틀리게 써요. 더 힘내야 돼요.

질문: 여자는 자꾸 무엇을 틀리는가?

  A 한자   B 어법

  C 단어   D 순서

中文 Zhōngwén 명 중국어 | 快……了 kuài …… le 곧 ~하다 | 得* děi 조동 ~해야 한다 | 加油 jiāyóu 동 응원하다, 힘내다 |
弄错 nòngcuò 잘못하다 | 汉字 Hànzì 명 한자 | 语法* yǔfǎ 명 문법, 어법 | 单词 dāncí 명 단어 | 顺序* shùnxù 명 순서

'많은 글자를 틀리게 쓴다(很多字写错)'는 여자의 말에서 '글자(字)'가 가리키는 것은 문맥상 '중국어(中文)'의 글자임을 알 수 있습니다. 따라서 정답은 A입니다.

---

22 ★★★

女: 经理, 下月30号我结婚, 想邀请您参加。

男: 是吗? 祝贺你啊, 我一定会到的, 在哪里举行?

问: 男的下月底要去做什么?

  A 结婚   B 去出差

  C 参加婚礼   D 邀请朋友

여: 팀장님, 다음 달 30일에 저 결혼합니다. 팀장님을 초대하고 싶습니다.

남: 그래요? 축하해요. 꼭 갈게요. 어디에서 열려요?

질문: 남자는 다음 달 말에 무엇을 하러 가려는가?

  A 결혼한다   B 출장을 간다

  C 결혼식에 참석한다   D 친구를 초대한다

经理 jīnglǐ 명 매니저, 팀장, 부서장 | 结婚 jiéhūn 동 결혼하다 | 祝贺* zhùhè 동 축하하다 | 一定 yídìng 부 반드시, 분명히 | 举行*
jǔxíng 동 (행사를) 거행하다 | 月底 yuèdǐ 명 월말 | 婚礼 hūnlǐ 명 결혼식

질문이 묻는 대상을 유념해서 들어야 합니다. 질문에서는 남자가 다음 달 말에 무엇을 하는지 묻고 있으므로 정답은 C입니다. A는 여자가 하는 일입니다.

✦ 고득점 **Tip**

结婚 jiéhūn 결혼하다 ➡ 婚礼 hūnlǐ 결혼식 | 求婚 qiúhūn 구혼하다, 프로포즈하다 | 离婚 líhūn 이혼하다 |
已婚 yǐhūn 기혼이다

23 ★★

男: 因为这个电视剧，现在开始流行短发了。 女: 是啊，我今天下午就打算去剪短发。 问: 关于女的，我们可以知道什么? 　　A 喜欢长发 　　B 想剪短发 　　C 喜欢看电视 　　D 不爱赶流行	남: 이 드라마 때문에 지금 쇼트커트가 유행하기 시작했어. 여: 맞아. 나는 오늘 오후에 쇼트커트로 자르러 갈 계획이야. 질문: 여자에 관하여 무엇을 알 수 있는가? 　　A 긴 머리를 좋아한다 　　B 쇼트커트로 자르려고 한다 　　C TV를 즐겨 본다 　　D 유행을 따르기를 싫어한다

电视剧 diànshìjù 圆 드라마 | 流行* liúxíng 동 유행하다 | 短发 duǎnfà 圆 쇼트커트, 단발 | 打算 dǎsuàn 동 ~할 계획이다 |
剪 jiǎn 동 자르다 | 长发 chángfà 圆 긴 머리, 장발 | 赶 gǎn 동 (유행 등을) 좇다, (시간에) 대다

여자가 '打算去剪短发(쇼트커트로 자르러 갈 계획이다)'라고 한 것을 보아 B가 정답임을 알 수 있습니다. 남자의 말에서 '电视剧(드라마)'가 언급되었지만, 이것으로 여자가 TV를 즐겨 보는지는 알 수 없으므로 C는 정답이 될 수 없습니다.

✦고득점 Tip

头发 tóufa 머리카락, 두발 ➡ 短发 duǎnfà 쇼트커트, 단발 | 长发 chángfà 긴 머리 | 理发* lǐfà 이발하다 |
染发 rǎnfà 머리를 염색하다

24 ★★★

女: 我们的座位太不好了，这个位置能看得清楚前面的表演吗? 男: 这场演出非常火，能买到票已经非常不错了。 问: 关于这场演出，下列哪个正确? 　　A 票难买 　　B 座位很少 　　C 票没卖完 　　D 能在网上看	여: 우리 자리가 너무 안 좋다. 이 위치에서 앞의 공연을 제대로 볼 수 있겠어? 남: 이 공연은 아주 인기 있어서, 표를 살 수 있었던 것만 해도 잘된 거야. 질문: 이 공연에 관하여 다음 중 어느 것이 올바른가? 　　A 표를 사기 힘들다 　　B 좌석 수가 적다 　　C 표가 매진되지 않았다 　　D 인터넷으로 볼 수 있다

座位* zuòwèi 圆 자리, 좌석 | 位置 wèizhì 圆 위치 | 清楚 qīngchu 형 분명하다, 명확하다 | 前面 qiánmiàn 圆 앞쪽 | 表演*
biǎoyǎn 圆 공연 | 场* chǎng 양 번, 차례 | 演出* yǎnchū 圆 공연 | 火* huǒ 형 번창하다, 잘되다 | 已经 yǐjīng 부 이미, 벌써 |
不错 búcuò 형 괜찮다, 맞다 | 网上 wǎngshàng 圆 온라인, 인터넷

'표를 살 수 있었던 것만 해도 잘된 것(能买到票已经非常不错了)'이라는 남자의 말을 통해 표를 사기 힘들었음을 알 수 있습니다. 따라서 정답은 A입니다.

25 ★★★

男：明天就要举办活动了，名单都打印好了吗？

女：打印纸都用光了，等会儿我就去买，打印好了放到你的桌子上。

问：根据这段话，可以知道什么？

　　A 没有纸了

　　B 活动推迟了

　　C 打印机坏了

　　D 材料打印好了

남: 내일이면 행사를 개최하는데 명단을 다 출력했나요?

여: 인쇄 용지를 다 써서 좀 이따가 제가 사러 갈게요. 출력을 다 하면 당신의 책상 위에 둘게요.

질문: 이 이야기에 근거하면 무엇을 알 수 있는가?

　　A 종이가 떨어졌다

　　B 행사가 연기됐다

　　C 프린터가 고장 났다

　　D 자료를 다 출력했다

就要……了 jiù yào …… le 곧 ~할 것이다 | 举办* jǔbàn 통 개최하다 | 名单 míngdān 명 명단 | 打印* dǎyìn 통 출력하다, 인쇄하다 | 光* guāng 형 조금도 남지 않다 | 根据 gēnjù 개 근거하여, 따라서 | 段 duàn 양 구간, 부분 [거리, 시간, 문단을 세는 양사] | 推迟* tuīchí 통 연기하다, 미루다 | 打印机 dǎyìnjī 명 프린터 | 坏 huài 통 고장 나다, 망가지다

'인쇄 용지를 다 썼다(打印纸都用光了)'는 여자의 말과 일치하는 A가 정답입니다. '동사1 + 了 + 동사2' 형식은 '~하고 난 다음에 ~하다'라는 뜻으로, '打印好了放到你的桌子上'의 '打印好了'는 '출력을 다 했다'가 아니라 '출력을 다 한 다음에'라는 의미입니다. 따라서 D는 정답이 아닙니다.

제3부분 26~45번은 대화나 단문을 듣고 질문에 알맞은 보기를 선택하는 문제입니다.

26 ★★

女：这双很好看，你穿上看看。

男：现在这样的已经不流行了。

女：那这双怎么样？

男：这个跟儿太高了，穿起来不好走路。

问：他们在买什么？

　　A 鞋子　　　　B 袜子

　　C 裤子　　　　D 衬衫

여: 이거 예쁘다. 한번 신어 봐.

남: 지금 이런 건 벌써 유행이 지났어.

여: 그러면 이거 어때?

남: 이건 굽이 너무 높아. 신어 보면 걷기 불편해.

질문: 그들은 무엇을 사고 있는가?

　　A 신발　　　　B 양말

　　C 바지　　　　D 셔츠

双 shuāng 양 쌍, 켤레 [두 개가 짝을 이루는 물건이나 신체 부위를 세는 양사] | 好看 hǎokàn 형 예쁘다, 보기 좋다 | 跟儿 gēnr 명 굽, 뒤꿈치 | 起来 qǐlái 통 ~해 보다 | 不好 bù hǎo ~하기 힘들다, ~하기 나쁘다 | 鞋子 xiézi 명 신발 | 袜子* wàzi 명 양말 | 裤子 kùzi 명 바지 | 衬衫 chènshān 명 셔츠, 블라우스

'双'은 '鞋子(신발)' '袜子(양말)' '筷子(젓가락)' 또는 '手(손)' '眼睛(눈)'과 같이 두 개가 짝을 이루는 물건이나 신체 부위를 세는 양사이기 때문에 C, D는 정답이 아닙니다. '跟儿(굽)'이라는 표현을 통해 A가 정답이라는 것을 알 수 있습니다.

27 ★★

男: 准备好了吗? 都快10点了。	남: 준비 다 됐어? 벌써 10시가 다 돼 가.
女: 马上，东西已经做好了，放到盒子里就行。	여: 금방이야. 물건은 다 만들었고 상자 안에 넣기만 하면 돼.
男: 好吧，我先下去，在车上等你。	남: 알았어. 나는 먼저 내려가서 차 안에서 기다릴게.
女: 好的，顺便把客厅沙发上的包拿下去。	여: 그래. 내려가는 김에 거실 소파 위의 가방 좀 가져가.
问: 男的想在哪儿等女的?	질문: 남자는 어디에서 여자를 기다리려고 하는가?
A 客厅 B 车上 C 车站 D 沙发上	A 거실 B 차 안 C 정류장 D 소파 위

都 dōu 児 벌써, 이미 │ 盒子* hézi 명 (작은) 상자, 함 │ 行* xíng 통 ~해도 좋다 │ 顺便* shùnbiàn 児 ~하는 김에 │ 客厅* kètīng 명 거실, 응접실 │ 包 bāo 명 가방 │ 车站 chēzhàn 명 정류장

'차 안에서 기다린다(在车上等你)'는 남자의 말에서 정답이 B임을 알 수 있습니다. 여자의 말에서 '客厅(거실)'과 '沙发上(소파 위)'이 언급되지만, 남자가 여자를 기다리는 장소와는 관련이 없기 때문에 C와 D는 정답이 아닙니다.

✦고득점 Tip

包 bāo 가방 ➡ 钱包 qiánbāo 지갑 │ 书包 shūbāo 책가방 │ 旅行包 lǚxíngbāo 여행 가방

28 ★★★

女: 天气阴阴的，好像要下雨了。	여: 날씨가 아주 흐리네. 비가 올 것 같아.
男: 手机上说今天没有雨啊。	남: 휴대폰을 보니까 오늘은 비 소식이 없어.
女: 那我们也带一把伞吧。	여: 그래도 우리 우산을 하나 챙겨 가자.
男: 好的，钥匙和钱包都带了吧?	남: 좋아. 열쇠와 지갑은 다 챙겼지?
问: 外面天气怎么样?	질문: 밖의 날씨는 어떠한가?
A 多云 B 下雨了 C 降温了 D 风刮得厉害	A 구름이 많다 B 비가 온다 C 기온이 떨어졌다 D 바람이 세게 분다

阴 yīn 형 흐리다 │ 带 dài 통 지니다, 휴대하다 │ 伞 sǎn 명 우산 │ 钥匙* yàoshi 명 열쇠 │ 云* yún 명 구름 │ 降温 jiàngwēn 통 기온이 떨어지다 │ 刮风 guā fēng 바람이 불다 │ 厉害* lìhai 형 심하다, 대단하다

'날씨가 아주 흐리다(天气阴阴的)'는 여자의 말을 통해 정답이 A라는 것을 알 수 있습니다. '비가 올 것 같다(好像要下雨了)'는 여자의 말은 추측이기 때문에 B는 정답이 아닙니다.

✦고득점 Tip │ 형용사 중첩

형용사를 중첩하면 정도를 강조하거나 감정을 생동감 있게 표현할 수 있습니다. 1음절 형용사의 경우 AA 형식으로 중첩하고 두 번째 음절은 1성으로 변합니다. 2음절 형용사의 경우 AABB 또는 ABAB 형식으로 중첩합니다.

阴 yīn 흐리다 → 阴阴 yīnyīn   大 dà 크다 → 大大 dàdā

干净 gānjìng 깨끗하다 → 干干净净 gānganjìngjìng   雪白 xuěbái 하얗다 → 雪白雪白 xuěbái xuěbái

29

男 : 你们的毕业旅行决定去哪儿了吗？

女 : 决定了，我们打算先去一趟杭州。

男 : 那你们旅行结束后还回学校吗？

女 : 不，一部分直接去工作的地方，一部分直接回家。

问 : 关于女的，可以知道什么？

    A 快毕业了

    B 要留在学校

    C 去杭州应聘

    D 在杭州工作

남 : 너희들 졸업 여행을 어디로 갈지 정했어?

여 : 정했어. 우리는 우선 항저우에 가려고 해.

남 : 그럼 너희는 여행이 끝나면 다시 학교로 돌아와?

여 : 아니, 일부는 바로 근무지로 가고 일부는 바로 집으로 가.

질문: 여자에 관하여 무엇을 알 수 있는가?

    A 곧 졸업한다

    B 학교에 남으려 한다

    C 항저우에 가서 채용에 지원한다

    D 항저우에서 일한다

毕业* bìyè 图 졸업하다 | 决定 juédìng 图 결정하다 | 杭州 Hángzhōu 고유 항저우 [지명] | 结束 jiéshù 图 끝나다, 마치다 | 学校 xuéxiào 图 학교 | 部分* bùfen 图 부분 | 直接* zhíjiē 图 바로, 직접 | 留* liú 图 남다, 남기다 | 应聘* yìngpìn 图 (채용에) 지원하다

'毕业旅行(졸업 여행)'이라는 표현을 통해 여자는 곧 졸업을 한다는 것을 알 수 있습니다. 따라서 정답은 A입니다. 항저우는 졸업 여행지이므로 C, D는 정답이 아닙니다.

30

女 : 这场比赛输了，这会影响你的信心吗？

男 : 不会，输赢都是很正常的事情。

女 : 希望下一场比赛你能获得胜利。

男 : 谢谢，我一定会加油的。

问 : 男的认为，输了一场比赛会怎么样？

    A 很开心

    B 没关系

    C 影响自信

    D 压力不小

여 : 이번 경기에 졌는데, 이것이 당신의 자신감에 영향을 줄까요?

남 : 아닙니다. 승패는 모두 정상적인 일입니다.

여 : 다음 경기는 이기길 바랄게요.

남 : 감사합니다. 저는 반드시 힘내겠습니다.

질문: 남자는 시합을 지는 것이 어떻다고 생각하는가?

    A 즐겁다

    B 괜찮다

    C 자신감에 영향을 준다

    D 스트레스가 작지 않다

输* shū 图 지다, 잃다 | 影响 yǐngxiǎng 图 영향을 주다 | 信心* xìnxīn 图 자신감 | 正常* zhèngcháng 图 정상적이다 | 希望 xīwàng 图 바라다, 희망하다 | 获得* huòdé 图 획득하다, 얻다 | 胜利 shènglì 图 승리 | 认为 rènwéi 图 여기다, 생각하다 | 开心* kāixīn 图 즐겁다, 기쁘다 | 自信* zìxìn 图 자신감

남자는 '승패는 모두 정상적인 일(输赢都是很正常的事情)'이라고 여기고 있으므로 정답은 B입니다. '这会影响你的信心吗?(이것이 당신의 자신감에 영향을 줄까요?)'라는 여자의 질문에 남자가 '不会(아닙니다)'라고 답했으므로 C는 정답이 아닙니다.

31 ★★

男：小丽，这次会议就由你来负责吧。
女：经理，我对这方面缺乏经验，有点担心。
男：经验都是慢慢积累的，你可以的。
女：谢谢，经理，那我一定努力组织好这次会议。

问：关于女的，下列哪个正确？

A 迷路了　　　　B 经验不够
C 很有信心　　　D 性格活泼

남：샤오리, 이번 회의는 당신이 맡아 주세요.
여：팀장님, 저는 이 방면에 경험이 모자라서 조금 걱정이 돼요.
남：경험은 다 천천히 쌓는 거예요. 당신은 할 수 있어요.
여：감사합니다, 팀장님. 그러면 꼭 노력해서 이번 회의를 잘 준비하겠습니다.

질문: 여자에 관하여 다음 중 어느 것이 올바른가?

A 길을 잃었다　　　B 경험이 부족하다
C 자신감 있다　　　D 성격이 활발하다

会议 huìyì 명 회의 | 由* yóu 개 ~에 의해 [행위의 주체를 나타냄] | 负责* fùzé 통 책임지다 | 方面* fāngmiàn 명 방면, 분야 | 缺乏 quēfá 통 결핍되다, 모자라다 | 经验* jīngyàn 명 경험, 경력 | 担心 dānxīn 통 걱정하다 | 积累* jīlěi 통 쌓다, 쌓이다 | 努力 nǔlì 통 노력하다 | 组织 zǔzhī 통 (행사 등을) 조직하다 | 迷路* mílù 길을 잃다 | 不够 búgòu 통 부족하다 | 性格* xìnggé 명 성격 | 活泼* huópō 형 활발하다

'缺乏经验(경험이 모자라다)'이라는 여자의 말과 일치하는 것은 B입니다. '缺乏'는 5급 단어이지만, '有点担心(조금 걱정이 돼요)'을 듣고 맥락을 파악하거나 '经验(경험)' 등의 단어만 들어도 충분히 정답을 고를 수 있습니다.

32 ★★

女：喂，您好，我这里有本书没有按时还，请问怎么收费？
男：是什么时候借的？
女：是放假前借的，现在已经快一个月了。
男：放假前？那没关系，开学的时候来还就可以。

问：关于女的，我们可以知道什么？

A 得交罚款
B 要马上还书
C 打算买那本书
D 可以开学后还书

여：여보세요, 안녕하세요. 저는 제때 반납하지 않은 책이 한 권 있는데, 비용은 어떻게 받으시나요?
남：언제 빌리신 거예요?
여：방학 전에 빌렸어요. 지금 벌써 한 달이 다 되어 가요.
남：방학 전이요? 그렇다면 괜찮아요. 개학할 때 반납하면 돼요.

질문: 여자에 관하여 무엇을 알 수 있는가?

A 벌금을 내야 한다
B 바로 책을 반납해야 한다
C 그 책을 살 계획이다
D 개학 후에 책을 반납해도 된다

我这里 wǒ zhèlǐ 나에게 | 按时* ànshí 부 제때에, 시간에 따라 | 还 huán 통 반납하다, 돌려주다 | 请问 qǐngwèn 통 말씀 좀 묻겠습니다 | 收费 shōu fèi 비용을 받다 | 借 jiè 통 빌리다, 빌려주다 | 放假 fàngjià 통 방학하다, 휴가를 내다 | 交* jiāo 통 내다, 건네다 | 罚款 fákuǎn 명 벌금

남자가 '개학할 때 반납하면 된다(开学的时候来还就可以)'고 말한 것과 내용이 일치하는 D가 정답입니다. 따라서 B는 정답이 될 수 없습니다. 연체 비용을 묻는 여자에게 남자가 '那没关系(그렇다면 괜찮아요)'라고 답했으므로 A는 정답이 아닙니다. '罚款'은 5급 단어이지만 '开学(개학)' '还书(책을 돌려주다)' 등의 표현을 통해 정답을 유추할 수 있습니다.

男: 这个小区环境太棒了。	남: 이 동네는 환경이 굉장히 좋네요.
女: 是啊，我第一次来就被这里的环境吸引住了。	여: 네, 저도 처음 왔을 때 이곳의 환경에 홀딱 반했어요.
男: 我也想搬到这儿来了，这边的房价应该很贵吧？	남: 저도 이쪽으로 이사 오고 싶네요. 여기 집값은 분명 비싸겠죠?
女: 我当时买的时候还可以，但最近听说贵多了。	여: 제가 살 때는 괜찮았는데 요즘 듣기로는 많이 비싸졌다고 해요.
问: 关于这个小区，下列哪个正确？	질문: 이 동네에 관하여 다음 중 어느 것이 올바른가?
A 房价不贵 B 环境很好	A 집값이 싸다 B 환경이 좋다
C 旁边有公园 D 交通很方便	C 옆에 공원이 있다 D 교통이 편리하다

小区 xiǎoqū 명 동네, 단지 | 环境 huánjìng 명 환경 | 棒* bàng 형 뛰어나다 | 被 bèi 개 ~에게 ~당하다 | 吸引* xīyǐn 동 끌어당기다 | 搬 bān 동 이사하다 | 应该 yīnggāi 조동 분명히 ~일 것이다 | 贵 guì 형 비싸다 | 当时* dāngshí 명 당시, 그때 | 最近 zuìjìn 명 최근, 요즘 | 旁边 pángbiān 명 옆, 부근 | 公园 gōngyuán 명 공원 | 交通* jiāotōng 명 교통 | 方便 fāngbiàn 형 편리하다

듣기 문제는 녹음 앞부분에 정답을 알 수 있는 근거가 등장하는 경우가 많기 때문에 첫 마디부터 집중해야 합니다. '환경이 굉장히 좋다(环境太棒了)'는 남자의 말과 일치하는 B가 정답입니다. '房价(집값)'도 언급됐지만 여자의 말을 통해 요즘 비싸졌다는 것을 알 수 있습니다. 따라서 A는 정답이 아닙니다.

✦ 고득점 Tip

小区 xiǎoqū 동네, 단지 ➡ 郊区* jiāoqū 교외 | 市区 shìqū 시내 | 景区 jǐngqū 관광지

女: 李老师，我们想邀请您下周来我们学校讲一次课，您有时间吗？	여: 리 선생님, 다음 주에 저희 학교에 오셔서 강의를 한 차례 하시도록 선생님을 초청하고 싶습니다. 시간이 되시나요?
男: 我看一下，下周三下午有时间。	남: 한번 볼게요. 다음 주 수요일 오후에 시간이 있네요.
女: 那我们暂定下周三下午两点，可以吗？	여: 그러면 다음 주 수요일 오후 2시로 임시로 정해도 될까요?
男: 好的，如果有什么变化提前跟你们联系。	남: 좋습니다. 만약에 무슨 변동이 있으면 미리 연락할게요.
问: 他们最可能是什么关系？	질문: 그들은 어떤 관계일 가능성이 큰가?
A 夫妻 B 同学	A 부부 B 학교 친구
C 师生 D 司机与乘客	C 스승과 제자 D 기사와 승객

下周 xià zhōu 다음 주 | 讲课 jiǎngkè 동 강의하다 | 暂 zàn 부 잠시, 임시로 | 定 dìng 동 정하다 | 变化 biànhuà 명 변화 | 提前* tíqián 동 앞당기다 | 联系* liánxì 동 연락하다 | 夫妻 fūqī 명 부부 | 师生 shīshēng 명 스승과 제자 | 与* yǔ 접 ~과

대화를 전체적으로 살펴 보면 A, B, D는 답이 될 수 없습니다. '老师(선생님)'라는 호칭만으로 스승과 제자라고 단정하기는 어렵지만 나머지 보기가 답이 될 수 없으므로 정답은 C입니다.

35 ★★

男：妈，我去打篮球了。
女：出去的时候，顺便扔一下门旁边的垃圾。
男：这些瓶子也需要一起扔吗？
女：对，记得早点回来。

问：女的让男的做什么？
　A 填表格　　　　B 扔垃圾
　C 打篮球　　　　D 擦桌子

남: 엄마, 저는 농구 하러 가요.
여: 나가는 김에 문 옆에 있는 쓰레기 좀 버려 줘.
남: 이 병들도 같이 버려야 해요?
여: 응, 일찍 들어오는 거 기억해.

질문: 여자는 남자에게 무엇을 시켰는가?
　A 양식을 작성한다　　B 쓰레기를 버린다
　C 농구를 한다　　　　D 책상을 닦는다

打篮球* dǎ lánqiú 농구를 하다 | 扔* rēng 던지다, 버리다 | 垃圾 lājī 쓰레기 | 瓶子 píngzi 圆 병 | 记得 jìde 통 기억하고 있다 | 填 tián 통 기입하다 | 表格* biǎogé 圆 표, 양식 | 擦* cā 통 문지르다, 닦다

이 문제는 '垃圾(쓰레기)'만 들으면 맞힐 수 있습니다. 보기의 다른 단어도 빈출 단어이니 같이 외워 두세요.

36-37

　　在我生日的时候，爸爸送给我了一只小猫，它全身雪白，³⁶有双蓝色的眼睛，非常可爱。我每天都跟它玩儿，喂它好吃的零食。³⁷到了下午，我喜欢抱着它，一起睡觉。

　　내 생일에 아빠는 나에게 고양이 한 마리를 선물했다. 그 고양이는 온몸이 새하얗고 ³⁶한 쌍의 파란 눈을 가지고 있었고 아주 사랑스러웠다. 나는 매일 그 고양이와 놀았고 맛있는 간식도 줬다. ³⁷오후에 나는 그 고양이를 안고 같이 자는 걸 좋아한다.

送 sòng 통 주다, 선물하다 | 雪白 xuěbái 圈 (눈처럼) 하얗다 | 蓝色 lánsè 圆 파란색 | 可爱 kě'ài 圈 귀엽다, 사랑스럽다 | 喂 wèi 통 먹이를 주다 | 零食 língshí 圆 간식, 군것질 | 抱* bào 통 안다

36 ★★

问：小猫的眼睛是什么颜色的？
　A 蓝色　　　　B 黑色
　C 黄色　　　　D 咖啡色

질문: 고양이의 눈은 무슨 색인가?
　A 파란색　　　B 검은색
　C 노란색　　　D 커피색

咖啡 kāfēi 圆 커피

하나의 녹음에 여러 문제가 나오는 36~45번의 경우 보통 문제의 순서대로 답이 등장합니다. 36번 문제의 정답은 녹음 앞부분에서 '한 쌍의 파란 눈을 가지고 있다(有双蓝色的眼睛)'고 언급됐습니다.

37 ★★★

问：说话人到了下午喜欢干什么？
　A 看电视
　B 吃好吃的
　C 给猫洗澡
　D 抱着猫午觉

질문: 화자는 오후에 무엇을 하는 걸 좋아하는가?
　A TV를 본다
　B 맛있는 것을 먹는다
　C 고양이를 목욕시킨다
　D 고양이를 안고 낮잠을 잔다

午觉 wǔjiào 몡 낮잠

'睡觉(잠자다)'는 동사 '睡(자다)'와 명사 '觉(잠)'로 구성된 이합동사이고 '午觉'는 '낮잠'입니다. 키워드 '下午(오후)'와 '睡觉(잠자다)'를 들으면 정답을 찾을 수 있습니다. 녹음에 등장한 '好吃的零食'는 고양이에게 주는 것이기 때문에 B는 정답이 아닙니다.

✦고득점 Tip

睡觉 shuìjiào 잠자다 ➡ 午觉 wǔjiào 낮잠 │ 懒觉 lǎnjiào 늦잠

38-39

³⁸我和我妻子是通过一个朋友介绍认识的。第一次见面，她很少说话，我以为她对我可能不太满意，所以吃完饭我们就回家了。回家后，我试着给她发了一个信息，但是没想到，她邀请我第二天去看电影。³⁹之后我才知道是她太害羞了。

³⁸저랑 아내는 한 친구의 소개를 통해 알게 되었어요. 처음 만났을 때 그녀는 말이 적었어요. 저는 그녀가 저를 별로 맘에 들어 하지 않는다고 생각했고, 그래서 식사를 다 하고서 바로 집에 돌아왔어요. 돌아온 후에 저는 문자 메시지를 한 통 보내 봤는데 뜻밖에도 그녀는 다음날 영화를 보러 가자고 했어요. ³⁹나중에야 그녀가 부끄러움이 많다는 것을 알게 되었어요.

通过* tōngguò 꽤 ~을 통해 │ 介绍 jièshào 통 소개하다 │ 认识 rènshi 통 알다, 인식하다 │ 见面 jiànmiàn 통 만나다 │ 以为* yǐwéi 통 생각하다, 여기다 │ 不太 bú tài 그다지 ~않다 │ 满意 mǎnyì 혱 만족하다 │ 试 shì 통 시도하다, 한번 해 보다 │ 发 fā 통 보내다 │ 信息* xìnxī 몡 문자 메시지 │ 害羞* hàixiū 혱 부끄럽다, 수줍다

---

38 ★★

问: 说话人和妻子是怎么认识的?	질문: 화자와 아내는 어떻게 알게 된 것인가?
A 一起学习　　B 朋友介绍	A 같이 공부했다　　B 친구가 소개했다
C 网上聊天　　D 参加活动	C 채팅을 했다　　D 행사에 참가했다

녹음 앞부분에서 '친구의 소개를 통해 알게 되었다(通过一个朋友介绍认识的)'고 했으므로 정답은 B입니다.

---

39 ★★

问: 妻子是一个什么样的人?	질문: 아내는 어떤 사람인가?
A 很害羞	A 부끄러움을 탄다
B 要求很高	B 바라는 게 많다
C 有点马虎	C 조금 꼼꼼하지 못하다
D 有责任心	D 책임감이 있다

要求 yāoqiú 몡 요구 │ 马虎* mǎhu 혱 꼼꼼하지 못하다, 대충대충 하다 │ 责任心 zérènxīn 몡 책임감

화자와 아내가 처음 만났을 때 아내가 말이 적었는데 '나중에야 아내가 부끄러움이 많다는 걸 알게 되었다(之后我才知道是她太害羞了)'고 했으므로 정답은 A입니다.

40-41

⁴⁰近年来，用手机购物的人越来越多了。人们不用再去商场和超市寻找打折商品，只要我们有时间的时候，⁴¹拿出手机认真比较，就会找到理想的商品，而且很多还会免费送货上门。

⁴⁰최근 몇 년 사이 모바일 쇼핑을 이용하는 사람이 점점 많아졌다. 사람들은 더 이상 쇼핑몰이나 슈퍼마켓에 가서 할인 상품을 찾을 필요 없이, 시간이 있을 때 ⁴¹휴대폰을 꺼내 열심히 비교하기만 하면, 바로 맘에 드는 상품을 찾을 수 있다. 그리고 많은 상품들은 무료로 집까지 배송도 된다.

购物* gòu wù 물건을 사다, 쇼핑하다 | 越来越 yuè lái yuè 점점 ~하다, 갈수록 ~하다 | 超市 chāoshì 몡 슈퍼마켓, 마트 | 寻找 xúnzhǎo 통 찾다 | 打折* dǎzhé 통 할인하다 | 商品 shāngpǐn 몡 상품 | 比较 bǐjiào 통 비교하다 | 理想* lǐxiǎng 혱 이상적이다 | 送货 sòng huò 물건을 배달하다 | 上门 shàngmén 통 방문하다

40 ★★

问: 关于手机购物，下面哪项正确?

A 没人使用
B 没有什么变化
C 使用者增加了
D 收费越来越高

질문: 모바일 쇼핑에 관하여 다음 중 어느 것이 올바른가?

A 사용하는 사람이 없다
B 별 변화가 없다
C 사용자가 증가했다
D 요금이 점점 비싸진다

项 xiàng 양 항, 가지 | 使用* shǐyòng 통 사용하다 | 者 zhě 조 ~자, ~하는 사람 | 增加* zēngjiā 통 증가하다

'모바일 쇼핑을 이용하는 사람이 점점 많아졌다(用手机购物的人越来越多了)'는 것을 보고 C가 정답임을 알 수 있습니다. '越来越多(점점 많아지다)'와 '增加(증가하다)'는 같은 표현입니다.

41 ★★★

问: 手机购物时，我们要做什么?

A 多比较
B 去商店看看
C 看是否包邮
D 看是否打折

질문: 모바일 쇼핑을 할 때 무엇을 해야 하는가?

A 많이 비교한다
B 상점에 가서 한번 본다
C 무료 배송인지 아닌지 확인한다
D 할인인지 아닌지 확인한다

是否* shìfǒu 문 ~인지 아닌지 | 包邮 bāoyóu 무료 배송, 배송비 포함

'比较(비교하다)'가 이 문제의 키워드입니다. 비교를 많이 하면 원하는 상품을 찾을 수 있다고 했으므로 정답은 A입니다. 상점에 갈 필요가 없다고 했으므로 B는 정답이 아니고, 할인과 무료 배송은 모바일 쇼핑의 장점이기는 하지만 고객이 해야 할 일은 아니므로 C와 D도 정답이 아닙니다.

生活中，⁴²人们常常习惯于走别人走过的路，认为走大多数人走过的路不会错。他们其实忘记了一个十分重要的事实，⁴³那就是：走别人没有走过的路，往往有更多的机会，更容易获得成功。

살면서 ⁴²사람들은 항상 남들이 갔던 길로 가는 것을 익숙해하면서 대다수의 사람들이 갔던 길로 가면 틀릴 리가 없다고 생각합니다. 그들은 사실 아주 중요한 사실을 잊은 것입니다. ⁴³그것은 바로 남들이 가지 않은 길을 가는 것이 더 많은 기회가 있고 성공을 거두기도 더 쉽다는 것입니다.

生活* shēnghuó 통 살다, 생활하다 | 常常 chángcháng 부 항상, 자주 | 习惯 xíguàn 통 습관이 되다, 익숙해지다 | 别人 biérén 명 남, 타인 | 其实 qíshí 부 사실 | 忘记 wàngjì 통 잊어버리다 | 十分* shífēn 부 아주 | 重要 zhòngyào 형 중요하다 | 事实 shìshí 명 사실 | 往往* wǎngwǎng 부 자주, 종종 | 更 gèng 부 더욱 | 容易 róngyì 형 ~하기 쉽다 | 成功* chénggōng 명 성공

42 ★★★

问: 对别人走过的路，说话人怎么看？
　　A 容易成功
　　B 不容易走
　　C 不一定适合你
　　D 不会让人失望

질문: 남들이 갔던 길에 대하여 화자는 어떻게 보는가?
　　A 성공하기 쉽다
　　B 걷기 쉽지 않다
　　C 반드시 당신에게 맞는 것은 아니다
　　D 사람들을 실망시키지 않을 것이다

适合* shìhé 통 적합하다

남들이 갔던 길에 대한 화자의 생각을 유념해서 들어야 합니다. 사람들은 '대다수의 사람들이 갔던 길로 가면 틀릴 리가 없다고 생각(认为走大多数人走过的路不会错)'하지만, 화자는 그렇게 생각하지 않습니다. 즉, 화자는 남들이 갔던 길을 가는 것은 문제가 있을 수 있다고 생각합니다. 따라서 정답은 C입니다. 만약 남들이 가지 않은 길에 대한 화자의 생각을 묻는 질문이었다면 정답은 A입니다.

✦ **고득점 Tip**

适合 shìhé 적합하다 ➡ 适度 shìdù (정도가) 적당하다 | 适量 shìliàng (양이) 적합하다 | 适时 shìshí (때가) 적합하다

43 ★★★

问: 这段话主要谈什么？
　　A 要懂得感谢
　　B 方法是关键
　　C 要互相关心
　　D 要走自己的路

질문: 이 이야기는 주로 무엇을 말하고 있는가?
　　A 감사할 줄 알아야 한다
　　B 방법이 핵심이다
　　C 서로에게 관심을 가져야 한다
　　D 자신의 길을 가야 한다

主要 zhǔyào 부 주로, 대부분 | 谈* tán 통 말하다 | 懂得 dǒngde 통 알다 | 感谢* gǎnxiè 통 감사하다 | 方法* fāngfǎ 명 방법 | 关键* guānjiàn 명 관건, 핵심 | 互相* hùxiāng 부 서로 | 关心 guānxīn 통 관심을 가지다, 돌보다 | 自己 zìjǐ 대 자기, 자신

듣기 제3부분의 두 번째 문제는 주제를 묻는 경우가 많습니다. '남들이 가지 않은 길을 가야 한다'는 것이 화자의 관점이기 때문에 정답은 D입니다.

44-45

医生提醒很多人，长时间在阳光下对皮肤没有好处，⁴⁵所以在夏季应该注意保护皮肤。特别是运动后，很多汗水留在脸上，所以一定要洗脸，保证皮肤干净。另外，⁴⁴白天出行时，要戴好帽子或带上阳伞。

의사의 경고에 따르면 오랫동안 햇빛 아래에 있으면 피부에 좋을 것이 없고, ⁴⁵따라서 여름철에는 피부 보호에 신경을 써야 합니다. 특히 운동 후에 많은 땀이 얼굴에 남기 때문에 꼭 세수를 해서 피부를 깨끗하게 해야 합니다. 그 밖에 ⁴⁴낮에 외출할 때는 모자를 쓰거나 양산을 챙겨야 합니다.

提醒* tíxǐng 圖 일깨우다 | 阳光* yángguāng 圖 햇빛 | 皮肤* pífū 圖 피부 | 夏季 xiàjì 圖 여름철 | 保护* bǎohù 圖 보호하다 | 汗水 hànshuǐ 圖 땀 | 脸 liǎn 圖 얼굴 | 保证* bǎozhèng 圖 보증하다 | 干净 gānjìng 圖 깨끗하다 | 另外* lìngwài 圖 그 밖에 | 出行 chūxíng 圖 외출하다 | 戴* dài 圖 (안경, 모자, 목걸이, 반지 등을) 착용하다 | 帽子 màozi 圖 모자 | 或 huò 圖 혹은 | 阳伞 yángsǎn 圖 양산

44 ★★

问：根据这段话，夏季出门时应该做什么？	질문: 이 이야기에 근거하면 여름철에 외출할 때 무엇을 해야 하는가?
A 多喝水　　　B 穿凉鞋	A 물을 많이 마신다　　B 샌들을 신는다
C 先洗脸　　　D 拿上伞	C 먼저 얼굴을 씻는다　D 양산을 챙긴다

出门 chūmén 圖 외출하다 | 凉鞋 liángxié 圖 샌들

여름철에 '낮에 외출할 때는 모자를 쓰거나 양산을 챙겨야 한다(白天出行时，要戴好帽子或带上阳伞)'고 했으므로 정답은 D입니다. C는 운동 후에 해야 할 일이므로 정답이 아닙니다.

45 ★★★

问：这段话主要谈什么？	질문: 이 이야기는 주로 무엇을 말하고 있는가?
A 怎么打扮	A 어떻게 꾸미는가
B 刷牙的好处	B 양치질의 좋은 점
C 夏天的天气	C 여름 날씨
D 怎么保护皮肤	D 어떻게 피부를 보호하는가

打扮* dǎban 圖 꾸미다 | 刷牙 shuā yá 이를 닦다, 양치질하다

앞부분에 주제가 언급된 다음 피부를 보호하는 방법을 구체적으로 설명하고 있으므로 정답은 D입니다. 녹음에서 가장 많이 언급된 단어 또한 '皮肤(피부)'입니다.

二、阅读 독해

제1부분 46~55번은 문장 속 빈칸에 들어갈 보기를 선택하는 문제입니다.

A 大约* dàyuē 凰 대략

B 接着* jiēzhe 凰 이어서

C 羡慕* xiànmù 图 부러워하다

D 坚持* jiānchí 图 버티다, 견지하다

E 粗心* cūxīn 图 부주의하다, 덜렁대다

F 戴* dài 图 (안경, 모자, 목걸이, 반지 등을) 착용하다

---

46 ★★

李叔叔的两个孩子都通过了那个考试，真让人（ C 羡慕 ）。

리 아저씨의 두 아이는 모두 그 시험에 합격했다. 정말 사람을 (C 부럽게) 한다.

叔叔 shūshu 圐 아저씨, 삼촌 | 通过* tōngguò 图 통과하다 | 考试 kǎoshì 圐 시험

빈칸 앞에 '让人'이 있으므로 '주어 + 让 + 사람 + 동사/형용사'의 형식을 떠올릴 수 있습니다. '李叔叔的两个孩子都通过了那个考试(리 아저씨의 두 아이는 모두 그 시험에 합격했다)'라는 앞 문장을 봤을 때, 문맥상 사람을 '부럽게' 만들었다는 내용이 어울리므로 C가 정답입니다.

---

47 ★★

为了方便开车，一些老司机喜欢（ F 戴 ）太阳镜。

운전을 편하게 하기 위해서 일부 베테랑 운전사들은 선글라스를 (F 착용하는) 것을 좋아한다.

太阳镜 tàiyángjìng 圐 선글라스

'手表(손목시계)' '眼镜(안경)' '帽子(모자)' 등을 착용할 때는 '戴'를 동사로 씁니다. 빈칸 뒤에 '太阳镜'이 있으므로 F가 정답입니다. '衣服(옷)' '鞋子(신발)' '袜子(양말)' 등을 착용할 때는 '穿'을 동사로 씁니다.

✦고득점 Tip

老 lǎo 오래되다 ➡ 老司机 lǎo sījī 베테랑 운전사 | 老朋友 lǎo péngyou 오랜 친구

---

48 ★★★

爸爸把那张桌子搬进来，（ B 接着 ）妈妈把它擦干净了。

아빠는 그 테이블을 옮겨서 들여 놓았고, (B 이어서) 엄마는 그것을 깨끗이 닦았다.

张 zhāng 영 장[책상, 침대, 종이 등 면적이 넓은 물건을 세는 양사] | 搬 bān 图 옮기다

두 문장 사이에 빈칸이 있으므로, 빈칸에는 두 문장을 연결하는 말이 들어가야 합니다. '接着'는 '이어서'라는 뜻으로 두 문장의 행위가 연이어 발생함을 나타냅니다. 아빠가 테이블을 옮기는 행위와 엄마가 테이블을 닦는 행위를 연결할 수 있으므로 B가 정답입니다.

49 ★★

| 这次报名的人中，（　A 大约　）三分之一是李教授的硕士研究生。 | 이번에 등록한 사람 가운데 (A 대략) 3분의 1은 리 교수의 석사 과정 대학원생이다. |

报名* bàomíng 통 등록하다 ┃ 之* zhī 조 ~의 [관형어와 중심어를 연결함] ┃ 硕士* shuòshì 명 석사 ┃ 研究生 yánjiūshēng 명 대학원생

'大约'는 '大约 + 숫자'의 형식으로 쓰여 '정확하지 않은 수'를 표현할 수 있습니다. 빈칸 뒤에 '三分之一'라는 숫자가 있으므로 A가 정답입니다.

50 ★★★

| 我真是太（　E 粗心　）了，竟然连放护照的包都忘带了。 | 나는 정말 너무 (E 부주의하다). 놀랍게도 여권을 넣어 둔 가방마저 가져오는 것을 깜빡했다. |

竟然* jìngrán 부 뜻밖에도, 놀랍게도 ┃ 连* lián 개 ~조차도, ~마저도

빈칸 앞에 정도부사 '太'가 있으므로 빈칸에는 형용사나 심리동사가 들어가야 합니다. 여권을 넣어 둔 가방마저 가져오는 것을 깜빡했다는 내용으로 보아 E가 정답입니다.

51-55

A 堵车* dǔchē 통 차가 막히다	B 标准* biāozhǔn 형 표준적이다
C 温度* wēndù 명 온도	D 到底* dàodǐ 부 도대체
E 挺* tǐng 부 아주, 꽤	F 方向* fāngxiàng 명 방향

51 ★★

| A: 你怎么买这个牙膏了？
B: 朋友们都说（　E 挺　）好用的，而且今天还买一送一，怎么了？ | A: 왜 이 치약을 샀어요？
B: 친구들이 다들 (E 아주) 쓰기 좋다고 하더라고요. 게다가 오늘은 1+1이기도 해요. 왜요? |

牙膏* yágāo 명 치약 ┃ 好用 hǎoyòng 형 쓰기 좋다, 쓰기 편하다 ┃ 买一送一 mǎiyīsòngyī 1+1, 하나를 사면 하나를 증정한다

'好 + 동사'는 '~하기 좋다'라는 뜻의 형용사로 쓰입니다. 예를 들어 '好吃(맛있다)' '好看(예쁘다)' '好听(듣기 좋다)' '好找(찾기 쉽다)' '好受(견딜 만하다)' 등이 있습니다. '好用'도 형용사이기 때문에 앞에 '很' 등의 정도부사를 쓸 수 있습니다. 빈칸에는 보기 중 유일한 정도부사인 '挺'이 들어갈 수 있으므로 E가 정답입니다.

52 ★★★

A: 我恐怕要迟到了，下班时间这段路很（ A 堵车 ）。 B: 好的，我们也刚到，我们先聊一会儿天，等你来了再点菜。	A: 나는 아마 늦을 것 같아. 퇴근 시간에 이 구간은 아주（ A 차가 막혀 ）. B: 그래. 우리도 막 도착했으니 우선 수다 좀 떨고 있을게. 네가 올 때까지 기다렸다가 음식을 주문할게.

恐怕* kǒngpà 〔부〕 어쩌면, 아마도 ┃ 要……了 yào …… le 곧 ~할 것이다 ┃ 下班 xiàbān 〔동〕 퇴근하다 ┃ 先A再B xiān A zài B 먼저 A하고 나서 B하다

'路(길)'와 호응할 수 있는 단어는 A '堵车'뿐입니다. 퇴근 시간이라 늦을 것 같다는 문맥을 살펴봐도 정답은 A입니다.

53 ★★

A: 你说这个消息（ D 到底 ）是真的还是假的啊? B: 现在网上的信息假的太多了，我也不太清楚啊。	A: 이 소식이 （ D 도대체 ） 진짜일까요, 아니면 가짜일까요? 한번 말해 보세요. B: 지금 인터넷에 있는 정보는 가짜가 너무 많습니다. 저도 잘 모르겠어요.

消息* xiāoxi 〔명〕 소식 ┃ 假 jiǎ 〔형〕 거짓의, 가짜의 ┃ 信息* xìnxī 〔명〕 정보

'是A还是B'는 'A인가 아니면 B인가'라는 뜻의 선택 의문문입니다. '도대체'라는 뜻의 '到底'가 의문문과 어울리는 부사이므로 D가 정답입니다.

54 ★★

A: 想要说出（ B 标准 ）的汉语，光听是不够的。 B: 你说的对，不仅要多听，还要多说。	A: （ B 표준적인 ） 중국어를 말하고 싶으면 듣기만 해서는 부족합니다. B: 말씀하신 게 맞습니다. 많이 들어야 할 뿐 아니라 많이 말해야 합니다.

光* guāng 〔부〕 단지, 그저 ┃ 不仅* bùjǐn 〔접〕 ~뿐만 아니라

빈칸 뒤에 '的'가 있기 때문에 빈칸에는 '汉语(중국어)'를 수식하는 단어가 들어가야 합니다. 문맥상 '표준적인 중국어'가 자연스러우므로 정답은 B입니다.

55 ★★

A: 您好，请问长江大桥是往这个（ F 方向 ）走吗? B: 对，在前面路口往左转，然后再走十分钟就能看到了。	A: 안녕하세요. 말씀 좀 묻겠습니다. 창장대교는 이（ F 방향 ）으로 가나요? B: 네, 앞에 있는 사거리에서 좌회전해서 10분 정도 더 가면 볼 수 있습니다.

大桥 dàqiáo 〔명〕 대교, 다리 ┃ 往 wǎng 〔개〕 ~쪽으로 ┃ 路口 lùkǒu 〔명〕 사거리, 교차로 ┃ 左 zuǒ 〔명〕 왼쪽 ┃ 转* zhuǎn 〔동〕 돌다, 회전하다 ┃ 然后 ránhòu 〔접〕 그런 후에, 그리고 나서

빈칸 앞에 방향을 나타내는 개사 '往'이 있기 때문에 빈칸에는 방향이나 장소가 들어가야 합니다. 따라서 정답은 F입니다.

56 ★★

A 她的丈夫是很浪漫的人 B 可她非常实际 C 因此她往往无法理解丈夫的想法 → ABC 她的丈夫是很浪漫的人，可她非常实际，因此她往往无法理解丈夫的想法。	A 그녀의 남편은 매우 낭만적인 사람이다 B 그러나 그녀는 매우 현실적이다 C 그래서 그녀는 종종 남편의 생각을 이해하지 못한다 → ABC 그녀의 남편은 매우 낭만적인 사람이다. 그러나 그녀는 매우 현실적이다. 그래서 그녀는 종종 남편의 생각을 이해하지 못한다.

丈夫 zhàngfu 명 남편 ｜ 浪漫* làngmàn 형 낭만적이다, 로맨틱하다 ｜ 可* kě 접 그러나, 그렇지만 [=可是] ｜ 实际* shíjì 형 현실적이다, 실제의 ｜ 无法 wúfǎ 통 방법이 없다, ~할 수 없다 ｜ 理解* lǐjiě 통 이해하다 ｜ 想法 xiǎngfǎ 명 생각, 의견

① A → ? 접속사가 있는 문장은 첫 문장이 될 수 없습니다. B와 C는 접속사 '可'와 '因此'가 있으므로 A가 첫 문장이 됩니다.

② A → B 접속사 '可'는 역접을 나타내므로 서로 상반된 내용의 A와 B를 연결합니다.

③ A → B → C 접속사 '因此'는 원인과 결과를 나타내므로 B와 C를 연결합니다. 따라서 정답은 ABC입니다.

57 ★★

A 而有些人只有睡好觉才能减轻压力 B 比如有些人只要吃好吃的就可以轻松起来 C 任何人都有自己放松的方式 → CBA 任何人都有自己放松的方式，比如有些人只要吃好吃的就可以轻松起来，而有些人只有睡好觉才能减轻压力。	A 반면에 어떤 사람들은 잠을 잘 자야만 스트레스가 줄어든다 B 예를 들어 어떤 사람들은 맛있는 것을 먹기만 하면 마음이 가벼워진다 C 어떤 사람이든 긴장을 푸는 자신의 방법이 있다 → CBA 어떤 사람이든 긴장을 푸는 자신의 방법이 있다. 예를 들어 어떤 사람들은 맛있는 것을 먹기만 하면 마음이 가벼워지고 반면에 어떤 사람들은 잠을 잘 자야만 스트레스가 줄어든다.

而* ér 접 그러나, 그리고, 그래서 ｜ 只有A才B zhǐyǒu A cái B A해야만 비로소 B하다 ｜ 比如* bǐrú 통 예를 들다 ｜ 轻松* qīngsōng 형 가볍다, 수월하다 ｜ 任何* rènhé 대 어떠한 ｜ 放松* fàngsōng 통 느슨하게 하다, 이완시키다 ｜ 方式 fāngshì 명 방식, 방법

① C → ? 접속어 '而'이 쓰인 A와 '比如'가 쓰인 B는 첫 문장이 될 수 없으므로 C가 첫 문장이 됩니다.

② C → B B는 C의 구체적인 예시로서, '比如'를 통해 C와 B가 연결됩니다.

③ C → B → A A는 C의 또 다른 예시이면서 B와 상반된 내용을 나타내므로 접속사 '而'을 통해 B와 A가 연결됩니다. 따라서 정답은 CBA입니다.

58 ★★★

A 一到医院就哭，她怎么也没有想到 B 我长大后竟然会成为一名医生 C 妈妈说我小时候特别怕打针 → CAB 妈妈说我小时候特别怕打针，一到医院就哭，她怎么也没有想到，我长大后竟然会成为一名医生。	A 병원에 가기만 하면 울었다. 그녀는 생각지도 못했다 B 나는 자라서 놀랍게도 의사가 될 것이다 C 엄마는 내가 어릴 적에 주사 맞기를 매우 무서워했다고 말했다 → CAB 엄마는 내가 어릴 적에 주사 맞기를 매우 무서워했고 병원에 가기만 하면 울었다고 말했다. 엄마는 내가 자라서 놀랍게도 의사가 될 것이라고 생각지도 못했다.

一A就B yī A jiù B A하기만 하면 B하다 | 哭 kū 통 울다 | 怕 pà 통 무서워하다, 걱정하다

① C → A A의 '她'는 C의 '妈妈'를 가리킵니다. 따라서 C와 A가 연결됩니다.
② C → A → B A의 '没有想到'와 B의 '竟然'은 '没(有)想到……竟然……'의 형식으로 자주 쓰이고 해석상으로도 '그녀(엄마)는 내가 자라서 놀랍게도 의사가 될 것이라고 생각지도 못했다'로 자연스럽기 때문에 A와 B가 연결됩니다. 따라서 정답은 CAB입니다.

59 ★★

A 自行车随处乱放的情况越来越严重了 B 希望能快点儿找到解决方法 C 已经成为了城市环境管理的新问题 → ACB 自行车随处乱放的情况越来越严重了，已经成为了城市环境管理的新问题，希望能快点儿找到解决方法。	A 자전거를 아무 데나 제멋대로 세워 두는 상황이 점점 심각해졌다 B 빨리 해결 방법을 찾을 수 있기를 바란다 C 이미 도시 환경 관리의 새로운 문제가 되었다 → ACB 자전거를 아무 데나 제멋대로 세워 두는 상황이 점점 심각해져서 이미 도시 환경 관리의 새로운 문제가 되었다. 빨리 해결 방법을 찾을 수 있기를 바란다.

自行车 zìxíngchē 명 자전거 | 随处 suíchù 부 아무 데나, 어디서나 | 情况* qíngkuàng 명 상황 | 严重* yánzhòng 형 심각하다 |
解决 jiějué 통 해결하다 | 城市 chéngshì 명 도시 | 管理* guǎnlǐ 명 관리

① A → ? B와 C는 주어가 없기 때문에 첫 문장이 될 수 없습니다. 그러나 A는 '自行车随处乱放的情况'이라는 주어가 있어 첫 문장이 됩니다.
② A → C A의 주어를 공유할 수 있는 술어는 C의 '成为'이므로 A와 C가 연결됩니다.
③ A → C → B B는 문제의 해결책을 찾기를 바라는 내용이므로 C 뒤에 연결됩니다. 따라서 정답은 ACB 입니다.

60 ★★★

A 生活中，我们谁都不会知道 B 努力过好每一天才是我们应该做的 C 第二天将会发生什么 → ACB 生活中，我们谁都不会知道，第二天将会发生什么，努力过好每一天才是我们应该做的。	A 살면서 우리는 아무도 ~을 알 수 없다 B 하루하루를 노력하며 사는 것만이 우리가 해야 할 일이다 C 다음날 무슨 일이 발생할 것인가 → ACB 살면서 우리는 아무도 다음날 무슨 일이 발생할 것인지 알 수 없다. 하루하루를 노력하며 사는 것만이 우리가 해야 할 일이다.

过 guò 통 (시간이나 지점을) 지나다 │ 将 jiāng 본 장차, 앞으로 │ 发生* fāshēng 통 발생하다

① A → C   A의 '不会知道' 뒤에는 목적어가 빠져 있습니다. '不知道'와 같은 술어 뒤에는 의문문이 목적어로 잘 어울리므로 A와 C가 연결됩니다.

② A → C → B   B는 A와 C를 근거로 내린 결론이기 때문에 마지막에 놓입니다. 따라서 정답은 ACB입니다.

고득점 Tip │ 의문문이 목적어로 쓰이는 술어

我不知道他在哪儿。 나는 그가 어디 있는지 모른다.

同事们想知道谁赢了。 동료들은 누가 이겼는지 알고 싶어 한다.

大家听不懂你说什么。 다들 당신이 무엇을 말하는지 알아듣지 못한다.

고득점 Tip

将 jiāng 장차, 앞으로 ➡ 将来* jiānglái 장차 │ 将要 jiāngyào 장차 ~할 것이다

---

61 ★★

A 然后再往左走50米	A 그 다음에 다시 왼쪽으로 50미터를 가라
B 过了公交车站，你就能看见邮局了	B 버스 정류장을 지나면 당신은 우체국을 볼 수 있다
C 你先直走到前面的红绿灯	C 먼저 앞에 있는 신호등까지 쭉 가라
→ CAB 你先直走到前面的红绿灯，然后再往左走50米，过了公交车站，你就能看见邮局了。	→ CAB 먼저 앞에 있는 신호등까지 쭉 가세요. 그 다음에 다시 왼쪽으로 50미터를 가세요. 버스 정류장을 지나면 당신은 우체국을 볼 수 있습니다.

米 mǐ 양 미터(m) │ 公交车站 gōngjiāochēzhàn 명 버스 정류장 │ 邮局* yóujú 명 우체국 │ 直 zhí 뷰 곧장, 바로, 직접 │ 红绿灯 hónglǜdēng 명 신호등

① C → A   '先……, 然后……'는 '먼저 ~하고, 그 다음에 ~하다'라는 뜻으로 시간의 선후 관계를 연결하는 복문 형식입니다. 따라서 C와 A가 연결됩니다.

② C → A → B   C와 A는 목적지를 찾아가는 과정이고 B는 목적지에 도착한 결과이기 때문에 정답은 CAB입니다.

고득점 Tip

直 zhí 곧장, 바로, 직접 ➡ 直接* zhíjiē 바로, 직접 │ 直到 zhídào ~까지 쭉 │ 直播 zhíbō 생방송하다

A 不管是做什么事儿
B 从小，爸爸对我十分严格
C 他总是要求我要认认真真，不能有半点儿马虎

→ BAC 从小，爸爸对我十分严格，不管是做什么事儿，他总是要求我要认认真真，不能有半点儿马虎。

A 무슨 일을 하든 간에
B 어릴 적부터 아빠는 나에게 매우 엄격하셨다
C 그는 늘 나에게 성실할 것을, 조금도 대충하는 법이 없기를 바랐다

→ BAC 어릴 적부터 아빠는 나에게 매우 엄격하셨다. 무슨 일을 하든 간에, 그는 늘 나에게 성실할 것을, 조금도 대충하는 법이 없기를 바라셨다.

不管* bùguǎn 젭 ~에 관계없이, ~든지 간에 | 严格* yángé 혱 엄격하다 | 要求 yāoqiú 통 요구하다 | 半点儿 bàndiǎnr 수량 아주 조금

① A → C '不管 + 의문문, 总是/都/也/还是……'는 '~든지 간에 ~하다'의 복문 형식으로 A와 C가 연결됩니다.
② B → A → C C의 '他'는 B의 '爸爸'를 가리키는 것이므로 B와 AC가 연결됩니다. 따라서 정답은 BAC입니다.

A 但电视上说今天有雨
B 我本打算和朋友一起去打网球
C 我不得不改变了想法，去体育馆打篮球了

→ BAC 我本打算和朋友一起去打网球，但电视上说今天有雨，我不得不改变了想法，去体育馆打篮球了。

A 그런데 TV에서 오늘 비가 온다고 한다
B 나는 원래 친구와 같이 테니스를 치러 가려고 했다
C 나는 어쩔 수 없이 생각을 바꿔서 체육관에 농구를 하러 갔다

→ BAC 나는 원래 친구와 같이 테니스를 치러 가려고 했다. 그런데 TV에서 오늘 비가 온다고 해서, 나는 어쩔 수 없이 생각을 바꿔서 체육관에 농구를 하러 갔다.

本 běn 분 원래, 본래 [=本来] | 不得不* bù dé bù 어쩔 수 없이 | 改变* gǎibiàn 통 바꾸다, 변하다 | 体育馆 tǐyùguǎn 명 체육관

① B → A B의 부사 '本(来)'는 '원래'라는 뜻으로, 역접의 접속사 '但是' '可是' '然而' '不过' '而' 등과 자주 쓰이기 때문에 B와 A가 연결됩니다.
② B → A → C A가 원인, C가 결과이므로 정답은 BAC입니다.

A 不管压力有多大，为了我们共同的理想
B 一定不能放弃
C 而要继续坚持到底

→ ABC 不管压力有多大，为了我们共同的理想，一定不能放弃，而要继续坚持到底

A 스트레스가 얼마나 크든지 간에 우리 공동의 꿈을 위해서
B 절대로 포기하면 안 된다
C 계속해서 끝까지 버텨야 한다

→ ABC 스트레스가 얼마나 크든지 간에 우리 공동의 꿈을 위해서, 절대로 포기하면 안 된다. 계속해서 끝까지 버텨야 한다.

多大 duō dà 얼마나 큰가 [=多么大] | 共同* gòngtóng 혱 공동의, 공통의 | 放弃* fàngqì 통 포기하다 | 继续 jìxù 통 계속하다 | 到底* dàodǐ 통 끝까지 가다

① A → B A에 접속사 '不管'이 있지만 자주 함께 쓰이는 '都' '也' '还是' '总是' 등이 B나 C에 보이지 않습니다. A에 목적을 나타내는 종속절 '为了我们共同的理想'이 있기 때문입니다. A와 B는 의미상 '우리 공동의 꿈을 위해서 절대로 포기하면 안 된다'로 연결됩니다.

② A → B → C 접속사 '而'은 따로 해석하지 않고 부정형 술어와 긍정형 술어를 연결할 때 쓸 수 있으므로, B의 '不能放弃'와 C의 '要'를 연결합니다. 따라서 정답은 ABC입니다.

✦ 고득점 Tip

> 병렬의 복문 형식은 앞 절과 뒤 절이 대등하게 연결된 구조입니다. 이때 접속사 '而'은 긍정형 술어와 부정형 술어를 연결합니다.
>
> 这种花不是白色的，而是红色的。 이 꽃은 흰색이 아니라 빨간색이다.
>
> 我爱喝咖啡，而不喜欢喝酒。 나는 커피를 즐겨 마시지, 술을 즐겨 마시지 않아.

---

65 ★★★

A 虽然相声历史比较短，可以说是年轻的艺术 B 它发展得快，深受大家喜爱 C 但是与其他表演艺术相比 → ACB 虽然相声历史比较短，可以说是年轻的艺术，但是与其他表演艺术相比，它发展得快，深受大家喜爱。	A 비록 상성은 역사가 비교적 짧아, 젊은 예술이라고 할 수 있다 B 그것은 발전이 빠르고, 모두에게 깊이 사랑을 받고 있다 C 그러나 다른 공연 예술과 비교하면 → ACB 비록 상성은 역사가 비교적 짧아, 젊은 예술이라고 할 수 있다. 그러나 다른 공연 예술과 비교하면 그것은 발전이 빠르고, 모두에게 깊이 사랑을 받고 있다.

相声 xiàngsheng 명 상성 [중국의 전통 예술] | 历史 lìshǐ 명 역사 | 年轻 niánqīng 형 젊다 | 艺术* yìshù 명 예술 | 发展* fāzhǎn 통 발전하다 | 深* shēn 분 깊이, 매우 | 喜爱 xǐ'ài 명 사랑 | 与* yǔ 개 ~과 | 其他 qítā 대 기타 | 相比 xiāngbǐ 서로 비교하다

① A → C '虽然……，但是……'는 '비록 ~하지만 ~하다'라는 뜻으로, 역접의 복문 형식입니다. 따라서 A와 C가 연결됩니다.

② A → C → B C의 '与其他表演艺术相比'는 종속절이기 때문에 주절인 B 앞에 위치해야 합니다. 따라서 ACB가 정답입니다. B의 '它'가 A의 '相声'을 가리키는 것으로도 B가 AC의 뒤임을 알 수 있습니다.

✦ 고득점 Tip

> 深* shēn 깊이 ➡ 深受喜爱 shēn shòu xǐ'ài 깊이 사랑받다 | 深信 shēn xìn 깊이 믿다 | 深思 shēnsì 깊이 생각하다

66 ★★

陈阿姨，您先填一下这张申请表，姓名、性别、年龄和地址都要写好，然后交给我就可以了。	천 아주머니, 먼저 이 신청서를 작성하세요. 성명, 성별, 나이, 주소를 다 쓰시고 그 다음에 저에게 제출하시면 돼요.
★ 她让陈阿姨：	★ 그녀는 천 아주머니에게 무엇을 시켰는가?
A 填表格 B 讲笑话 C 继续努力 D 打扫教室	A 양식을 작성하라고 B 재밌는 이야기를 하라고 C 계속 노력하라고 D 교실을 청소하라고

阿姨 āyí 몡 이모, 아줌마 ㅣ 申请表 shēnqǐngbiǎo 몡 신청서 ㅣ 性别* xìngbié 몡 성별 ㅣ 年龄* niánlíng 몡 연령, 나이 ㅣ 地址* dìzhǐ 몡 주소 ㅣ 讲 jiǎng 동 이야기하다, 말하다 ㅣ 笑话* xiàohua 몡 농담, 유머 ㅣ 打扫 dǎsǎo 동 청소하다

'먼저 이 신청서를 기입(您先填一下这张申请表)'하고 제출하라고 했으므로 정답은 A입니다. '申请表'는 '신청서', '表格'는 '표' '양식'이라는 뜻으로 의미가 비슷합니다.

67 ★★★

人们往往觉得，尽管花一样的钱，现金付款和刷信用卡的感觉却完全不同：付现金时总感觉好像花了很多；而刷卡的时候，只看到数字的减少，并没有那么心疼。	보통 사람들은 비록 같은 돈을 쓰더라도 현금으로 지불하는 것과 신용카드를 긁는 것의 느낌은 완전히 다르다고 생각한다. 즉, 현금을 지불할 때 마치 많이 쓰는 것 같다고 느끼고는 한다. 그러나 카드를 긁을 때는 숫자가 줄어드는 것만 보여서 그렇게 속이 쓰리지는 않다.
★ 跟刷卡比，直接付现金：	★ 카드를 긁는 것에 비해 직접 현금을 지불하는 것은:
A 更正式 B 优点更多 C 更让人心疼 D 越来越普遍	A 더 공식적이다 B 장점이 더 많다 C 더 속이 쓰리다 D 갈수록 보편화된다

尽管* jǐnguǎn 젭 비록 ~하더라도 ㅣ 花 huā 동 (시간, 돈 등을) 쓰다, 소비하다 ㅣ 一样 yíyàng 혱 같다 ㅣ 现金* xiànjīn 몡 현금 ㅣ 信用卡 xìnyòngkǎ 몡 신용카드 ㅣ 感觉* gǎnjué 몡 감각, 느낌, 기분 동 느끼다 ㅣ 却* què 몡 오히려 ㅣ 完全* wánquán 몡 완전히 ㅣ 总 zǒng 몡 총, 줄곧, 결국 ㅣ 刷卡 shuākǎ 동 카드를 긁다, 카드로 결제하다 ㅣ 只 zhǐ 몡 단지, 오직 ㅣ 数字* shùzì 몡 숫자 ㅣ 减少* jiǎnshǎo 동 줄다, 감소하다 ㅣ 并 bìng 몡 결코, 전혀 ㅣ 心疼 xīnténg 동 속이 쓰리다, 아까워하다 ㅣ 优点* yōudiǎn 몡 장점 ㅣ 普遍* pǔbiàn 혱 보편적이다

'心疼'은 6급 단어이지만 3급 수준인 '心(마음)'과 '疼(아프다)'을 안다면 그 뜻이 '마음이 아프다' '속이 쓰리다'라는 것을 알 수 있습니다. 'A没有B(这么/那么)C' 형식은 'A는 B만큼 (그렇게) C하지 않다'라는 비교문입니다. '카드를 긁는 것은 현금 지불만큼 그렇게 속이 쓰리지 않다(没有那么心疼)'고 한 것으로 현금 지불은 속 쓰린 일이라는 것을 알 수 있습니다. 따라서 정답은 C입니다.

✦고득점 **Tip**

刷 shuā 솔질하다 ➡ 刷牙 shuā yá 양치질하다 ㅣ 刷卡 shuākǎ 카드를 긁다, 카드로 결제하다 ㅣ
刷脸 shuā liǎn 얼굴을 스캔하다

68 ★★

小李，别哭了，哭对解决问题没有任何帮助，这件事儿也没有你想得那么严重，还有我呢，我们一起去解决它吧。

★ 对于这件事情，说话人希望小李：

A 找到重点
B 先哭再说
C 一起找办法
D 放弃这件事

샤오리, 울지 마. 우는 건 문제 해결에 어떤 도움도 안돼. 이 일은 네가 생각하는 것만큼 심각한 것도 아니야. 그리고 내가 있잖아. 우리 같이 해결하자.

★ 이 일에 대하여 화자는 샤오리가 어떻게 하기를 바라는가?

A 핵심을 찾기를
B 먼저 운 다음에 이야기하기를
C 함께 방법을 찾기를
D 이 일을 포기하기를

对于* duìyú 캐 ~에 대해서 | 重点* zhòngdiǎn 몡 중점, 핵심 | 办法 bànfǎ 몡 방법

'我们一起去解决吧(우리 같이 해결하자)'와 C의 의미가 일치하므로 정답은 C입니다. 지문에 '哭'가 있지만 '~하지 마라'라는 뜻의 부정부사 '别'가 함께 쓰였기 때문에 B는 정답이 아닙니다.

69 ★★

教育孩子的时候，要多给他们加油。因为孩子会通过父母的语言来认识自己，听到这些话孩子也会变得更加自信。

★ 教育孩子的时候，父母要：

A 理解孩子　　B 多鼓励孩子
C 对孩子诚实　D 多跟孩子交流

자녀를 교육할 때 자녀들을 많이 응원해야 합니다. 왜냐하면 자녀들은 부모의 말을 통해서 스스로를 인식하기에 이런 말을 들으면 아이들이 더 자신감이 생기기 때문입니다.

★ 자녀를 교육할 때, 부모는：

A 자녀를 이해한다　　B 자녀를 많이 격려한다
C 자녀에게 솔직하다　D 자녀와 많이 교류한다

教育* jiàoyù 통 교육하다 | 语言* yǔyán 몡 언어, 말 | 更加 gèngjiā 뷔 더욱 | 鼓励* gǔlì 통 격려하다 | 诚实* chéngshí 톙 진실되다, 성실하다 | 交流 jiāoliú 통 교류하다

'자녀들을 많이 응원해야 한다(要多给他们加油)'고 했으므로 정답은 B입니다. '加油'와 '鼓励'는 '응원하다' '격려하다'라는 뜻의 동의어입니다.

70 ★★★

如果发现什么问题，请您拿着购物小票来就可以。按照我们商场的规定，7天内包换，所以请您放心购买。

★ 如果有问题：

A 可以换　　　　B 要懂规定
C 来找说话人　　D 要扔掉小票

만약에 어떤 문제점이 발견되면 구매 영수증을 가지고 오시면 됩니다. 저희 마트의 규정에 따라 7일 이내에 교환을 보장합니다. 그러니 안심하고 구매하시기 바랍니다.

★ 만약에 문제가 있으면：

A 교환이 가능하다　　B 규정을 알아야 한다
C 화자를 찾아와라　　D 영수증을 버려야 한다

发现 fāxiàn 통 발견하다 | 小票 xiǎopiào 몡 영수증 | 按照* ànzhào 캐 ~에 따라, ~에 근거하여 | 规定* guīdìng 몡 규정 | 内* nèi 몡 안, 속 | 换 huàn 통 바꾸다 | 放心 fàngxīn 통 안심하다, 마음 놓다 | 懂 dǒng 통 이해하다 | 掉* diào 통 ~해 버리다

3급 단어 '包'는 '가방' '포장하다' '(만두를) 빚다' 등의 뜻 외에 '보장하다'라는 뜻이 있습니다. '包换'은 '교환을 보장하다'라는 뜻이므로 정답은 A입니다. 교환하려면 구매 영수증을 가지고 와야 하므로 D는 정답이 아닙니다.

---

71 ★★

生气前，请冷静地想一想是不是真的值得为这件事情发脾气。很多时候你会发现，其实这件事情用不着生气。	화내기 전에 침착하게 정말로 이 일 때문에 성질을 낼 만한지 아닌지 생각해 보세요. 많은 경우 당신은 사실 이 일은 화낼 필요가 없음을 발견할 거예요.
★ 这段话主要告诉我们:	★ 이 이야기가 주로 말하는 것은:
A 性格要好	A 성격이 좋아야 한다
B 做事要认真	B 일 처리는 성실해야 한다
C 要学会拒绝	C 거절하는 법을 배워야 한다
D 不要发脾气	D 화내지 마라

生气 shēngqì 통 화내다 | 冷静* lěngjìng 형 냉정하다, 침착하다 | 值得* zhídé 통 ~할 가치가 있다, ~할 만하다 | 脾气* píqi 명 성격, 성질 | 用不着 yòng bu zháo ~할 필요 없다 | 告诉 gàosu 통 알려 주다 | 学会 xuéhuì 습득하다, 배워서 익히다 | 拒绝* jùjué 통 거절하다

'脾气'는 '성질' '성격'이라는 뜻으로 '性格'와 동의어입니다. 하지만 '发脾气'는 '화내다'라는 뜻으로 '生气'와 동의어입니다. '성질을 낼 만한지 아닌지 생각해 보라(想一想是不是值得发脾气)' '화낼 필요가 없다(用不着生气)'는 내용을 보면 정답은 D입니다.

---

72 ★★

中国一些省份的名字与河流和高山有关。比如说，山东、山西是因为在太行山的东面和西面而得名；在黄河的北边和南边的两个省份就是河北省和河南省。	중국의 일부 성의 이름은 강이나 산과 관련이 있다. 예를 들어 산둥과 산시는 타이항산의 동쪽과 서쪽에 있어 그 이름을 얻었고, 황허강 북쪽과 남쪽의 두 성은 바로 허베이성과 허난성이다.
★ 山西省在:	★ 산시성은 어디에 있는가?
A 黄河的北边　　B 黄河的南边	A 황허강 북쪽　　B 황허강 남쪽
C 太行山以西　　D 太行山以东	C 타이항산 서쪽　　D 타이항산 동쪽

省份 shěngfèn 명 성 [중국의 행정 구역 단위] | 河流 héliú 명 강, 하천 | 有关 yǒuguān 통 관련되다 | 山东 Shāndōng 고유 산둥 [지명] | 山西 Shānxī 고유 산시 [지명] | 太行山 Tàiháng Shān 고유 타이항산 [지명] | 黄河 Huáng Hé 고유 황허강 [지명] | 河北 Héběi 고유 허베이 [지명] | 省* shěng 명 성 [중국의 행정 구역 단위] | 河南 Hénán 고유 허난 [지명]

'산둥과 산시는 타이항산의 동쪽과 서쪽에 있어 그 이름을 얻었다(山东、山西是因为在太行山的东面和西面而得名)'고 했으므로 산시성은 타이항산의 서쪽에 있음을 알 수 있습니다. 따라서 정답은 C입니다.

73 ★★★

刷牙的次数不是越多越好，如果刷牙次数太多会对牙的健康带来不好的影响。研究发现，早晚各一次最合适，最好别超过三次。

★ 关于刷牙，我们可以知道：

A 越多越好

B 要用温水

C 可以刷三次

D 至少刷5分钟

양치질의 횟수가 많을수록 좋은 것은 아니다. 만약에 양치질 횟수가 너무 많으면 치아 건강에 나쁜 영향을 줄 수 있다. 연구를 통해 밝혀진 것은, 아침과 저녁에 각 한 번이 가장 적합하며, 세 번을 넘기지 않는 것이 가장 좋다.

★ 양치질에 관하여 알 수 있는 것은:

A 많을수록 좋다

B 온수를 써야 한다

C 세 번 해도 괜찮다

D 적어도 5분간 칫솔질해야 한다

次数 cìshù 몡 횟수 | 越A越B yuè A yuè B A할수록 B하다 | 带来 dàilái 툉 가져오다 | 影响 yǐngxiǎng 몡 영향 | 研究* yánjiū 몡 연구 | 各* gè 閉 각 | 合适* héshì 톙 적당하다, 적합하다 | 最好* zuìhǎo 閉 가장 좋기로는 | 超过* chāoguò 툉 초과하다, 넘다 | 温水 wēnshuǐ 몡 온수 | 至少* zhìshǎo 閉 적어도, 최소한

'연구를 통해 밝혀진 것은, 아침과 저녁에 각 한 번이 가장 적합하며 세 번을 넘기지 않는 것이 가장 좋다(研究发现，早晚各一次最合适，最好别超过三次)'고 했으므로 세 번까지는 괜찮습니다. 따라서 정답은 C입니다. 양치질의 횟수가 많을수록 좋은 것은 아니라고 했으므로 A는 정답이 아닙니다.

✦ 고득점 **Tip**

研究* yánjiū 연구하다 ➡ 研究生 yánjiūshēng 대학원생 | 研究所 yánjiūsuǒ 연구소, 대학원

74 ★★

据调查，睡觉时间短的人比睡觉时间长的人容易胖。一般来说，每天睡5个小时以下的人，往往比每天睡眠时间超过7个小时的人胖。

★ 调查结果说明：

A 做梦是运动

B 睡觉影响胖瘦

C 早睡对身体好

D 晚睡晚起容易胖

조사에 따르면, 자는 시간이 짧은 사람은 자는 시간이 긴 사람보다 살이 찌기 쉽다고 한다. 일반적으로 말해서, 매일 5시간 이하를 자는 사람은 자는 시간이 7시간을 넘는 사람보다 뚱뚱한 경우가 많다.

★ 조사 결과가 설명하는 것은:

A 꿈꾸는 것이 운동이다

B 잠이 비만도에 영향을 준다

C 일찍 자면 건강에 좋다

D 늦게 자고 늦게 일어나면 살찌기 쉽다

调查* diàochá 몡 조사 | 胖 pàng 톙 뚱뚱하다 | 一般 yìbān 閉 일반적으로 | 结果* jiéguǒ 몡 결과 | 说明* shuōmíng 툉 설명하다 | 梦* mèng 몡 꿈 | 胖瘦 pàngshòu 몡 비만도 | 晚 wǎn 閉 늦게

'자는 시간이 짧은 사람은 자는 시간이 긴 사람보다 살이 찌기 쉽다(睡觉时间短的人比睡觉时间长的人容易胖)'고 했으므로 정답은 B입니다. 서로 반대되는 의미의 형용사를 병렬하면 명사가 됩니다. 예를 들어, '胖瘦(비만도, 몸매)' '多少(양)' '长短(길이)' '好坏(품질, 상태)' '轻重(중요도)' '输赢(승부)' '大小(크기)'와 같이 쓰입니다.

75 ★★

周围的环境怎么样，我们无法改变，但可以决定我们的态度。只要我们换一种态度去思考，很多看起来非常困难的问题，很快就会得到解决。

★ 根据这段话，可以知道什么？

A 要尊重别人
B 环境很重要
C 要有同情心
D 态度可以选择

우리가 주위 환경이 어떠한지를 바꿀 수는 없지만 우리의 태도는 결정할 수 있다. 우리가 태도를 바꿔서 생각하기만 하면, 보기에는 아주 힘들어 보이는 많은 문제가 금세 해결될 수 있다.

★ 이 이야기에 근거하면 무엇을 알 수 있는가?

A 남을 존중해야 한다
B 환경이 중요하다
C 동정심이 있어야 한다
D 태도는 선택할 수 있다

周围* zhōuwéi 圆 주위 │ 态度* tàidù 圆 태도 │ 思考 sīkǎo 통 사고하다, 생각하다 │ 看起来 kàn qǐlái 보기에, 보아 하니 │ 困难* kùnnan 圆 곤란하다, 힘들다 │ 得到 dédào 얻다, 되다 │ 同情心 tóngqíngxīn 동정심 │ 选择 xuǎnzé 통 선택하다

역접의 접속사 '但是' '可是' '不过' '然而' 뒤에 핵심적인 내용이 나오는 경우가 많습니다. '우리가 주위 환경이 어떠한지를 바꿀 수는 없지만 우리의 태도는 결정할 수 있다(周围的环境怎么样，我们无法改变，但可以决定我们的态度)'고 했으므로 정답은 D입니다.

76 ★★★

我公司现招聘一名职员，要求有一年以上工作经验，会一门以上外语者优先，男女不限，欢迎符合条件者前来应聘。

★ 应聘者必须：

A 会说外语
B 读过大学
C 有工作经验
D 35岁以下

우리 회사는 현재 직원을 한 명 뽑습니다. 일 년 이상의 근무 경력이 있을 것을 요구합니다. 한 가지 이상의 외국어 가능자를 우선합니다. 남녀 제한은 없습니다. 조건에 부합하는 분들의 지원을 환영합니다.

★ 지원자는 반드시：

A 외국어를 할 수 있어야 한다
B 대학을 나와야 한다
C 근무 경력이 있어야 한다
D 35세 이하여야 한다

职员 zhíyuán 圆 직원 │ 门 mén 양 [학문, 기술을 세는 양사] │ 外语 wàiyǔ 圆 외국어 │ 优先 yōuxiān 통 우선하다 │ 不限 bú xiàn 제한하지 않다, 무관하다 │ 欢迎 huānyíng 통 환영하다 │ 符合* fúhé 통 부합하다 │ 条件* tiáojiàn 圆 조건, 여건 │ 必须 bìxū 반드시 │ 读 dú 통 (학교를) 다니다 │ 大学 dàxué 圆 대학

'일 년 이상의 근무 경력이 있을 것을 요구(要求有一年以上工作经验)'했으므로 정답은 C입니다. 외국어 가능 조건은 우대 사항이지 필수 조건이 아니므로 A는 정답이 아닙니다. '优先'은 6급 단어이지만 4급 단어 '优秀(우수하다)'의 '优'와 3급 단어 '先(먼저)'으로 이루어진 단어이기 때문에 그 뜻을 유추할 수 있습니다.

✦고득점 Tip

'读'는 '읽다'라는 뜻 외에 '학교를 다니다'라는 뜻도 있습니다.

读书 dú shū 독서하다, 공부하다 　　读大学 dú dàxué 대학에 다니다
读硕士 dú shuòshì 석사 과정을 공부하다 　　读什么专业 dú shénme zhuānyè 무슨 전공인가

77 ★★

担担面是中国四川省的常见小吃，它有点辣，<u>但特别香</u>。当你肚子饿的时候，担担面一定是一个不错的选择。

★ 说话人认为，担担面：

　A 很酸　　　　　B 不辣
　C 好吃　　　　　D 是广东菜

딴딴몐은 중국 쓰촨성에서 흔히 볼 수 있는 먹거리로 약간 맵지만 <u>아주 맛있습니다</u>. 배고플 때 딴딴몐은 분명히 괜찮은 선택일 것입니다.

★ 화자가 생각하기에 딴딴몐은:

　A 시다　　　　　B 맵지 않다
　C 맛있다　　　　D 광둥 요리이다

担担面 dàndànmiàn 명 딴딴몐 [음식 이름] | 四川 Sìchuān 고유 쓰촨 [지명] | 小吃* xiǎochī 명 간단한 먹거리, 분식, 간식 | 香* xiāng 형 향기롭다, 맛있다 | 当……的时候 dāng …… de shíhou ~할 때 | 肚子* dùzi 명 배 | 饿 è 형 배고프다 | 酸* suān 형 시다 | 广东 Guǎngdōng 고유 광둥 [지명]

'딴딴몐은 약간 맵지만 아주 맛있다(它有点辣，但特别香)'고 했으므로 정답은 C입니다. 4급 단어 '香'은 '향기롭다'라는 뜻이지만 이 문제에서는 '(음식이) 맛있다'라는 뜻으로 썼습니다.

78 ★★

有些人喜欢打扮自己养的动物，比如给小狗穿衣服、给小猫戴项圈什么的，还给它们"理发"。可是对动物们喜不喜欢这样打扮，他们好像不太考虑。

★ 对打扮动物，说话人是什么看法？

　A 可以试试　　　B 让人愉快
　C 完全同意　　　D 不怎么接受

어떤 사람들은 자신이 키우는 동물을 꾸미는 것을 좋아한다. 예를 들어 강아지에게 옷을 입히고, 고양이에게 목걸이 같은 것을 채우고, 또 '미용'도 시킨다. <u>그러나 동물들이 이렇게 꾸미는 것을 좋아할지 싫어할지에 대해서는 그들은 별로 고려하지 않는 것 같다.</u>

★ 동물을 꾸미는 것에 대하여 화자는 어떤 생각인가?

　A 해 볼 만하다　　　B 즐거운 일이다
　C 완전히 동의한다　 D 그다지 동의할 수 없다

养 yǎng 동 키우다 | 动物 dòngwù 명 동물 | 项圈 xiàngquān 명 목걸이 | 理发* lǐfà 동 이발하다 | 考虑* kǎolǜ 동 고려하다 | 看法* kànfǎ 명 견해, 의견 | 愉快* yúkuài 형 유쾌하다, 즐겁다 | 同意 tóngyì 동 동의하다 | 接受* jiēshòu 동 받아들이다, 수락하다

'동물들이 이렇게 꾸미는 것을 좋아할지 싫어할지에 대해서는 그들은 별로 고려하지 않는 것 같다(对动物们喜不喜欢这样打扮，他们好像不太考虑)'고 한 것을 볼 때, 동물을 꾸미는 것에 대한 화자의 입장은 회의적입니다. 따라서 정답은 D입니다.

✦고득점 Tip | 동사 중첩

동사를 중첩하면 그 행위가 짧은 시간에 일어나거나 한번 시도해 본다는 의미를 나타냅니다. 1음절 동사는 'AA' 혹은 'A—A' 형식으로 중첩합니다. 'A—A' 형식에서 '一'는 경성으로 발음합니다. 2음절 동사는 'ABAB' 형식으로 중첩합니다.

试 shì 시도하다 ➡ 试试 shìshi | 试一试 shì yi shì

看 kàn 보다 ➡ 看看 kànkan | 看一看 kàn yi kàn

研究 yánjiū 연구하다 ➡ 研究研究 yánjiū yánjiū

商量 shāngliang 상의하다 ➡ 商量商量 shāngliang shāngliang

79 ★★★

一般认为，飞机起飞和降落时危险最大，人们把刚起飞后的6分钟和降落时的7分钟，叫做"黑色13分钟"。

비행기가 이륙하고 착륙할 때 위험이 가장 크다는 것이 일반적인 생각이다. 사람들은 막 이륙한 후의 6분과 착륙할 때의 7분을 '검은 13분'이라고 부른다.

★ "黑色13分钟"是指什么样的时间?

A 速度慢   B 需要加油

C 最不安全   D 离地面最近

★ '검은 13분'은 어떤 시간인가?

A 속도가 느리다   B 급유가 필요하다

C 가장 위험하다   D 지면에서 가장 가깝다

起飞 qǐfēi 통 이륙하다, 날아오르다 | 降落* jiàngluò 통 하강하다, 착륙하다 | 危险* wēixiǎn 형 위험하다 | 叫做 jiàozuò ~라고 부르다 | 指* zhǐ 통 가리키다 | 速度* sùdù 명 속도 | 加油 jiāyóu 통 주유하다 | 安全* ānquán 형 안전하다 | 地面 dìmiàn 명 지면, 지표면

비행기가 이륙할 때의 6분과 착륙할 때의 7분을 합쳐서 '검은 13분'이라고 부르는데, 비행기가 이륙하고 착륙할 때 위험이 가장 크므로 '검은 13분'은 가장 위험한 시간을 가리킵니다. 따라서 정답은 C입니다. 이륙과 착륙 시에 A '속도가 느리다' 또는 D '지면에서 가장 가깝다'는 것도 상식적으로 맞지만 지문의 내용을 근거로 정답을 선택해야 합니다.

80-81

刚开始，报纸不是送到每家门前，而是人们要到一个专门的地方取，太麻烦了。一个小孩子为爷爷去取报纸时，想出了一个主意。他敲响了每个邻居的门，对邻居说："要是您每月给我一点儿钱，80我就会帮您把报纸取来。"很快，他有了几十个顾客。一个月后，81他拿到了不少钱。这就是送报服务的开始。

처음에는 신문이 모든 집 앞까지 배달되지 않았다. 사람들은 정해진 곳에 가서 받아야 해서 매우 번거로웠다. 어떤 아이가 할아버지를 위해 신문을 받으러 갈 때, 생각을 하나 떠올렸다. 그는 모든 이웃집 문을 두드리고, 이웃들에게 "만약 매달 저에게 돈을 조금 주면 80제가 대신 신문을 받아 드릴게요."라고 말했다. 금세 아이는 수십 명의 고객이 생겼다. 한 달 뒤 81아이는 많은 돈을 손에 넣었다. 이것이 신문 배달 서비스의 시작이었다.

送 sòng 통 보내다, 배달하다 | 专门* zhuānmén 형 전문적이다 | 取* qǔ 통 얻다, 가지다 | 麻烦* máfan 형 귀찮다, 번거롭다 | 爷爷 yéye 할아버지 | 主意* zhǔyi 명 생각, 의견 | 敲* qiāo 통 두드리다 | 响* xiǎng 통 소리가 나다, 울리다 | 邻居 línjū 명 이웃 | 要是* yàoshi 접 만약 ~라면

80 ★★★

★ 小孩儿说他会把报纸送到哪儿?

A 房东家   B 学校门口

C 邻居家门前   D 专门的地方

★ 아이는 신문을 어디까지 배달하겠다고 했는가?

A 집주인의 집   B 학교 입구

C 이웃집 앞   D 정해진 곳

房东* fángdōng 명 집주인 | 门口 ménkǒu 명 입구, 현관

아이가 이웃들에게 '제가 대신 신문을 받아 드릴게요(我就会帮您把报纸取来)'라고 말했다는 것을 보고, 이웃집까지 신문을 배달해 준다고 판단할 수 있습니다. 정답은 C입니다. '专门的地方(정해진 곳)'은 아이가 신문 배달을 하기 전 원래 사람들이 신문을 가지러 가야 했던 장소이므로 D는 정답이 아닙니다.

81 ★★

★ 小孩儿通过送报纸：	★ 아이는 신문 배달을 통해서:
A 赚到了钱　　　B 得到了表扬 C 提高了成绩　　D 交到了朋友	A 돈을 벌었다　　　B 칭찬을 받았다 C 성적을 올렸다　　D 친구를 사귀었다

赚* zhuàn 图 (돈을) 벌다 | 表扬* biǎoyáng 图 칭찬하다 | 提高 tígāo 图 높이다, 향상시키다 | 成绩 chéngjì 圆 성적 | 交* jiāo 图 사귀다

'拿到了不少钱(많은 돈을 손에 넣었다)'을 보면 A가 정답임을 알 수 있습니다.

82-83

"低头族"是最近很普遍的现象，指的是坐各种交通工具或者走路时低着头玩手机的人。现在，到处都在举行"放下手机"活动，目的是让大家暂时离开手机，83注意安全，82并关心别人。这个活动得到了很多人的支持，在社会上影响也很大。	'수그리족'은 최근 보편적인 현상으로, 각종 교통수단을 타거나 길을 걸을 때 고개를 숙인 채 휴대폰을 가지고 노는 사람들을 가리킨다. 현재 도처에서 "휴대폰을 내려놓자." 캠페인을 벌이고 있다. 목적은 모두가 잠시 휴대폰에서 벗어나서 83안전을 신경 쓰고, 82남에게 관심을 갖도록 하는 것이다. 이 캠페인은 많은 사람들의 지지를 받았고, 사회에 미치는 영향도 크다.

低* dī 图 (머리를) 숙이다 | 工具 gōngjù 圆 도구, 수단 | 到处* dàochù 圆 도처, 곳곳 | 目的* mùdì 圆 목적 | 暂时* zànshí 图 잠시 | 离开 líkāi 图 떠나다 | 并 bìng 圈 그리고, 또 | 支持* zhīchí 圆 지지, 지원 | 社会* shèhuì 圆 사회

82 ★★★

★ 举行"放下手机"活动是为了：	★ "휴대폰을 내려놓자" 캠페인을 벌이는 것은 무엇을 위해서인가?
A 保护环境 B 保护眼睛 C 吸引人们 D 照顾别人	A 환경을 보호하기 위해 B 눈을 보호하기 위해 C 사람들을 끌어들이기 위해 D 다른 사람들을 돌보기 위해

照顾 zhàogù 图 돌보다

이 캠페인의 목적은 '모두가 잠시 휴대폰에서 벗어나서 안전을 신경 쓰고, 남에게 관심을 갖도록 하는 것(目的是让大家暂时离开手机，注意安全，并关心别人)'입니다. '남들에게 관심을 가지는 것'과 내용이 일치하는 것은 D입니다. 4급 단어 '关心'은 '다른 사람에 대한 관심'을 가리킵니다.

★ 关于"低头族"，下列哪个正确？

   A 给奖金

   B 受到欢迎

   C 会有危险

   D 让人兴奋

★ '수그리족'에 관하여 다음 중 어느 것이 올바른가？

   A 상금을 준다

   B 환영을 받는다

   C 위험할 수 있다

   D 사람들을 신나게 한다

奖金* jiǎngjīn 명 상금, 보너스 │ 兴奋* xīngfèn 형 신나다, 흥분하다

이 캠페인의 목적 중 하나가 '안전에 신경 쓰도록(注意安全)' 하는 것이라는 부분에서 수그리족의 행동이 위험하다는 것을 알 수 있습니다. 따라서 정답은 C입니다. '각종 교통수단을 타거나 길을 걸을 때 고개를 숙인 채 휴대폰을 가지고 노는 사람들(指的 是坐各种交通工具或者走路时低着头玩手机的人)'이 수그리족이라는 설명을 통해서도 정답을 유추할 수 있습니다.

84很多人都羡慕律师，觉得他们能赚到很多钱。85其实律师并不像人们想象的那样轻松。首先，律师要对法律非常了解，而且还要根据实际情况想办法赢得法官的认同。其次，律师每天要看很多材料，只有能吃苦，才能坚持下来。最后，在法庭中还会出现各种各样的问题，律师必须能够冷静面对。

84많은 사람들은 변호사를 부러워하면서, 그들이 많은 돈을 벌 수 있다고 생각한다. 85사실 변호사는 사람들이 생각하는 것처럼 그렇게 쉽지 않다. 우선, 변호사는 법률을 매우 잘 알아야 하고 실제 상황에 근거하여 방법을 생각해서 판사의 동의를 얻어 내야 한다. 그 다음으로, 변호사는 매일 많은 자료를 봐야 하고, 고생을 견딜 수 있어야만 꾸준히 할 수 있다. 마지막으로 법정에서 각양각색의 문제가 나타날 수 있는데 변호사는 반드시 냉정하게 대처해야 한다.

羡慕* xiànmù 동 부러워하다 │ 想象 xiǎngxiàng 동 상상하다 │ 首先* shǒuxiān 대 첫째 │ 了解 liǎojiě 동 알다, 이해하다 │ 赢得 yíngdé 동 얻다, 획득하다 │ 法官 fǎguān 명 법관 │ 认同 rèntóng 명 인정, 동의 │ 其次* qícì 대 그 다음, 둘째 │ 吃苦 chīkǔ 동 고생하다 │ 最后 zuìhòu 명 최후, 마지막 │ 法庭 fǎtíng 명 법정 │ 出现* chūxiàn 동 나타나다 │ 各种各样 gè zhǒng gè yàng 각양각색 │ 能够 nénggòu 조동 ~할 수 있다 │ 面对 miànduì 동 마주하다, 직면하다

★ 很多人羡慕律师的原因是：

   A 很轻松　　　B 收入高

   C 受到尊敬　　D 了解法律

★ 많은 사람들이 변호사를 부러워하는 이유는：

   A 쉬워서　　　　B 수입이 많아서

   C 존경받아서　　D 법을 잘 알아서

原因* yuányīn 명 원인 │ 收入* shōurù 명 수입, 소득 │ 尊敬 zūnjìng 동 존경하다

'많은 사람들은 변호사를 부러워하면서, 그들이 많은 돈을 벌 수 있다고 생각한다(很多人都羡慕律师，觉得他们能赚到很多钱)'고 했으므로 정답은 B입니다. 지문에 '법률을 잘 안다(对法律非常了解)'는 내용도 나오지만 이것은 변호사가 힘든 이유이지 사람들이 부러워하는 이유는 아닙니다. 따라서 D는 정답이 아닙니다. 이 글은 변호사가 힘든 직업이라는 이야기를 하고 있으므로 A도 정답이 아닙니다.

85 ★★★

★ 根据这段话，可以知道：	★ 이 이야기에 근거하여 알 수 있는 것은:
A 坚持是关键	A 꾸준한 게 핵심이다
B 做法官不轻松	B 판사가 되는 것은 쉽지 않다
C 律师工作辛苦	C 변호사는 일이 힘들다
D 问题要及时解决	D 문제는 제때 해결해야 한다

辛苦* xīnkǔ 혱 고생스럽다, 수고롭다 │ 及时* jíshí 凰 제때에, 즉시

이 글은 사람들이 부러워하는 것과는 달리 변호사가 힘든 직업이라는 이야기를 하고 있으므로 정답은 C입니다. 'A + 不像/没有 + B + 형용사/동사' 형식은 'A는 B만큼 ～하지는 않다'라는 뜻의 비교문입니다.

三、书写 쓰기

제1부분 86～95번은 제시어를 나열하여 하나의 문장으로 작성하는 문제입니다.

86 ★★

让　那场比赛　激动　所有观众都　非常
→ 那场比赛让所有观众都非常激动。 그 시합은 모든 관중을 매우 흥분하게 만들었다.

激动* jīdòng 혱 흥분하다, 감격하다 │ 观众* guānzhòng 관중, 관객

사역동사 '让'이 있는 것으로 보아 겸어문임을 알 수 있습니다. 겸어문은 '주어 + 술어1 + 겸어 + 술어2'의 형식입니다. 겸어문의 겸어는 '술어1의 목적어' 역할과 '술어2의 주어' 역할을 겸합니다. 술어2 '激动'의 주어는 '所有观众'이고, '让'의 주어는 '那场比赛'입니다. '非常'은 부사로서, '激动' 앞에 위치합니다.

87 ★★

这种看法　接受　现在还很难　被
→ 这种看法现在还很难被接受。 그 의견은 지금 받아들이기 여전히 어렵다.

47

개사 '被'가 있는 것으로 보아 '被'자문임을 알 수 있습니다. '被'자문은 '주어 + 被 + (목적어) + 술어'의 형식입니다. 능동문의 목적어는 '被'자문의 주어 자리로 이동하므로 '这种看法 + 被 + 接受'로 연결됩니다. 부사어는 술어를 꾸며 주는 문장 성분으로, 동사 앞에 위치합니다. 부사어의 어순은 '시간사 + 부사 + 조동사 + 개사'의 순서가 원칙입니다.

88 ★★★

这些游客　同一个城市　几乎都　来自
→ 这些游客几乎都来自同一个城市。이 관광객들은 거의 모두 같은 도시에서 왔다.

游客 yóukè 명 관광객 ┃ 来自* láizì 통 ~에서 오다

기본적인 '주어 + 술어 + 목적어'의 구조를 만들고 나서 수식어의 위치를 찾는 것이 좋습니다. 4급 단어 '来自'는 '来(오다)'와 '自(~으로부터)'가 합쳐진 합성어로 '~에서 오다'라는 뜻입니다.

89 ★★

妻子　钥匙　镜子前　把　放到了
→ 妻子把钥匙放到了镜子前。아내는 열쇠를 거울 앞에 놓았다.

镜子* jìngzi 명 거울

妻子 + 把 + 钥匙 + 放 + 到了镜子前
주어 ／ 把 ／ 목적어 ／ 술어 ／ 보어

개사 '把'가 있는 것을 보아 '把'자문임을 알 수 있습니다. '把'자문은 '주어 + 把 + 목적어 + 술어 + 기타 성분'의 형식입니다. 개사 '把'가 술어 뒤의 목적어를 술어 앞으로 이동시키고 보어, 동태조사 등 기타 성분으로 처치 결과를 강조합니다. 술어 '放'의 목적어 '钥匙'가 '把'와 함께 술어 앞에 위치하여 '把 + 钥匙 + 放到了'로 연결됩니다. '放到了' 뒤에는 시간이나 장소가 나와야 하기 때문에 '镜子前'이 쓰입니다.

90 ★★★

禁止人们　加油站是　抽烟　的
→ 加油站是禁止人们抽烟的。주유소는 사람들이 담배 피우는 것이 금지된 곳이다.

禁止* jìnzhǐ 통 금지하다 ┃ 加油站* jiāyóuzhàn 명 주유소 ┃ 抽烟* chōu yān 담배를 피우다

加油站 + 是 + 禁止人们抽烟 + 的 + (地方)
주어 ／ 술어 ／ 관형어 ／ 的 ／ (목적어)

관형어와 중심어를 연결해 주는 구조조사 '的' 뒤의 명사는 구체적인 경우 생략할 수 있습니다. 이 문제에서는 주어가 '加油站(주유소)'이므로 '的' 뒤의 목적어 '地方(곳, 장소)'이 생략되었습니다.

✦고득점 Tip | '的' 뒤에 목적어가 생략된 문장

我妹妹是学管理学的。 내 여동생은 경영학을 공부하는 학생이야. ['的' 뒤에 '学生'을 생략]

这本书是中文的。 이 책은 중국어 책이다. ['的' 뒤에 '书'를 생략]

91 ★★★

举行　下次音乐节　在上海　也许

→ 下次音乐节也许在上海举行。 다음 번 음악회는 아마도 상하이에서 거행될 것이다.

音乐节 yīnyuèjié 명 음악제, 음악 축제 | 也许* yěxǔ 부 아마도

'在 + 장소'는 술어의 앞과 뒤에 모두 쓸 수 있는데, '~에서 ~을 하다'의 의미일 때는 '在 + 장소 + 동사'의 형식으로 쓰고 '~한 결과 ~에 있다'의 의미일 때에는 '동사 + 在 + 장소'의 형식으로 씁니다. 예를 들어 '학교에서 만나다'는 '在学校见面'이라고 쓰고, '잊어버려서 택시에 있다'는 '忘在出租车上'이라고 써야 합니다. 이 문제는 '상하이에서 거행하다'라는 의미이기 때문에 '在上海举行'이 정답입니다.

92 ★★★

那个楼　大使馆旁边　有人住　吗

→ 大使馆旁边那个楼有人住吗? 대사관 옆의 저 건물에는 사는 사람이 있습니까?

楼 lóu 명 건물

동사 '有'도 '주어 + 술어1 + 겸어 + 술어2'의 겸어문 형식으로 쓸 수 있습니다. 이때 주어는 보통 시간명사 또는 장소명사입니다. 예를 들어 '刚才有人找你。(조금 전에 너를 찾는 사람이 있었다)' 같은 경우입니다.

93 ★★

小说　感动了　人　许多　那本

→ 那本小说感动了许多人。 그 소설은 많은 사람을 감동시켰다.

小说* xiǎoshuō 몡 소설 | 感动* gǎndòng 됭 감동시키다 | 许多* xǔduō 혱 많은

| 那本小说 | + | 感动了 | + | 许多人 |
| 주어 | | 술어 | | 목적어 |

'주어 + 술어 + 목적어' 형식은 먼저 술어를 찾으면 주어와 목적어도 특정됩니다. 이 문제는 동사 '感动(감동시키다)'이 문장의 술어임을 쉽게 알 수 있고 의미상 '小说(소설)'가 주어, '人(사람)'이 목적어가 됩니다.

---

94 ★★★

比原来的　新　省时　航班

→ 新航班比原来的省时。 새로운 항공편이 원래의 것보다 시간이 절약된다.

原来* yuánlái 혱 원래의 | 省* shěng 됭 아끼다, 절약하다 | 航班* hángbān 항공편

개사구

| 新航班 | + | 比原来的 | + | 省 | + | 时 |
| 주어 | | 부사어 | | 술어 | | 목적어 |

개사 '比'가 있는 것으로 보아 '比'자문임을 알 수 있습니다. '比'자문은 'A + 比 + B + 형용사/동사'의 형식입니다. '原来的'는 '原来的航班'에서 '航班'이 생략된 형태입니다.

✦고득점 Tip

省* shěng 아끼다, 절약하다 ➡ 省时 shěng shí 시간을 아끼다 | 省钱 shěng qián 돈을 아끼다 | 省电 shěng diàn 전기를 아끼다

---

95 ★★

这个语法　准确　很　使用得

→ 这个语法使用得很准确。 이 어법은 매우 정확하게 사용되었다.

准确* zhǔnquè 혱 정확하다

这个语法	+	使用	+	得	+	很	+	准确
주어		술어		得		정도부사		형용사
						보어	

구조조사 '得'와 정도부사 '很'이 있는 것으로 보아 정도보어문임을 알 수 있습니다. 정도보어문은 '주어 + 술어 + 得 + 정도보어'의 형식입니다. 이때 정도보어는 '정도부사 + 형용사'인 경우가 많습니다. 따라서 '这个语法 + 使用得 + 很 + 准确'로 연결됩니다. 정도보어문의 술어는 목적어를 쓸 수 없고 목적어에 해당하는 명사는 주어로 쓰여 '의미상의 피동문'이 됩니다.

제2부분 96~100번은 제시어를 활용하여 사진에 맞는 하나의 문장을 작성하는 문제입니다.

96 ★★

巧克力* qiǎokèlì 몡 초콜릿

모범 답안

(1) 我每天都吃甜甜的巧克力。 나는 매일 달콤한 초콜릿을 먹는다.

(2) 我已经离不开巧克力了。 나는 이미 초콜릿을 떠날 수 없다.

离不开 lí bu kāi 떠날 수 없다, 그만둘 수 없다

여자가 초콜릿을 먹고 있는 상황입니다. '吃(먹다)' '甜(달다)' 등의 단어를 쓸 수 있습니다. '주어 + 술어 + 목적어' 형식의 문장에는 (1)처럼 '甜甜的(달콤한)' 등의 수식어를 활용하면 좋습니다. 혹은 (2)처럼 '离不开(떠날 수 없다)' 등의 가능보어를 활용하면 문장 수준이 한결 높아집니다.

97 ★★★

来不及* láibují 통 늦다, 제시간에 댈 수 없다

모범 답안

(1) 今天起晚了，现在去上课已经来不及了。
오늘 늦게 일어나서 지금 수업하러 가도 이미 늦었다.

(2) 来不及了，我们要迟到了。 늦었어. 우리 지각할 것 같아.

晚 wǎn 휑 늦다 | 上课 shàngkè 통 수업하다

남자가 누워 있고, 알람이 울리는 시계를 끄려고 하는 상황입니다. '起床(일어나다)' '晚(늦다)' '迟到(지각하다)' 등의 단어를 쓸 수 있습니다. '来不及(늦다, 제시간에 댈 수 없다)'는 (1)처럼 주어와 함께 쓰이기도 하고, (2)처럼 단독으로 쓰이기도 합니다. '来不及'와 비슷한 표현인 '赶不上'은 '赶不上飞机了。(비행기 시간에 맞출 수 없다)'와 같이 '赶不上 + 명사'의 형식으로 자주 쓰입니다.

98 ★★

挂* guà 통 걸다

모범 답안

(1) 客厅里挂着很多照片。 거실에 많은 사진들이 걸려 있다.

(2) 我把照片挂在客厅里了。 나는 사진을 거실에 걸었다.

照片 zhàopiàn 몡 사진

많은 사진들이 벽에 걸려 있는 상황입니다. '照片(사진)' 등의 단어를 쓸 수 있습니다. 주어에 따라 문장 형식이 달라지므로 우선 주어를 정해야 합니다. 주어가 장소명사인 경우 (1)처럼 '장소명사 + 동사 + 着 + 목적어'의 존현문 구조로 써야 합니다. 주어가 행위의 주체인 경우 (2)처럼 '주어 + 把 + 목적어 + 동사 + 기타 성분'의 '把'자문으로 쓰면 좋습니다.

感动* gǎndòng 혱 감동하다 톰 감동시키다

모범 답안

(1) 因为男朋友送给我很多花，所以我很感动。
남자 친구가 나에게 많은 꽃을 선물해서 나는 아주 감동했다.

(2) 我常常送给女朋友很多花，这让她很感动。
나는 자주 여자 친구에게 많은 꽃을 선물해서 그녀를 매우 감동시킨다.

因为A，所以B yīnwèi A, suǒyǐ B A하기 때문에 B하다 | 男朋友 nánpéngyou 혱 남자 친구 | 花 huā 혱 꽃

남자가 여자에게 꽃을 선물하는 상황입니다. '花(꽃)' '送(선물하다)' '男朋友(남자 친구)' '女朋友(여자 친구)' 등의 단어를 쓸 수 있습니다. '주어 + 술어 + 목적어' 형식이 너무 짧은 경우에는 (1)처럼 접속사를 활용한 복문을 쓰면 좋습니다. '因为A，所以 B(A하기 때문에 B하다)' '虽然A，但是B(비록 A하지만 B하다)' 등을 사용할 수 있습니다. 또는 (2)처럼 사역동사 '让'을 이용한 겸어문을 써도 좋습니다.

到底* dàodǐ 훂 도대체

모범 답안

(1) 这道题到底怎么做？ 이 문제는 도대체 어떻게 풀어?

(2) 我不知道这个答案到底是什么。 나는 이 답이 도대체 무엇인지 모르겠어.

道 dào 얍 [명령이나 문제를 세는 양사] | 题 tí 혱 문제 | 答案* dá'àn 혱 답안

여자가 문제를 풀고 있고 힘든 표정을 짓고 있습니다. '到底'는 부사로서 (1)처럼 의문문이나 (2)처럼 평서문에 모두 사용할 수 있으며, 의미가 강조되는 효과가 있습니다.

제2회
모의고사 해설

一、听力 듣기

제1부분 1~10번은 한 단락의 녹음을 듣고 제시된 문장의 정오를 판단하는 문제입니다.

1 ★★

各位旅客，飞往北京的CA5004航班，因为天气原因<u>不能正常起飞</u>，为您带来了不便非常抱歉。	여행객 여러분, 베이징행 CA5004 항공편은 날씨로 인해 정상적으로 이륙할 수 없습니다. 불편을 끼쳐 대단히 죄송합니다.
★ 航班正常起飞了。（×）	★ 항공편은 정상적으로 이륙했다. （×）

各* gè 데 각, 여러 ｜ 位 wèi 엥 명, 분 [사람을 높여서 세는 양사] ｜ 旅客 lǚkè 엥 여행객, 관광객 ｜ 往 wǎng 엔 ~쪽으로 ｜ 北京 Běijīng [고유] 베이징 [지명] ｜ 航班* hángbān 엥 항공편 ｜ 原因* yuányīn 엥 원인 ｜ 正常* zhèngcháng 옌 정상적으로 ｜ 起飞 qǐfēi 엥 이륙하다, 날아오르다 ｜ 带来 dàilái 엥 가져오다 ｜ 不便 búbiàn 엥 불편하다 ｜ 抱歉* bàoqiàn 엥 미안하다

듣기 제1부분에서는 긍정인지 부정인지를 잘 들어야 합니다. '不能'을 놓치지 않았다면 답이 ×라는 것을 쉽게 알 수 있습니다.

2 ★★

最近我给爷爷买了一部手机，爷爷说手机能打电话、发短信就可以了。<u>但昨天我发现爷爷用手机在网上看京剧。</u>	최근에 나는 할아버지께 휴대폰을 한 대 사 드렸다. 할아버지는 휴대폰은 전화를 걸 수 있고, 문자 메시지를 보낼 수만 있으면 된다고 하셨다. 그런데 어제 나는 할아버지가 휴대폰으로 인터넷에서 경극을 보는 것을 보았다.
★ 爷爷会用手机上网。（ ✓ ）	★ 할아버지는 휴대폰으로 인터넷을 할 줄 안다. （ ✓ ）

最近 zuìjìn 엥 최근, 요즘 ｜ 爷爷 yéye 엥 할아버지 ｜ 部 bù 엥 부, 편, 대 [영화, 서적, 기계 등을 세는 양사] ｜ 手机 shǒujī 엥 휴대폰 ｜ 发 fā 엥 보내다 ｜ 短信* duǎnxìn 엥 문자 메시지 ｜ 发现 fāxiàn 엥 발견하다 ｜ 网上 wǎngshàng 엥 온라인, 인터넷 ｜ 京剧* jīngjù 엥 경극 [중국의 전통 연극] ｜ 上网 shàngwǎng 엥 인터넷에 접속하다

'网上(인터넷에서)'은 '互联网上'의 준말입니다. '上网(인터넷에 접속하다)'은 '上互联网'의 준말입니다. 정답은 ✓입니다.

✦고득점 Tip

> 互联网* hùliánwǎng 인터넷 ➡ 上网 shàngwǎng 인터넷에 접속하다 ｜ 网上 wǎngshàng 온라인, 인터넷 ｜
> 网速 wǎngsù 인터넷 속도 ｜ 网购 wǎnggòu 온라인 쇼핑 ｜
> 网民 wǎngmín 네티즌 ｜ 网红 wǎnghóng 인터넷 스타, 온라인 셀럽

3 ★★

小王，你看到办公桌上有一个钥匙吗？我记得把我家里钥匙放上面了，怎么没了呢？ ★ 他丢了钱包。（×）	샤오왕, 사무용 책상 위에 열쇠 하나 있는 거 봤어? 내 기억에 우리 집 열쇠를 위에 뒀는데 왜 없어졌지? ★ 그는 지갑을 분실했다. （×）

办公 bàngōng 통 사무를 보다, 근무하다 | 钥匙* yàoshi 명 열쇠 | 记得 jìde 통 기억하고 있다 | 丢* diū 통 잃다, 내버려 두다 | 钱包 qiánbāo 명 지갑

열쇠를 사무용 책상 위에 두었는데 '왜 없어졌지?(怎么没了呢?)'라고 묻는 데서 열쇠를 잃어버렸다는 것을 알 수 있습니다. 하지만 제시된 문장에서는 지갑을 잃어버렸다고 했으므로 정답은 ×입니다.

4 ★★

大学毕业后，小李就一个人去北京找工作了，听说现在已经是一个大公司的经理了。同学们都非常羡慕他。 ★ 小李在北京读博士。（×）	대학을 졸업하고 샤오리는 혼자서 베이징에 직장을 구하러 갔다. 들자니 지금은 이미 대기업의 팀장이 됐다고 한다. 학교 친구들은 모두 그를 매우 부러워한다. ★ 샤오리는 베이징에서 박사 과정을 공부한다. （×）

大学 dàxué 명 대학 | 毕业* bìyè 통 졸업하다 | 已经 yǐjīng 부 이미, 벌써 | 公司 gōngsī 명 회사 | 经理 jīnglǐ 명 매니저, 팀장, 부서장 | 羡慕* xiànmù 통 부러워하다 | 读 dú 통 (학교를) 다니다 | 博士* bóshì 명 박사

샤오리는 혼자 베이징에 가서 직장을 구한 후, 지금은 대기업의 팀장이 되었습니다. 제시된 문장에서는 '박사 과정을 공부한다(读博士)'고 했으므로 정답은 ×입니다.

5 ★★★

快到国庆节了，家附近的家具店全场打6折，正好家里的沙发太旧了，我们去看看吧。 ★ 国庆节期间，那家店的家具很便宜。（✓）	곧 국경절이네. 집 근처의 가구점에서 전 상품이 40% 할인하는데, 마침 집의 소파가 너무 오래됐으니 우리 좀 보러 가자. ★ 국경절 기간에 그 상점의 가구가 저렴하다. （✓）

快……了 kuài …… le 곧 ~하다 | 国庆节 Guóqìngjié 고유 국경절 [중국의 건국 기념일] | 附近 fùjìn 명 근처, 부근 | 家具* jiājù 명 가구 | 全场 quán chǎng 장소 전체 | 打折* dǎzhé 통 할인하다 | 正好* zhènghǎo 부 마침 | 沙发* shāfā 명 소파 | 旧 jiù 형 오래되다, 낡다 | 便宜 piányi 형 저렴하다, 싸다

'집 근처에 있는 가구점에서 전 상품이 40% 할인한다(家附近的家具店全场打6折)'고 했으므로 가구가 저렴하다는 것을 알 수 있습니다. 따라서 정답은 ✓입니다.

고득점 Tip | 명절과 관련된 단어

节日 jiérì 명절	节假日 jiéjiàrì 명절 및 공휴일
国庆节 Guóqìngjié 국경절 [중국의 건국기념일]	春节 Chūnjié 춘절 [중국의 음력 설]

6 ★★

> 最近我在云南旅游，这里的景色真是太美了，人们也很热情。我已经爱上这里了，都不愿意离开了。
>
> ★ 他不想离开云南。(✓)

> 요즘 저는 윈난에서 여행을 하고 있어요. 이곳의 경치는 정말 너무 예쁘고, 사람들도 친절해요. 저는 이미 이곳을 사랑하게 되었고 떠나기 싫을 정도예요.
>
> ★ 그는 윈난을 떠나고 싶지 않다. (✓)

云南 Yúnnán [고유] 윈난 [지명] | 旅游 lǚyóu [동] 여행하다 | 景色* jǐngsè [명] 경치, 풍경 | 热情 rèqíng [형] 친절하다 | 愿意 yuànyì [조동] ~하기를 바라다 | 离开 líkāi [동] 떠나다

'不愿意'는 '~하기를 바라지 않다'라는 뜻으로 '不想'과 같은 표현입니다. 지금 여행 중인 윈난을 사랑하게 되었고, 떠나기를 원하지 않는다고 했으므로 정답은 ✓입니다.

7 ★★

> 这种植物很适合养在家里，不仅可以净化空气，而且它的叶子一年四季都是绿色的，非常漂亮。
>
> ★ 那个植物不长叶子。(✕)

> 이 식물은 집에서 키우기에 적합합니다. 공기를 정화할 수 있을 뿐 아니라 그 잎이 일 년 사계절 내내 푸르기 때문에 아주 예쁩니다.
>
> ★ 그 식물은 잎이 자라지 않는다. (✕)

植物* zhíwù [명] 식물 | 适合* shìhé [동] 적합하다 | 养 yǎng [동] 키우다 | 不仅A，而且B bùjǐn A, érqiě B A할 뿐 아니라 또한 B하다 | 空气* kōngqì [명] 공기 | 叶子* yèzi [명] 잎 | 四季 sìjì [명] 사계절 | 绿色 lǜsè [명] 초록색

녹음에서 '叶子(잎)'가 언급되었지만 구체적인 내용을 잘 들어야 합니다. 제시된 문장에서는 부정부사 '不'를 써서 잎이 자라지 않는다고 했습니다. 반면 녹음에서는 잎이 일 년 사계절 내내 푸르다고 했으므로 잎이 있다는 것을 알 수 있습니다. 따라서 정답은 ✕입니다.

8 ★★★

> 医院有规定，禁止在任何地方吸烟，如果想抽烟，请到医院外的吸烟室。
>
> ★ 医院的厕所里可以抽烟。(✕)

> 병원에는 규정이 있습니다. 어디에서든 담배를 피우는 것을 금합니다. 만약에 담배를 피우고 싶다면 병원 밖의 흡연실에 가 주세요.
>
> ★ 병원의 화장실 안에서 담배를 피울 수 있다. (✕)

规定* guīdìng [명] 규정 | 禁止* jìnzhǐ [동] 금지하다 | 任何* rènhé [대] 어떠한 | 地方 dìfang [명] 장소, 곳 | 抽烟* chōu yān 담배 피우다 | 如果 rúguǒ [접] 만약 ~라면 | 吸烟室 xīyānshì [명] 흡연실 | 厕所* cèsuǒ [명] 화장실

담배를 피울 수 있는 장소를 유념해서 들어야 합니다. '任何'는 '어떠한'이라는 뜻으로 명사와 함께 쓰여 '전체 범위'를 가리킵니다. '任何地方'은 병원의 모든 장소, 즉 화장실도 포함하는 것입니다. 담배를 피우고 싶은 사람은 병원 밖의 흡연실에 가라고 했으므로 정답은 ✕입니다.

9 ★★★

即使脾气很好的人，在压力很大的情况下，脾气也会容易变差。所以压力的大小和脾气的好坏有很大关系。

★ 脾气不受压力的影响。（×）

아무리 성격이 좋은 사람이라도 스트레스가 큰 상황에서는 성격이 나빠지기 쉽습니다. 그래서 스트레스의 크고 작음과 성격의 좋고 나쁨은 큰 관계가 있습니다.

★ 성격은 스트레스의 영향을 받지 않는다. （×）

即使* jíshǐ 젭 설령 ~하더라도 | 脾气* píqi 몡 성격, 성질 | 压力* yālì 몡 스트레스, 압력 | 情况* qíngkuàng 몡 상황 | 容易 róngyì 혭 ~하기 쉽다 | 变 biàn 통 변하다 | 差 chà 혭 나쁘다 | 关系 guānxi 몡 관계 | 受 shòu 통 받다 | 影响 yǐngxiǎng 몡 영향

성격과 스트레스 간의 관계를 유념해서 들어야 합니다. 녹음 마지막의 '有关系(관계가 있다)'는 스트레스가 성격에 영향을 준다는 의미입니다. 따라서 정답은 ×입니다.

10 ★★★

无论结果是成功还是失败，只要我们努力了，在这个过程中学到了很多东西，就不要太关注结果，因为这个过程就是我们的收获。

★ 过程比结果更重要。（√）

결과가 성공인지 실패인지 막론하고 우리가 노력을 했고 이 과정에서 많은 것을 배웠다면 결과에 너무 집착하지 마세요. 왜냐하면 이 과정이 바로 우리의 수확이기 때문입니다.

★ 과정은 결과보다 더 중요하다. （√）

无论* wúlùn 젭 ~에 관계없이 | 结果* jiéguǒ 몡 결과 | 成功* chénggōng 몡 성공 | 失败* shībài 몡 실패 | 只要* zhǐyào 젭 ~하기만 하면 | 努力 nǔlì 통 노력하다 | 关注 guānzhù 통 관심을 가지다 | 过程* guòchéng 몡 과정 | 收获 shōuhuò 몡 수확 | 更 gèng 閁 더욱 | 重要 zhòngyào 혭 중요하다

화자의 주장을 파악하는 문제입니다. 녹음의 전체적인 내용을 통해 화자는 결과보다 과정을 더 중시한다는 것을 알 수 있습니다. 특히 '无论'은 '~에 관계없이'라는 뜻으로, '无论'과 함께 언급되는 내용은 중요하지 않은 것입니다. 따라서 결과의 성공 여부는 중요하지 않기 때문에 집착할 필요가 없고, 과정을 중요하게 생각한다는 것을 알 수 있습니다. 정답은 √입니다.

제2부분 11~25번은 두 사람의 대화를 듣고 질문에 알맞은 보기를 선택하는 문제입니다.

11 ★★

男：您好，我是来应聘的，昨天收到的面试通知。

女：好，请您先填一下这份表格。

问：男的接下来最有可能做什么？

    A 填表格
    B 发通知
    C 去面试
    D 离开公司

남：안녕하세요. 저는 지원하러 왔습니다. 어제 면접 시험을 보라는 통지를 받았어요.

여：네, 우선 이 양식을 작성해 주세요.

질문：남자는 이어서 무엇을 할 가능성이 큰가?

    A 양식을 작성한다
    B 통지를 보낸다
    C 면접 시험을 보러 간다
    D 회사를 떠난다

应聘* yìngpìn 통 (채용에) 지원하다 | 收 shōu 통 받다 | 面试 miànshì 통 면접 시험을 보다 | 通知* tōngzhī 명 통지 | 先 xiān 부 먼저, 우선 | 填 tián 통 기입하다 | 份* fèn 양 부 [서류, 신문, 잡지 등을 세는 양사] | 表格* biǎogé 명 표, 양식

남자가 '면접 시험을 보러 왔다(我是来应聘的)'고 해서 C를 선택하기 쉽지만 이 문제의 질문은 여자의 말이 끝나고 남자가 할 것으로 예상되는 일을 묻고 있습니다. 여자는 남자에게 '일단 이 양식을 작성해 달라(请您先填一下这份表格)'고 했기 때문에 정답은 A입니다.

12 ★★★

| 女: 先别玩游戏了，快把桌子上的药吃了。
男: 妈，我咳嗽完全好了，不用再吃药了。

问: 关于男的，可以知道什么？
　A 发高烧　　　　B 感冒很重
　C 咳嗽厉害　　　D 不想吃药 | 여: 우선 게임은 그만하고 빨리 책상에 있는 약을 먹어.
남: 엄마, 저 기침이 완전히 나았으니까 약은 더 먹지 않아도 돼요.

질문: 남자에 관하여 무엇을 알 수 있는가？
　A 열이 많이 난다　　B 감기가 심하다
　C 기침이 심하다　　D 약을 먹고 싶지 않다 |

游戏 yóuxì 명 게임, 놀이 | 药 yào 명 약 | 咳嗽* késou 통 기침하다 | 完全* wánquán 부 완전히 | 发烧 fāshāo 통 열이 나다 | 感冒 gǎnmào 명 감기 | 重 zhòng 형 심각하다 | 厉害* lìhai 형 심하다, 대단하다

남자는 '약을 더 먹지 않아도 된다(不用再吃药了)'고 했으므로 약을 먹고 싶어 하지 않는다는 것을 알 수 있습니다. 따라서 정답은 D입니다. 남자가 '기침이 완전히 나았다(我咳嗽完全好了)'고 했으므로 C는 정답이 아닙니다. 약을 먹는다고 해서 열이 나거나 감기가 심한지는 알 수 없으므로 A와 B도 정답이 아닙니다.

13 ★★★

| 男: 西红柿我已经洗好了，你可以教我怎么做吗？
女: 我也是在网上学习的，也不太熟悉。

问: 他们在做什么？
　A 看书　　　　B 上网
　C 做菜　　　　D 买菜 | 남: 토마토는 내가 이미 다 씻었어. 어떻게 하는지 나에게 알려 줄 수 있어？
여: 나도 인터넷으로 배워서 별로 익숙하지 않아.

질문: 그들은 무엇을 하고 있는가？
　A 책을 본다　　　B 인터넷을 한다
　C 요리를 한다　　D 장을 본다 |

西红柿* xīhóngshì 명 토마토 | 不太 bú tài 그다지 ~않다 | 熟悉* shúxī 형 익숙하다

'토마토는 내가 이미 다 씻었다(西红柿我已经洗好了)'는 남자의 말을 통해 이들은 요리를 하고 있음을 알 수 있습니다. 또한 '做'는 '하다' '만들다'라는 뜻으로, 요리를 할 때 쓰는 동사입니다. 여자의 말에서 '网上(인터넷)' '学习(공부하다)' 같은 단어가 들리지만 지금 하고 있는 것은 아니기 때문에 A와 B는 정답이 아닙니다.

14 ★★

女: 师傅，我的手机掉水里了，现在按什么都没有反应，还能修好吗？

男: 你先不要开机，拿到修理店里，我给你看看吧。

问: 女的要去做什么？

A 游泳　　　　B 休息
C 买手机　　　D 修理手机

여: 기사님, 제 휴대폰이 물에 빠져서 지금은 무엇을 눌러도 반응이 없어요. 그래도 수리할 수 있을까요?

남: 일단 전원을 켜지 말고 수리점으로 가져오세요. 한번 봅시다.

질문: 여자는 무엇을 하러 가려는가?

A 수영하러　　　B 쉬러
C 휴대폰을 사러　D 휴대폰을 수리하러

师傅* shīfu 몡 기사, 운전사 [기술자를 부르는 호칭] | 掉* diào 통 떨어지다, 떨어뜨리다 | 按 àn 통 누르다 | 反应 fǎnyìng 몡 반응 | 修 xiū 통 수리하다 | 开机 kāijī 전원을 키다 | 拿 ná 통 가지다, 들다 | 修理* xiūlǐ 통 수리하다 | 游泳 yóuyǒng 통 수영하다 | 休息 xiūxi 통 쉬다, 휴식하다

휴대폰에 관한 대화를 나누고 있기 때문에 C나 D가 정답일 확률이 높습니다. 휴대폰을 물에 빠뜨려 고장이 났고 수리할 수 있는지 묻는 여자의 말을 통해 정답이 D라는 것을 알 수 있습니다. 또한 4급 단어 '师傅'가 기술자를 부르는 호칭이라는 점을 생각하면 휴대폰을 수리하려는 상황인 것을 알 수 있습니다.

✦고득점 Tip

手机 shǒujī 휴대폰 ➡ 开机 kāijī 전원을 켜다 | 关机 guānjī 전원을 끄다

15 ★★

男: 今天真顺利，这个时间，我以为一定会堵车呢。

女: 除了长江西路，其他的路都不太堵车。

问: 他们最可能在哪儿？

A 车上　　　　B 船上
C 教室里　　　D 办公室里

남: 오늘 진짜 순조롭네. 이 시간에는 분명히 차가 막힐 줄 알았는데.

여: 창장시루를 제외하면 다른 길은 모두 별로 막히지 않아.

질문: 그들은 어디에 있을 가능성이 큰가?

A 차에　　　　B 배에
C 교실에　　　D 사무실에

顺利* shùnlì 혱 순조롭다 | 以为* yǐwéi 통 생각하다, 여기다 | 一定 yídìng 틘 반드시, 분명히 | 堵车* dǔchē 통 차가 막히다 | 除了 chúle 젭 ~을 제외하고, ~외에 | 其他 qítā 떼 기타 | 请问 qǐngwèn 통 말씀 좀 묻겠습니다 | 教室 jiàoshì 몡 교실 | 办公室 bàngōngshì 몡 사무실

'차가 막힐 줄 알았다(我以为一定会堵车呢)'는 남자의 말에서 두 사람이 지금 도로에 있다는 것을 알 수 있습니다. 따라서 정답은 A입니다. '长江西路'는 길 이름이기 때문에 '长江'만 듣고 강 위라고 생각해서 B를 고르면 안 됩니다.

16 ★★

女: 哥，你能把空调的暖风开大点儿吗？太冷了。

男: 温度已经很高了，你是不是哪里不舒服啊？

问: 女的觉得怎么样？

A 很暖和　　　　　B 很舒服

C 比较暗　　　　　D 温度低

여: 오빠, 난방기의 온풍을 좀 더 세게 틀어 줄 수 있어? 너무 춥다.

남: 온도는 벌써 높아졌는데, 너 어디 아픈 거 아니야?

질문: 여자는 어떻다고 생각하는가?

A 따뜻하다　　　　B 편안하다

C 비교적 어둡다　　D 온도가 낮다

空调 kōngtiáo 명 에어컨, 냉·난방기 | 暖风 nuǎnfēng 명 온풍 | 温度* wēndù 명 온도 | 舒服 shūfu 형 편안하다 | 暖和* nuǎnhuo 형 따뜻하다 | 比较 bǐjiào 부 비교적, 꽤 | 暗 àn 형 어둡다 | 低* dī 형 낮다

여자는 '너무 춥다(太冷了)'고 느껴서 남자에게 '난방기의 온풍을 좀 더 세게 틀어 달라(你能把空调的暖风开大点儿吗)'고 합니다. 여자의 말 '太冷了(춥다)'와 D의 '温度低(온도가 낮다)'는 같은 표현입니다. 따라서 정답은 D입니다. '空调'는 보통 '에어컨'으로 알고 있지만, 냉난방을 모두 하는 기계이기 때문에 상황에 따라 '냉방기' 또는 '난방기'로 해석할 수 있습니다.

17 ★★

男: 您好，我是小王，我现在在出差，所以这个月的房租下周一给您，可以吗？

女: 好的，没问题。

问: 女的是男的的什么人？

A 护士　　　　　B 房东

C 教授　　　　　D 孙女

남: 안녕하세요. 저 샤오왕이에요. 제가 지금 출장 중이라 이번 달 집세를 다음 주 월요일에 드려도 될까요?

여: 네, 괜찮아요.

질문: 여자는 남자에게 어떤 사람인가?

A 간호사　　　　B 집주인

C 교수　　　　　D 손녀

出差* chūchāi 통 출장 가다 | 房租 fángzū 명 집세 | 下周 xià zhōu 다음 주 | 护士* hùshi 명 간호사 | 房东* fángdōng 명 집주인 | 教授* jiàoshòu 명 교수 | 孙女 sūnnǚ 명 손녀

여자는 남자에게서 집세를 받는 사람이므로 집주인이라는 것을 알 수 있습니다. 정답은 B입니다.

18 ★★★

女: 这家四川餐厅很火，每次都要提前预约。

男: 我也去过一次，菜很好吃，但有的菜辣得让人受不了。

问: 关于这家餐厅，可以知道什么？

A 菜都很辣　　　　B 菜都很咸

C 生意很好　　　　D 菜不好吃

여: 이 쓰촨 요리 식당은 아주 장사가 잘돼요. 매번 미리 예약을 해야 돼요.

남: 저도 한 번 가 본 적이 있어요. 요리는 맛있는데 어떤 요리는 못 견딜 정도로 맵더라고요.

질문: 이 식당에 관하여 무엇을 알 수 있는가?

A 요리가 모두 맵다　　B 요리가 모두 짜다

C 장사가 잘된다　　　D 요리가 맛이 없다

四川 Sìchuān 고유 쓰촨 [지명] | 餐厅* cāntīng 명 식당 | 火* huǒ 형 번창하다, 잘되다 | 提前* tíqián 통 앞당기다 | 预约 yùyuē 통 예약하다 | 辣 là 형 맵다 | 受不了* shòu bu liǎo 견딜 수 없다 | 咸* xián 형 짜다 | 生意* shēngyì 명 장사, 사업

59

여자가 '이 쓰촨 요리 식당은 장사가 아주 잘돼서 매번 미리 예약을 해야 된다(这家四川餐厅很火，每次都要提前预约)'고 했으므로 정답은 C입니다. 4급 단어 '火'는 명사로 쓰이면 '불'이라는 뜻이지만 형용사로 쓰이면 사업이나 장사가 '잘되다'라는 뜻입니다. 남자가 '요리는 맛있지만 어떤 요리는 못 견딜 정도로 맵다(菜很好吃，但有的菜辣得让人受不了)'고 했으므로 A와 D는 정답이 아닙니다.

---

19 ★★

男：该怎么办呢？我把银行卡的密码忘了。 **女**：别着急，你拿着护照和卡到银行，那边的工作人员就会帮你解决的。 **问**：男的怎么了？ 　A 没带护照 　B 想打出租车 　C 不记得密码 　D 找不到银行	남：어떡하지? 은행 카드의 비밀번호를 잊어버렸어. 여：조급해하지 마. 여권과 카드를 가지고 은행에 가면 그곳의 직원이 해결하는 걸 도와줄 거야. **질문**：남자는 무슨 일인가? 　A 여권을 안 가져왔다 　B 택시를 타고 싶다 　C 비밀번호를 기억하지 못한다 　D 은행을 못 찾는다

银行卡 yínhángkǎ 몡 은행 카드 ｜ 密码* mìmǎ 몡 비밀번호 ｜ 着急 zháojí 톙 조급하다 ｜ 护照 hùzhào 몡 여권 ｜ 银行 yínháng 몡 은행 ｜ 解决 jiějué 톻 해결하다 ｜ 带 dài 톻 지니다, 휴대하다

'은행 카드의 비밀번호를 잊어버렸다(我把银行卡的密码忘了)'는 남자의 말에서 비밀번호를 기억하지 못한다는 것을 알 수 있습니다. 따라서 정답은 C입니다.

---

20 ★★

女：刚才王总来电话，说到儿童节目数量太少的问题。 **男**：对，我今天来找你，也是因为这个事儿。 **问**：男的为什么来找女的？ 　A 儿童节目　　B 观众数量 　C 新闻报道　　D 广告收入	여：조금 전에 왕 대표가 전화해서 어린이 프로그램의 수가 너무 적다는 문제를 이야기했어요. 남：맞아요. 제가 오늘 당신을 찾아온 것도 바로 이 일 때문이에요. **질문**：남자는 왜 여자를 찾아왔는가? 　A 어린이 프로그램　　B 시청자 수 　C 뉴스 보도　　D 광고 수입

刚才 gāngcái 몡 방금, 막 ｜ 儿童* értóng 몡 어린이 ｜ 节目 jiémù 몡 프로그램 ｜ 数量* shùliàng 몡 수량 ｜ 观众* guānzhòng 몡 관중, 관객 ｜ 新闻 xīnwén 몡 뉴스 ｜ 报道 bàodào 보도 ｜ 广告* guǎnggào 몡 광고 ｜ 收入* shōurù 몡 수입, 소득

남자가 말한 '这个事儿'이 가리키는 것은 왕 대표가 여자에게 말한 '어린이 프로그램의 수가 너무 적다는 문제(儿童节目数量太少的问题)'입니다. 남자가 여자의 말을 '对' '也' 등으로 긍정하고 있으므로 남자도 어린이 프로그램에 문제 의식을 갖고 있다는 것을 알 수 있습니다. 정답은 A입니다.

21 ★★★

男: 明天我们是几点的飞机?

女: 下午两点半的飞机，我们十一点半从家出发就行。

问: 女的打算提前多长时间出发?

A 两个小时　　　B 三个小时

C 两个半小时　　D 三个半小时

남: 내일 우리 몇 시 비행기지?

여: 오후 2시 반 비행기니까 우리는 11시 반에 집에서 출발하면 돼.

질문: 여자는 얼마나 일찍 출발할 계획인가?

A 2시간　　　　B 3시간

C 2시간 반　　D 3시간 반

出发* chūfā 통 출발하다 | 行* xíng 통 ~해도 좋다 | 打算 dǎsuàn 통 ~할 계획이다

비행기 시간과 여자가 출발하는 시간을 유념해서 들어야 합니다. 비행기 시간은 '오후 2시 반(下午两点半)'인데 '11시 반(十一点半)'에 집에서 출발한다고 했으므로 3시간 일찍 출발하는 것입니다. 정답은 B입니다.

22 ★★★

女: 爸爸，我们明天就搬家了，这些旧家具也要留着吗?

男: 这个桌子应该搬走，这是我和你妈妈结婚的时候买的，很有意义。

问: 明天他们要干什么?

A 搬家　　　　B 抬桌子

C 擦窗户　　　D 整理房间

여: 아빠, 우리 내일이면 이사하는데 이 오래된 가구들도 남겨 두실 거예요?

남: 이 책상은 가져가야지. 이것은 나와 네 엄마가 결혼할 때 산 거니까 아주 의미가 있어.

질문: 내일 그들은 무엇을 할 것인가?

A 이사한다　　　　B 책상을 옮긴다

C 창문을 닦는다　　D 방을 정리한다

搬家 bānjiā 통 이사하다 | 留* liú 통 남다, 남기다 | 应该 yīnggāi 조동 마땅히 ~해야 한다 | 搬 bān 통 옮기다 | 走 zǒu 통 걷다, 가다 | 结婚 jiéhūn 통 결혼하다 | 意义 yìyì 명 의미, 의의 | 干* gàn 통 하다 | 抬* tái 통 들다, 맞들다 | 擦* cā 통 문지르다, 닦다 | 窗户* chuānghu 명 창문 | 整理* zhěnglǐ 통 정리하다

여자의 말에서 '내일은 이사를 한다(我们明天就搬家了)'는 것을 알 수 있습니다. 책상은 이사를 하면서 가져갈 물건이지만 이들이 직접 옮길지는 알 수 없으므로 B는 정답이 아닙니다.

23 ★★

男: 这件事让小王负责，你觉得怎么样?

女: 她做事很认真，上次的会议安排得很好，非常负责。

问: 女的觉得小王怎么样?

A 很笨　　　　B 很可怜

C 聪明活泼　　D 认真负责

남: 이 일을 샤오왕에게 맡기려고 하는데 어떻게 생각해요?

여: 그녀는 일을 열심히 해요. 지난번 미팅도 잘 준비했고 아주 책임감이 강해요.

질문: 여자는 샤오왕이 어떻다고 생각하는가?

A 어리석다　　　　B 불쌍하다

C 똑똑하고 활발하다　D 성실하고 책임감 강하다

负责* fùzé 통 책임지다 형 책임감이 강하다 | 认真 rènzhēn 형 성실하다, 진지하다 | 会议 huìyì 명 회의 | 安排* ānpái 통 안배하다, (일을) 준비하다 | 笨* bèn 형 어리석다 | 可怜* kělián 형 불쌍하다 | 聪明 cōngming 형 똑똑하다 | 活泼* huópō 형 활발하다

샤오왕에 대한 여자의 의견을 유념해서 들어야 합니다. 4급 단어 '负责'는 동사로 쓰이면 '책임지다'라는 뜻이고 형용사로 쓰이면 '책임감이 강하다'라는 뜻입니다.

---

24 ★★

女: 你在网上买的那双皮鞋，大小合适吗？	여: 인터넷으로 산 그 구두는 크기가 맞아?
男: 有些小，所以我又邮回去，让店主给我换个大一号的了。	남: 좀 작아. 그래서 또 반송하고 판매자에게 한 사이즈 큰 걸로 바꿔 달라고 했어.
问: 男的是什么意思？	질문: 남자는 무슨 뜻인가?
A 皮鞋小　　　　B 不能上网	A 구두가 작다　　　B 인터넷 접속이 안 된다
C 没有袜子　　　D 大小没关系	C 양말이 없다　　　D 크기는 상관없다

双 shuāng 양 쌍, 켤레 [두 개가 짝을 이루는 물건이나 신체 부위를 세는 양사] | 皮鞋 píxié 명 구두 | 合适* héshì 형 적당하다, 적합하다 | 邮 yóu 동 (우편으로) 보내다, 부치다 | 店主 diànzhǔ 명 가게 주인 | 换 huàn 동 바꾸다 | 袜子* wàzi 명 양말

여자의 말에서 지금 '구두(皮鞋)'에 대해 이야기하고 있다는 것을 알 수 있습니다. 남자는 인터넷에서 산 구두가 '조금 작다(有些小)'고 했으므로 정답은 A입니다.

---

25 ★★

男: 刚才干什么了？我都给你打了5通电话了，一直不接。	남: 조금 전에 뭐 했어? 내가 너한테 전화를 다섯 통 했는데 계속 안 받더라.
女: 抱歉，我刚才看京剧表演，手机暂时弄成静音了。	여: 미안, 방금 경극 공연을 보고 있어서 휴대폰을 잠시 무음으로 했어.
问: 女的刚才干什么了？	질문: 여자는 방금 무엇을 했는가?
A 看演出　　　　B 听音乐	A 공연을 봤다　　　B 음악을 들었다
C 上台表演　　　D 电话关机了	C 무대에서 공연했다　　D 휴대폰을 껐다

通 tōng 양 통, 건 [문서, 전보 등을 세는 양사] | 一直 yìzhí 부 계속, 줄곧 | 接 jiē 동 잡다, 받다 | 表演* biǎoyǎn 공연 | 暂时* zànshí 부 잠시 | 弄* nòng 동 하다 | 静音 jìngyīn 명 무음 | 演出* yǎnchū 명 공연 | 关机 guānjī 동 전원을 끄다

여자는 '방금 경극을 보고 있어서 휴대폰을 잠시 무음으로 했다(我刚才看京剧表演，手机暂时弄成静音了)'고 했으므로 정답은 A입니다. '表演'과 '演出'는 '공연'이라는 뜻의 동의어입니다.

고득점 Tip

弄* nòng 하다 ➡ 弄成 nòngchéng ~으로 하다 | 弄错 nòngcuò 잘못하다 | 弄坏 nònghuài 망가뜨리다

26 ★★

女: 小王，你能来帮我个忙吗？	여: 샤오왕, 와서 나를 좀 도와줄 수 있어?
男: 当然可以，有什么事吗？	남: 당연히 되지. 무슨 일 있어?
女: 我想把沙发搬到窗户那边去，你能帮我抬一下吗？	여: 내가 소파를 저 창가 쪽으로 옮기고 싶은데 옮기는 걸 좀 도와줄래?
男: 好啊，我现在就过去。	남: 응, 지금 바로 갈게.
问: 女的想把沙发搬到哪儿？	질문: 여자는 소파를 어디로 옮기고 싶은가?
A 楼下 B 停车场	A 건물 앞 B 주차장
C 办公室 D 窗户边	C 사무실 D 창가

当然 dāngrán 🚩 당연히 │ 过去 guòqù 🚩 가다, 지나가다 │ 楼 lóu 🚩 건물 │ 停车场 tíngchēchǎng 🚩 주차장

여자는 '소파를 저 창가 쪽으로 옮기고 싶다(我想把沙发搬到窗户那边去)'고 했으므로 정답은 D입니다. '窗户(창문)'는 빈출 단어이니 꼭 외워 두세요.

27 ★★★

男: 昨天的那场比赛，你看了吗？	남: 어제 그 경기, 당신 봤어요?
女: 看了，我喜欢的队就输一个球，太可惜了。	여: 봤어요. 제가 좋아하는 팀이 겨우 골 하나로 졌어요. 너무 아쉬워요.
男: 比赛有输就有赢，但昨天两个队都踢得很精彩。	남: 경기는 지기도 하고 이기기도 하죠. 그런데 어제 두 팀이 다 정말 잘했어요.
女: 是啊，尽管这样，但还是希望下次能赢。	여: 맞아요. 그렇긴 하지만 그래도 다음에는 이기면 좋겠네요.
问: 女的觉得昨天的比赛怎么样？	질문: 여자는 어제 경기가 어땠다고 생각하는가?
A 很无聊	A 재미없었다
B 很一般	B 평범했다
C 让她失望	C 그녀를 실망시켰다
D 不值得看	D 볼만하지 않았다

场* chǎng 🚩 번, 차례 │ 比赛 bǐsài 🚩 경기, 시합 │ 输* shū 🚩 지다, 잃다 │ 可惜* kěxī 🚩 아쉽다 │ 赢* yíng 🚩 이기다 │ 精彩* jīngcǎi 🚩 (공연, 글 등이) 뛰어나다, 훌륭하다 │ 尽管* jǐnguǎn 🚩 비록 ~하더라도 │ 希望 xīwàng 🚩 바라다, 희망하다 │ 无聊* wúliáo 🚩 무료하다, 재미없다 │ 一般 yìbān 🚩 일반적이다, 그저 그렇다 │ 失望* shīwàng 🚩 실망하다 │ 值得* zhídé 🚩 ~할 가치가 있다, ~할 만하다

좋아하는 팀이 경기에 져서 '아쉽고(太可惜了)' '다음에는 이기면 좋겠다(希望下次能赢)'는 여자의 말을 통해 여자는 경기 결과에 실망했음을 알 수 있습니다. 정답은 C입니다.

28

女：听说你办了一个汽车杂志，真了不起。
男：哪里哪里，我主要负责联系作者，给他们发邮件。
女：有机会好想到你的办公室去参观参观。
男：好啊，有时间的时候给我打电话就行。

问：男的的工作内容是什么？
　　A 邮寄杂志
　　B 联系作者
　　C 修理汽车
　　D 开汽车公司

여：자동차 잡지를 하나 작업했다고 들었어요. 정말 대단해요.
남：대단하긴요. 저는 주로 작가와 연락하는 걸 담당해요. 작가들에게 메일을 보내요.
여：기회가 있을 때 당신 사무실에 가서 좀 참관하고 싶어요.
남：좋아요. 시간이 될 때 저에게 전화하면 돼요.

질문：남자의 작업 내용은 무엇인가?
　　A 잡지를 보낸다
　　B 작가와 연락한다
　　C 자동차를 수리한다
　　D 자동차 회사를 차린다

汽车 qìchē 몡 자동차 | 杂志* zázhì 몡 잡지 | 主要 zhǔyào 뷔 주로, 대부분 | 联系* liánxì 통 연락하다 | 作者* zuòzhě 몡 작가 | 邮件 yóujiàn 몡 우편물, 이메일 | 参观* cānguān 통 견학하다, 참관하다 | 内容* nèiróng 몡 내용 | 邮寄 yóujì 통 부치다, 보내다 | 开公司 kāi gōngsī 회사를 차리다

남자의 주요 업무는 '작가와 연락하는 것(我主要负责联系作者)'이므로 정답은 B입니다. 남자가 하는 일은 자동차 잡지를 만드는 것이기 때문에 A, C, D는 모두 정답이 아닙니다.

29

男：喂，我到餐厅里，你到哪儿了？
女：我也在餐厅，我看到你了，我就在你对面。
男：真的是你啊？你怎么这么瘦了？
女：是啊，最近一直在减肥，已经减了10公斤了。

问：关于男的，可以知道什么？
　　A 减肥了
　　B 很吃惊
　　C 要去图书馆
　　D 喜欢打扮

남：여보세요. 나는 지금 식당에 왔는데 너는 어디까지 왔어?
여：나도 식당에 있는데 네가 보여. 나 지금 네 맞은편에 있어.
남：진짜 너야? 왜 이렇게 살이 빠졌어?
여：맞아, 요즘에 계속 다이어트 중이어서 벌써 10킬로그램이 빠졌어.

질문：남자에 관하여 무엇을 알 수 있는가?
　　A 다이어트했다
　　B 아주 놀랐다
　　C 도서관에 가려고 한다
　　D 꾸미는 것을 좋아한다

对面* duìmiàn 몡 맞은편 | 瘦 shòu 혱 마르다 | 减肥* jiǎnféi 통 다이어트하다, 살 빼다 | 公斤 gōngjīn 양 킬로그램(kg) | 吃惊* chījīng 통 놀라다 | 图书馆 túshūguǎn 몡 도서관 | 打扮* dǎban 통 꾸미다

남자가 무엇을 했는지 유념해서 들어야 합니다. 남자가 여자를 보고 '진짜 너야?(真的是你啊?)'라고 한 것을 보고 남자가 놀랐음을 알 수 있습니다. 따라서 정답은 B입니다. 다이어트를 한 것은 여자이기 때문에 A는 정답이 아닙니다.

30 ★★

女：今天几点下班？

男：怎么了？你又想让我去陪你逛街啊？

女：咱家的沙发太旧了，现在商场正好打折，我想买个新的。

男：今天我得加班，这个周日吧，咱们去转一转。

问：男的什么时候有空？

　　A 月底　　　　 B 下班后

　　C 星期天　　　 D 明天晚上

여: 오늘은 몇 시에 퇴근해?

남: 왜? 또 나보고 같이 쇼핑하자는 거야?

여: 우리 집 소파가 너무 오래됐는데, 지금 상점에서 마침 할인하고 있어서 새 거를 하나 사고 싶어.

남: 오늘 나는 추가 근무해야 하니까 이번 주 일요일에 한번 둘러보러 가자.

질문: 남자는 언제 시간이 되는가?

　　A 월말　　　　 B 퇴근 후

　　C 일요일　　　 D 내일 저녁

下班 xiàbān 통 퇴근하다 │ 陪* péi 통 동반하다 │ 逛街 guàng jiē 쇼핑하다 │ 商场 shāngchǎng 명 마트, 백화점, 쇼핑몰 │ 得* děi 조동 ~해야 한다 │ 加班* jiābān 통 추가 근무하다, 야근하다 │ 咱们* zánmen 대 우리 │ 转* zhuàn 통 둘러보다 │ 空* kòng 명 빈틈, 여유 시간 │ 月底 yuèdǐ 명 월말 │ 星期天 xīngqītiān 명 일요일

남자가 '오늘은 추가 근무해야 하니까 이번 주 일요일에 가자(今天我得加班，这个周日吧)'고 했으므로 B는 정답이 아니고 C가 정답입니다. '周日'와 '星期天'은 '일요일'을 뜻하는 동의어입니다. '礼拜日'도 같은 뜻이니 함께 알아 두세요.

31 ★★

男：喂，小戴，客人已经到宾馆了吗？

女：已经到了，但是客人说饭店的网速有点慢。

男：我马上给宾馆的经理打个电话，解决一下这件事儿。

女：好的，那我就准备回公司了。

问：男的为什么要给经理打电话？

　　A 网速慢

　　B 密码错误

　　C 拿错钥匙了

　　D 电话一直占线

남: 여보세요. 샤오따이, 손님은 이미 호텔에 도착했어요?

여: 이미 도착했습니다. 그런데 손님들이 호텔의 인터넷 속도가 좀 느리다고 해요.

남: 제가 바로 호텔 매니저에게 전화를 해서 이 일을 처리해 볼게요.

여: 네, 그럼 저는 회사로 돌아갈 준비를 할게요.

질문: 남자는 왜 매니저에게 전화를 하려고 하는가?

　　A 인터넷 속도가 느려서

　　B 비밀번호가 틀려서

　　C 열쇠를 잘못 가져가서

　　D 전화가 계속 통화 중이어서

客人 kèrén 명 손님 │ 网速 wǎngsù 명 인터넷 속도 │ 马上 mǎshàng 부 곧 │ 准备 zhǔnbèi 통 준비하다 │ 错误* cuòwù 형 틀리다 │ 占线* zhànxiàn 통 통화 중이다

'인터넷 속도가 느리다(客人说饭店的网速有点慢)'는 손님의 불만을 해결하기 위해 남자가 호텔 매니저에게 전화한다고 했으므로 정답은 A입니다.

32

女：最近的几部电影听说都很不错，你看了吗？
男：还没看呢，打算这周末就去看。
女：要不我请你看吧，顺便感谢你帮我照顾我的小狗。
男：好啊，那就这么定了。

问：女的为什么请男的看电影？

　A 表示感谢
　B 感到抱歉
　C 同情心强
　D 喜欢男的

여: 요즘 영화 몇 편이 아주 괜찮다고 하는데, 너 봤어?
남: 아직 안 봤어. 이번 주말에 보러 갈 계획이야.
여: 아니면 내가 너 보여 줄게. 내 강아지를 돌봐 준 것에 고마워할 겸.
남: 좋아. 그럼 이렇게 정하자.

질문: 여자는 왜 남자에게 영화를 보여 주려고 하는가?

　A 고마움을 표하려고
　B 미안해서
　C 동정심이 강해서
　D 남자를 좋아해서

不错 búcuò 혱 괜찮다, 맞다 | 周末 zhōumò 몡 주말 | 顺便* shùnbiàn 閉 ~하는 김에 | 感谢* gǎnxiè 통 감사하다 | 照顾 zhàogù 통 돌보다 | 定 dìng 통 정하다 | 表示* biǎoshì 통 나타내다 | 同情心 tóngqíngxīn 몡 동정심

여자는 남자에게 '나의 강아지를 돌봐 준 것에 고마워한다(顺便感谢你帮我照顾我的小狗)'고 했으므로 정답은 A입니다.

33

男：刚运动完，出了一身汗。
女：快喝一杯葡萄汁，解解渴吧。
男：我不太喜欢甜的。
女：这是不加糖的纯果汁，对身体好！

问：男的为什么不喜欢葡萄汁？

　A 觉得酸　　　B 有点咸
　C 太甜了　　　D 不好喝

남: 방금 운동이 끝났어. 온몸에 땀이 났어.
여: 빨리 포도즙 한 잔을 마셔서 갈증을 풀어.
남: 나는 단것을 별로 좋아하지 않아.
여: 이것은 당을 첨가하지 않은 순과즙이야. 몸에 좋아!

질문: 남자는 왜 포도즙을 좋아하지 않는가?

　A 시다고 생각해서　　　B 조금 짜서
　C 너무 달아서　　　　　D 맛이 없어서

刚* gāng 閉 막, 방금 | 汗* hàn 몡 땀 | 杯 bēi 양 잔 | 葡萄* pútao 몡 포도 | 汁 zhī 몡 즙 | 解渴 jiěkě 통 갈증을 풀다 | 甜 tián 혱 달다 | 糖* táng 몡 당류 | 纯 chún 혱 순수하다 | 果汁* guǒzhī 몡 과즙, 주스 | 酸* suān 혱 시다 | 不好 bù hǎo ~하기 힘들다, ~하기 나쁘다

여자가 갈증을 풀게 포도즙을 마시라고 권하자 남자는 '단것을 별로 좋아하지 않는다(我不太喜欢甜的)'고 한 데서 정답이 C임을 알 수 있습니다.

34 ★★★

女：你怎么总是咳嗽呢？吃药了吗？
男：吃了，但是没什么效果。
女：去医院检查一下吧，如果严重的话，可能要打针。
男：那你陪我去吧。

问：男的让女的干什么？
　　A 打针
　　B 吃药
　　C 检查身体
　　D 陪他去医院

여：너 왜 계속 기침을 해? 약 먹었어?
남：먹었어. 그런데 별 효과가 없어.
여：병원에 가서 한번 검사해 봐. 만약 심각하면 주사를 맞아야 할 수도 있어.
남：그러면 네가 나랑 같이 가 줘.

질문: 남자는 여자에게 무엇을 하라고 했는가?
　　A 주사를 맞는다
　　B 약을 먹는다
　　C 신체 검사
　　D 그를 데리고 병원에 간다

总是 zǒngshì 틧 늘, 항상 | 效果* xiàoguǒ 몡 효과 | 检查 jiǎnchá 됭 검사하다 | 严重* yánzhòng 혱 심각하다 | 打针* dǎzhēn 됭 주사를 놓다, 주사를 맞다

남자가 여자에게 하라고 한 일을 유념해서 들어야 합니다. 여자는 남자에게 '병원에 가서 검사를 받아라(去医院检查一下吧)'라고 했고 남자는 여자에게 '같이 가 달라(那你陪我去吧)'고 했기 때문에 정답은 D입니다. A, C는 여자가 남자에게 하라고 한 일이고, B는 이미 남자가 한 일이기 때문에 정답이 아닙니다.

35 ★★

男：完了，我的笔记本电脑突然关机了。
女：是不是没电了啊？充一下电吧。
男：关键是我的作业写了一半，这样就全没了。
女：别着急，这份作业下星期交，还有时间。

问：根据对话，可以知道什么？
　　A 电脑坏了
　　B 作业没存上
　　C 成绩出来了
　　D 忘记请假了

남：큰일 났어. 내 노트북 전원이 갑자기 꺼졌어.
여：배터리가 다 된 거 아니야? 한번 충전해 봐.
남：관건은 내 숙제를 절반 했는데, 이러면 다 없어졌다는 거야.
여：조급해하지 마. 이 숙제는 다음 주에 제출하는 거니까 아직 시간이 있어.

질문: 대화에 근거하여 무엇을 알 수 있는가?
　　A 컴퓨터가 고장 났다
　　B 숙제를 저장하지 못했다
　　C 성적이 나왔다
　　D 휴가 신청을 잊었다

突然 tūrán 틧 갑자기 | 充电 chōngdiàn 됭 충전하다 | 关键* guānjiàn 몡 관건 | 作业 zuòyè 몡 숙제 | 交* jiāo 됭 내다, 건네다 | 根据 gēnjù 꽤 근거하여, 따라서 | 对话* duìhuà 몡 대화 | 坏 huài 됭 고장 나다, 망가지다 | 存* cún 됭 저장하다 | 成绩 chéngjì 몡 성적 | 忘记 wàngjì 됭 잊어버리다 | 请假 qǐngjià 됭 휴가를 신청하다

'관건은 내 숙제를 절반 했는데, 이러면 다 없어졌다(关键是我的作业写了一半，这样就全没了)'는 것에서 숙제를 노트북에 저장하지 못했다는 것을 알 수 있습니다. 따라서 정답은 B입니다. 컴퓨터가 갑자기 꺼진 이유는 알 수 없으므로 A는 정답이 아닙니다.

我们家上个月搬进了在郊区的新房子。房子很大，走着十分钟就能到地铁站，而且旁边有很多超市，³⁶购物也很方便。另外，小区附近还有个公园，³⁷孩子们一到周末就去那儿打篮球。

우리 집은 지난달에 교외에 있는 새 집으로 이사를 왔어요. 집은 아주 크고, 걸어서 10분이면 지하철역에 도착할 수 있어요. 게다가 옆에는 마트가 많이 있어서 ³⁶쇼핑하기에도 편리합니다. 그 밖에 단지 근처에 공원이 하나 있어서 ³⁷아이들은 주말이 되면 그곳에 농구를 하러 가요.

搬 bān 图 이사하다 | 郊区* jiāoqū 몡 교외 | 地铁站 dìtiězhàn 몡 지하철역 | 而且 érqiě 젭 게다가, 또한 | 旁边 pángbiān 몡 옆, 부근 | 超市 chāoshì 몡 슈퍼마켓, 마트 | 购物* gòu wù 물건을 사다, 쇼핑하다 | 方便 fāngbiàn 톙 편리하다 | 另外* lìngwài 囝 그 밖에 | 小区 xiǎoqū 몡 동네, 단지 | 公园 gōngyuán 몡 공원 | 一A就B yī A jiù B A하기만 하면 B하다 | 打篮球* dǎ lánqiú 농구를 하다

36 ★★

问：说话人觉得新房子怎么样?	질문: 화자는 새 집이 어떻다고 생각하는가?
A 房子不大	A 집이 크지 않다
B 房租便宜	B 집세가 싸다
C 附近购物方便	C 근처에서 쇼핑하기 편리하다
D 需要开车出行	D 차를 운전해서 외출해야 한다

需要 xūyào 图 필요하다 | 出行 chūxíng 图 외출하다

집 근처에 마트가 많이 있어서 '쇼핑하기에 편리하다(购物也很方便)'고 했으므로 정답은 C입니다. 녹음에서 '집이 크다(房子很大)'고 했으므로 A는 정답이 아닙니다.

37 ★★

问：周末孩子们经常做什么?		질문: 주말에 아이들은 자주 무엇을 하는가?	
A 游泳	B 看电影	A 수영한다	B 영화를 본다
C 打篮球	D 打羽毛球	C 농구를 한다	D 배드민턴을 친다

经常 jīngcháng 囝 항상, 자주 | 羽毛球* yǔmáoqiú 몡 배드민턴

듣기 제2부분에서 정답은 문제의 순서대로 녹음에 등장하는 경향이 있습니다. 근처에 공원이 있어서 '아이들은 주말이 되면 그곳에 농구를 하러 간다(孩子们一到周末就去那儿打篮球)'고 했으므로 정답은 C입니다.

³⁸有些父母总是喜欢拿自己的孩子和人家的孩子相比，总是希望自家的孩子考第一名。这样下去，孩子的压力会越来越大。其实成绩对孩子来说不是最重要的，因为每个孩子都是不同的，都是特别的，³⁹让他们快乐地成长才是最重要的。

³⁸어떤 부모들은 늘 자기의 아이를 가지고 남의 아이와 비교하는 것을 좋아합니다. 자기 아이가 시험에서 1등을 하기를 늘 바랍니다. 이렇게 가다 보면 아이의 스트레스는 점점 커지게 됩니다. 사실 성적은 아이에게 있어서 가장 중요한 것이 아닙니다. 왜냐하면 아이들마다 다 다르고 다 특별하기 때문에 ³⁹그들이 즐겁게 자라도록 하는 것이야말로 가장 중요합니다.

自己 zìjǐ 떼 자기, 자신 | 相比 xiāngbǐ 서로 비교하다 | 第一名 dì-yī míng 1등, 1위, 수석 | 越来越 yuè lái yuè 점점 ~하다, 갈수록 ~하다 | 其实 qíshí 뿐 사실 | 对……来说 duì …… láishuō ~에 대해서 말하자면 | 特别 tèbié 혱 특별하다 | 快乐 kuàilè 혱 즐겁다 | 成长 chéngzhǎng 동 자라다

---

38 ★★

问：孩子压力为什么会变大？	질문: 아이의 스트레스가 왜 커지는가?
A 作业很多	A 숙제가 많아서
B 不能看电视	B TV를 볼 수 없어서
C 每天去上课	C 매일 수업에 가서
D 与其他孩子比较	D 다른 아이와 비교해서

上课 shàngkè 동 수업하다 | 与* yǔ 게 ~과 | 比较 bǐjiào 동 비교하다

'어떤 부모들은 늘 자기의 아이를 가지고 남의 아이와 비교하는 것을 좋아하는데(有些父母总是喜欢拿自己的孩子和人家的孩子相比)' 이 때문에 아이가 스트레스를 받는다고 했으므로 정답은 D입니다. 녹음의 '相比'는 '서로 비교하다', D의 '比较'는 '비교하다'라는 뜻입니다. 또한 '有些人'과 같이 불특정 다수의 생각, 의견, 행동 등은 잘못된 것으로 언급되는 경우가 많습니다.

---

39 ★★

问：说话人认为孩子应该怎么样？	질문: 화자는 아이가 어때야 한다고 생각하는가?
A 成绩好　　B 会弹钢琴	A 성적이 좋다　　B 피아노를 칠 줄 안다
C 受到欢迎　　D 开心地长大	C 인기 있다　　D 즐겁게 자란다

认为 rènwéi 동 여기다, 생각하다 | 弹钢琴* tán gāngqín 피아노를 치다 | 受欢迎 shòu huānyíng 환영받다, 인기 있다 | 开心* kāixīn 혱 즐겁다, 기쁘다

아이에 대한 화자의 생각을 유념해서 들어야 합니다. '아이들이 즐겁게 자라도록 하는 것이야말로 가장 중요하다(让他们快乐地成长才是最重要的)'고 했으므로 정답은 D입니다. '快乐'와 '开心'은 '즐겁다'라는 뜻의 동의어이고, '成长'과 '长大'는 '자라다' '성장하다'라는 뜻의 동의어입니다. '其实'에 이어서 '성적은 아이에게 있어서 가장 중요한 것이 아니라고(成绩对孩子来说不是最重要的)' 언급했으므로 A는 정답이 아닙니다.

提到四川，⁴¹就不得不说说四川的女孩子，⁴⁰她们又聪明又活泼，独立生活能力强，敢说敢做，所以四川的女孩儿们无论到哪里都非常受欢迎。再加上川菜以辣为主，所以走出四川的女孩儿，多被人们称为"辣妹子"！

쓰촨에 대해 말하자면 ⁴¹쓰촨의 여성들을 말하지 않을 수가 없다. ⁴⁰그녀들은 똑똑하고도 활발하면서, 독립적인 생활 능력이 강하고, 말하고 행동하는 데 거침이 없다. 그래서 쓰촨의 여성들은 어디에 가든 매우 인기가 있다. 이에 더해 쓰촨 요리는 매운맛이 주를 이루기 때문에 쓰촨에서 나온 여성들은 사람들에게 '화끈한 여성'이라고 많이 불린다.

提* tí 통 언급하다 | 不得不* bù dé bù 어쩔 수 없이 | 独立 dúlì 형 독립적이다 | 生活* shēnghuó 명 삶, 생활 | 能力* nénglì 명 능력 | 敢 gǎn 조동 용감하게 ~하다 | 川菜 Chuāncài 명 쓰촨 요리 | 以* yǐ 개 ~에 따라, ~으로 | 被 bèi 개 ~에게 ~당하다 | 妹子 mèizi 명 아가씨

---

40 ★★

问 : 四川的女孩儿有什么特点?	질문: 쓰촨의 여성들은 어떤 특징이 있는가?
A 害羞　　　　　B 活泼	A 부끄러움을 탄다　　　B 활발하다
C 内向　　　　　D 可爱	C 내성적이다　　　　　D 귀엽다

特点* tèdiǎn 명 특징 | 害羞* hàixiū 형 부끄럽다, 수줍다 | 内向 nèixiàng 형 내성적이다 | 可爱 kě'ài 형 귀엽다

녹음에서 쓰촨 여성의 특징으로 4가지가 언급되었습니다. '쓰촨 여성들은 똑똑하고도 활발하면서 독립적인 생활 능력이 강하고, 말하고 행동하는 데 거침이 없습니다(她们又聪明又活泼，独立生活能力强，敢说敢做)'. 따라서 정답은 B입니다.

---

41 ★★★

问 : 这段话主要谈什么?	질문: 이 이야기는 주로 무엇을 말하고 있는가?
A 四川菜　　　　B 四川女性	A 쓰촨 요리　　　　B 쓰촨 여성
C 四川旅行　　　D 四川的景色	C 쓰촨 여행　　　　D 쓰촨의 경치

段 duàn 양 구간, 부분 [거리, 시간, 문단을 세는 양사] | 谈* tán 통 말하다 | 旅行* lǚxíng 통 여행하다

주제를 파악하는 문제는 전체 내용에 근거해서 접근해야 합니다. '쓰촨 요리는 매운맛이 주를 이룬다(川菜以辣为主)'고 쓰촨 요리에 대한 언급이 있었지만 이는 쓰촨 여성의 별명에 대한 설명입니다. 녹음에서 주로 말하는 것은 쓰촨 여성의 특징이므로 정답은 B입니다.

고득점 Tip

性别* xìngbié 성별 ➡ 女性 nǚxìng 여성 | 男性 nánxìng 남성 | 两性 liǎngxìng 양성

42-43

您喜欢的这个护肤品是今年卖得最好的，这个有去油和保湿两种，也适合干燥皮肤使用。一个是一百二十块钱，⁴²现在有活动，买二送一。如果买两个的话，比打七折还便宜，您看看您更喜欢哪种？

고객님이 좋아하는 이 스킨케어 제품은 올해 제일 잘 팔리는 제품이에요. 유분 제거와 보습 두 종류가 있는데, 건조한 피부도 사용하기에 적합합니다. 하나에 120위안인데, ⁴²지금 2+1 행사가 있어요. 만약 두 개를 사면 30% 할인보다도 더 싸요. 고객님은 어떤 게 더 마음에 드세요?

护肤品 hùfūpǐn 스킨케어 제품 | 去油 qù yóu 유분을 제거하다 | 保湿 bǎoshī 통 보습하다 | 干燥 gānzào 형 건조하다 | 皮肤* pífū 명 피부 | 使用* shǐyòng 통 사용하다 | 活动* huódòng 명 행사, 활동

42 ★★★

问: 关于这个护肤品，可以知道什么？
A 打七折　　　B 有活动
C 卖得不好　　D 可以送货

질문: 이 스킨케어 제품에 관하여 무엇을 알 수 있는가?
A 30% 할인한다　　B 행사가 있다
C 잘 안 팔린다　　D 배송이 가능하다

送货 sòng huò 물건을 배달하다

'지금 2+1 행사가 있다(现在有活动，买二送一)'고 했으므로 정답은 B입니다. '30% 할인'은 2+1 행사가 더 저렴하다는 것을 설명하기 위한 것이었으므로 A는 정답이 아닙니다. 녹음에서 '이 스킨케어 제품은 올해 제일 잘 팔리는 제품(这个护肤品是今年卖得最好的)'이라고 했으므로 C도 정답이 아닙니다.

43 ★★

问: 说话人最可能是做什么的？
A 厨师　　　B 警察
C 艺术家　　D 售货员

질문: 화자는 무엇을 하는 사람일 가능성이 큰가?
A 요리사　　B 경찰
C 예술가　　D 판매원

厨师 chúshī 요리사 | 警察* jǐngchá 경찰 | 艺术家 yìshùjiā 명 예술가 | 售货员* shòuhuòyuán 명 점원, 판매원

화자는 고객에게 제품과 할인 행사를 설명하고 있는 것을 보아 판매원이라는 것을 알 수 있습니다. 정답은 D입니다.

44-45

马云曾说过："如果你的方向错了，停止就是进步。"⁴⁴很多人认为，无论做什么事情，只要不放弃，就一定会成功。但事实往往不是这样，很多时候不要急着做，⁴⁵先抬头看看你的方向到底是不是正确的，之后再付出努力吧。

마윈이 이런 말을 한 적이 있다. "만약 당신의 방향이 틀렸다면 멈추는 것이 바로 나아가는 것이다."⁴⁴많은 사람들이 무슨 일을 하든 포기하지 않으면 반드시 성공할 것이라고 생각한다. 그러나 사실은 종종 그렇지 않다. 많은 경우 조급하게 하면 안 된다. ⁴⁵먼저 고개를 들어 당신의 방향이 도대체 올바른지 아닌지를 살피고 그 다음에 노력을 들여야 한다.

马云 Mǎyún [고유] 마윈 [중국의 기업인, 알리바바 창업자] | 曾 céng [부] 일찍이 | 方向* fāngxiàng [명] 방향 | 停止 tíngzhǐ [동] 멈추다, 정지하다 | 进步 jìnbù [동] 나아가다, 진보하다 | 放弃* fàngqì [동] 포기하다 | 成功* chénggōng [동] 성공하다 | 事实 shìshí [명] 사실 | 往往* wǎngwǎng [부] 자주, 종종 | 急 jí [동] 초조해하다, 서두르다 | 先A再B xiān A zài B 먼저 A하고 나서 B하다 | 抬头 táitóu [동] 머리를 들다 | 到底* dàodǐ [부] 도대체 | 正确* zhèngquè [형] 정확하다, 옳다 | 付出 fùchū [동] 지불하다, 들이다 | 努力 nǔlì [명] 노력

---

44 ★★★

问: 方向错了会有什么样的结果?	질문: 방향이 틀리면 어떤 결과가 있는가?
A 很无聊　　　B 让人失望	A 재미없다　　　B 사람들을 실망시킨다
C 要负责任　　　D 很难成功	C 책임을 져야 한다　　　D 성공하기 힘들다

责任* zérèn [명] 책임

사람들은 '무슨 일을 하든 포기하지 않으면 반드시 성공할 것(无论做什么事情，只要不放弃，就一定会成功)'이라고 생각하지만 화자는 '사실은 종종 그렇지 않다(事实往往不是这样)'고 합니다. 즉, 화자는 방향이 틀리면 성공하기 어렵다고 생각합니다. 따라서 정답은 D입니다. '但是'와 같은 역접의 접속사 뒤에 핵심 주장이 나오는 경우가 많기 때문에 주의 깊게 들어야 합니다.

---

45 ★★★

问: 这段话告诉我们什么?	질문: 이 이야기는 우리에게 무엇을 알려 주는가?
A 要有梦想	A 꿈이 있어야 한다
B 不要浪费时间	B 시간을 낭비하지 마라
C 知识就是金钱	C 지식이 곧 돈이다
D 只有努力是不够的	D 노력만으로는 부족하다

告诉 gàosu [동] 알려 주다 | 梦想 mèngxiǎng [명] 꿈 | 浪费* làngfèi [동] 낭비하다 | 知识* zhīshi [명] 지식 | 金钱 jīnqián [명] 돈, 금전 | 只 zhǐ [부] 단지, 오직 | 不够 búgòu [동] 부족하다

화자는 마윈의 말을 예로 들면서 어떤 일을 할 때 노력보다 방향이 중요함을 이야기하고 있습니다. 그래서 어떤 일을 하기 전에 '먼저 고개를 들어 당신의 방향이 도대체 올바른지 아닌지를 살피고, 그 다음에 노력을 들이라(先抬头看看你的方向到底是不是正确的，之后再付出努力吧)'고 주장하므로 정답은 D입니다.

二、阅读 독해

제1부분 46~55번은 문장 속 빈칸에 들어갈 보기를 선택하는 문제입니다.

46-50

A 重* zhòng 휑 무겁다   B 可惜* kěxī 휑 아쉽다
C 故意* gùyì 휑 고의이다   D 坚持* jiānchí 동 버티다, 견지하다
E 既然* jìrán 젭 기왕 ~한 이상   F 往往* wǎngwǎng 문 자주, 종종

46 ★★

这次真是太（ B 可惜 ）了，竟然差一分没有通过考试。	이번은 정말로 너무 (B 아까워요). 뜻밖에 1점이 부족해서 시험에 통과하지 못했어요.

竟然* jìngrán 문 뜻밖에도, 놀랍게도 │ 差 chà 동 부족하다, 모자라다 │ 分 fēn 양 점 [점수를 세는 양사] │ 通过* tōngguò 동 통과하다 │ 考试 kǎoshì 명 시험

'很' '太' '最' '非常' '更' '比较' '挺' '十分'과 같은 정도부사 뒤에 나올 수 있는 보기는 형용사인 A '重'과 B '可惜'입니다. '시험에 통과하지 못했다(没有通过考试)'는 내용이 이어지는 것을 봤을 때 B가 정답입니다.

47 ★★

幽默的人（ F 往往 ）会给我们留下很深的印象。	유머러스한 사람은 (F 종종) 우리들에게 깊은 인상을 남기고는 합니다.

幽默* yōumò 휑 유머러스하다 │ 深* shēn 휑 깊다 │ 印象* yìnxiàng 명 인상

조동사 '会' 앞에는 부사인 F '往往'만 들어갈 수 있습니다. 술어를 수식하는 부사어의 순서는 '시간명사/절 + 부사 + 조동사 + 개사구'가 원칙이기 때문입니다.

48 ★★

没关系，我自己拿得动，一点儿都不（ A 重 ）。	괜찮아. 나 혼자 옮길 수 있어. 조금도 (A 무겁지) 않아.

自己 zìjǐ 대 스스로 │ 拿得动 ná de dòng 들어서 옮길 수 있다 │ 一点儿都不 yìdiǎnr dōu bù 조금도 ~하지 않다

빈칸 앞에 부정부사 '不'가 있으므로 빈칸에는 동사 혹은 형용사가 들어갈 수 있습니다. 앞 문장의 '나 혼자 옮길 수 있다(我自己拿得动)'는 내용으로 미루어 볼 때 A가 정답입니다.

49 ★★

对不起，我不是（ C 故意 ）的，请你原谅。	죄송해요. 저는 (C 고의)가 아니었어요. 용서해 주세요.

原谅* yuánliàng 동 용서하다, 양해하다

빈칸이 포함된 문장은 '주어 + 是 + 형용사 술어 + 的' 형식의 강조 구문입니다. 보기 중 형용사는 A '重' B '可惜' C '故意'가

73

있는데, '죄송해요(对不起)' '용서해 주세요(请你原谅)'라는 내용과 어울리는 C가 정답입니다.

50 ★★

你（ E 既然 ）那么困，就别坚持了，快去洗洗睡吧。	너 (E 기왕에) 그렇게 졸리면, 버티지 말고 어서 가서 씻고 자라.
困* kùn 형 졸리다 | 坚持* jiānchí 동 버티다, 견지하다	

'既然'은 '那么' '就' '也' '还' 등과 함께 쓰여 '기왕 ~하면 ~하다'라는 뜻을 나타냅니다. 정답은 E입니다.

✦고득점 **Tip** ┃ 既然A，那么B就C 기왕에 A하면 B가 C하다

既然你也喜欢弹钢琴，那么我们就一起弹吧。 기왕에 너도 피아노 치는 것을 좋아하면 우리 같이 치자.

51-55

A 交* jiāo 동 내다, 건네다 　　　　 B 鼓励* gǔlì 명 격려 동 격려하다
C 温度* wēndù 명 온도 　　　　　 D 盒 hé 명 갑, 통, 상자
E 正好* zhènghǎo 부 마침 형 딱 좋다 　 F 危险* wēixiǎn 형 위험하다

51 ★★★

A: 这个巧克力广告做得很好，很吸引人。 B: 是啊，现在的广告越来越有意思了，我现在就想去买一（ D 盒 ）。	A: 이 초콜릿 광고는 잘 만들었네. 사람들의 관심을 끌어. B: 맞아. 요즘 광고는 점점 재미있어져. 나는 지금 한 (D 통) 사러 가려고.
巧克力* qiǎokèlì 명 초콜릿 | 吸引* xīyǐn 동 끌어당기다	

숫자나 '几' '多少' '半' 등 수를 나타내는 표현 뒤에는 보통 양사가 필요합니다. 빈칸 앞에 숫자 '一'가 있으므로 정답은 D입니다. '盒'는 작은 상자를 셀 때 쓰는 양사입니다.

52 ★★

A: 怎么突然停了？ B: 那个人应该是刚学开车，突然加速，实在是太（ F 危险 ）了。	A: 왜 갑자기 멈췄어? B: 저 사람은 운전을 이제 막 배운 게 분명해. 갑자기 속도를 내다니, 정말 너무 (F 위험해).
停* tíng 동 멈추다, 정지하다 | 应该 yīnggāi 조동 분명히 ~일 것이다 | 加速 jiāsù 동 가속하다, 속도를 내다 | 实在* shízài 부 정말로, 진짜	

빈칸 앞에 정도부사 '太'가 있으므로 빈칸에는 형용사가 들어갈 수 있습니다. 보기 중 형용사는 E '正好(딱 좋다)'와 F '危险(위험하다)'입니다. '갑자기 속도를 내다니(突然加速)'라는 뒤의 내용을 봤을 때 빈칸에 들어갈 말은 F '危险'이 문맥상 가장 적절합니다. 또한 '正好'는 형용사이지만 정도부사와 함께 쓸 수 없습니다.

主要 zhǔyào 가장 중요하다, 주요하다	一样 yíyàng 같다
正确 zhèngquè 정확하다, 옳다	差不多 chàbuduō 비슷하다
相同 xiāngtóng 똑같다	许多 xǔduō 많은
著名 zhùmíng 유명하다, 저명하다	

✦ 고득점 Tip

加 jiā 더하다 ➡ 加速 jiāsù 가속하다, 속도를 내다 | 加班 jiābān 추가 근무하다, 야근하다 |
加油 jiāyóu 주유하다, 응원하다, 힘내다 | 加车 jiāchē 증차하다

53 ★★★

A: 先生，你还需要(**A 交**)一份签证申请表。 B: 我记得所有材料都写好了啊，放哪儿了呢？	A: 선생님, 아직 비자 신청서를 하나 (A 내야) 합니다. B: 제 기억에 모든 자료를 다 써 둔 것 같은데, 어디 뒀을까요?

签证* qiānzhèng 몡 비자 | 申请表 shēnqǐngbiǎo 몡 신청서 | 所有* suǒyǒu 혱 모든 | 材料* cáiliào 몡 자료

빈칸 뒤의 '一份签证申请表'를 목적어로 쓸 수 있는 동사 '交'가 정답입니다. '交'는 숙제, 서류 등을 '내다' '건네다'라는 뜻입니다.

✦ 고득점 Tip

表格 biǎogé 표, 양식 ➡ 申请表 shēnqǐngbiǎo 신청서 | 课表 kèbiǎo 시간표 | 报表 bàobiǎo 보고서

54 ★★

A: 这次大赛获得了第一名，我真的替你开心啊。 B: 谢谢老师，如果没有老师的(**B 鼓励**)，我早就放弃了。	A: 이번 대회에서 1등을 하다니, 난 정말 너 때문에 기쁘구나. B: 감사합니다, 선생님. 만약에 선생님의 (B 격려)가 없었다면 저는 일찌감치 포기했을 거예요.

大赛 dàsài 몡 대회, 큰 시합 | 获得* huòdé 통 획득하다, 얻다 | 替 tì 개 ~을 대신해서, ~을 위해서 | 早就 zǎojiù 뷔 일찌감치, 진작에

빈칸 앞의 구조조사 '的'는 관형어와 중심어를 연결합니다. '鼓励'는 동사로 '격려하다'라는 뜻이지만 명사로도 쓰일 수 있으므로 가장 적절합니다. '저는 일찌감치 포기했을 거예요(我早就放弃了)'라는 내용으로도 B가 정답임을 확인할 수 있습니다.

55 ★★★

A: 明天就搬家了，现在还没收拾完呢，房间比较乱。 B: 这么快就搬了啊？我明天(**E 正好**)有空，我来帮你吧。	A: 벌써 내일이면 이사를 가는데, 아직도 정리를 다 하지 못했어요. 방이 조금 엉망이네요. B: 이렇게 빨리 이사 가요? 제가 내일 (E 마침) 시간이 있으니 당신을 도와주러 올게요.

收拾* shōushi 통 수습하다, 정리하다 | 乱* luàn 혱 어지럽다, 무질서하다

빈칸 뒤에 '有空(시간이 있다)'이라는 술어가 있기 때문에 빈칸에는 술어를 꾸며 주는 부사어가 필요합니다. '正好'는 '마침'이라는 뜻의 부사로 쓰여 술어를 꾸밀 수 있습니다. '正好'는 '딱 좋다'라는 뜻의 형용사이지만 '마침'이라는 뜻의 부사로도 자주 쓰입니다.

✦**고득점 Tip** | 형용사와 부사로 쓰이는 단어

好 hǎo 형 좋다 부 매우, 아주	快 kuài 형 빠르다 부 빨리
少 shǎo 형 적다 부 조금	真正 zhēnzhèng 형 진정한 부 진실로
乱 luàn 형 어지럽다 부 함부로	最好 zuìhǎo 형 가장 좋다 부 가장 좋기로는

제2부분 56~65번은 3개의 문장을 순서에 맞게 나열하는 문제입니다.

---

56 ★★

A 其实这会让很多顾客感到压力 B 他们更喜欢自己转转 C 去逛商店时，有的售货员有点儿太热情了 → CAB 去逛商店时，有的售货员有点儿太热情了。其实这会让很多顾客感到压力，他们更喜欢自己转转。	A 사실은 이는 많은 고객에게 스트레스를 느끼게 한다 B 그들은 혼자 둘러보는 것을 더 좋아한다 C 가게를 돌아볼 때, 어떤 점원들은 지나치게 친절하다 → CAB 가게를 돌아볼 때, 어떤 점원들은 지나치게 친절하다. 사실 이는 많은 고객에게 스트레스를 느끼게 한다. 그들은 혼자 돌아보는 것을 더 좋아한다.

顾客* gùkè 명 고객, 손님 | 逛* guàng 통 돌아다니다

① C → A '其实'는 문장을 연결하는 역할을 하기 때문에 A는 첫 문장이 될 수 없습니다. 또한 A의 '这'는 C의 '有的售货员有点儿太热情了'를 가리키기 때문에 C와 A가 연결됩니다.

② C → A → B B의 '他们'은 A의 '很多顾客'를 가리키기 때문에 A와 B가 연결됩니다. 따라서 정답은 CAB입니다.

---

57 ★★

A 他们之间偶尔会发生一些小误会 B 由于语言和文化不一样 C 我公司的同事们都来自不同的国家 → CBA 我公司的同事们都来自不同的国家，由于语言和文化不一样，他们之间偶尔会发生一些小误会。	A 그들 사이에 가끔 작은 오해들이 발생한다 B 언어와 문화가 다르기 때문에 C 우리 회사 동료들은 모두 다른 나라에서 왔다 → CBA 우리 회사 동료들은 모두 다른 나라에서 왔다. 언어와 문화가 다르기 때문에, 그들 사이에 가끔 작은 오해들이 발생한다.

之* zhī 조 ~의 [관형어와 중심어를 연결함] | 偶尔* ǒu'ěr 부 이따금, 때때로 | 发生* fāshēng 통 발생하다 | 误会* wùhuì 명 오해 | 由于* yóuyú 접 ~때문에 | 语言* yǔyán 명 언어, 말 | 一样 yíyàng 형 같다 | 同事 tóngshì 명 동료 | 来自* láizì 통 ~에서 오다

① B → A B의 '由于'는 원인을 나타내는 접속사로 주로 '所以'와 함께 쓰입니다. 이 문제의 경우 '所以'가 없지만 '언어와 문화가 다르기 때문에 가끔 작은 오해가 발생한다'라는 해석으로 B와 A를 연결할 수 있습니다.

② C → B → A A의 '他们'은 C의 '我公司的同事们'을 가리키기 때문에 정답은 CBA입니다.

58 ★★

A 到现在还没有好好逛过
B 我搬到这个城市已经三个月了
C 正好今天请了一天假，打算到处走走

→ BAC 我搬到这个城市已经三个月了，到现在还没有好好逛过，正好今天请了一天假，打算到处走走。

A 지금까지 아직 제대로 돌아다녀 보지 못했다
B 나는 이 도시로 이사온 지 벌써 3개월이 됐다
C 마침 오늘 하루 휴가를 냈고 여기저기 다녀 보려고 한다

→ BAC 나는 이 도시로 이사온 지 벌써 3개월이 됐는데 지금까지 아직 제대로 돌아다녀 보지 못했다. 마침 오늘 하루 휴가를 냈고 여기저기 다녀 보려고 한다.

城市 chéngshì 몡 도시 | 到处* dàochù 틘 도처, 곳곳

① B → ? A와 C에는 주어가 없는데 B의 '我'가 공통의 주어입니다. 따라서 B가 첫 문장이 됩니다.
② B → A → C '到现在'가 있는 A는 과거의 상황을, '今天'이 있는 C는 현재의 상황을 나타내기 때문에 시간의 순서대로 BAC가 정답입니다.

59 ★★

A 很快就会解决那些麻烦
B 他总是有一些好办法
C 当所有人都不知道该怎么做的时候

→ CBA 当所有人都不知道该怎么做的时候，他总是有一些好办法，很快就会解决那些麻烦。

A 금세 그 골칫거리들을 해결할 줄 안다
B 그는 늘 좋은 방법들이 있다
C 모두들 어떻게 해야 할지 모를 때

→ CBA 모두들 어떻게 해야 할지 모를 때, 그는 늘 좋은 방법들이 있어서 금세 그 골칫거리들을 해결할 줄 안다.

麻烦* máfan 몡 귀찮음, 골칫거리 | 办法 bànfǎ 몡 방법 | 当……的时候 dāng …… de shíhou ~할 때

① B → A A에는 주어가 없는데 B의 '他'가 공통의 주어이기 때문에 B와 A가 연결됩니다.
② C → B → A C의 '当……的时候' 형식은 시간의 종속절로서 반드시 주절 앞에 써야 합니다. C가 첫 문장이 되어 정답은 CBA입니다.

60 ★★

A 即使到春节回老家过年
B 也只是偶尔出来聚一下
C 小学毕业以后，我们很少见面了

→ CAB 小学毕业以后，我们很少见面了，即使到春节回老家过年，也只是偶尔出来聚一下。

A 설령 춘절이 되어서 고향에 돌아가 지내도
B 그저 어쩌다 나와서 모일 뿐이다
C 초등학교 졸업 이후로 우리는 거의 못 만났다

→ CAB 초등학교 졸업 이후로 우리는 거의 못 만났다. 설령 춘절이 되어서 고향에 돌아가 지내도 그저 어쩌다 나와서 모일 뿐이다.

春节 Chūnjié 고유 춘절 [중국의 음력 설] | 老家 lǎojiā 몡 고향 | 过年 guònián 통 설을 쇠다 | 只是 zhǐshì 틘 다만 | 聚 jù 통 모이다 | 见面 jiànmiàn 통 만나다

① A → B '即使'는 '也' '都' '还' 등과 함께 쓰여 '설령 ~하더라도 ~하다'라는 뜻을 나타냅니다. 따라서 A와 B가 연결됩니다.
② C → A → B A와 B에는 주어가 없는데 C의 '我们'이 공통의 주어입니다. 따라서 정답은 CAB입니다.

61 ★★

A 然而一定要及时放回原来的地方
B 这里的书只能在这儿看，你要是有需要
C 可以拿到旁边的复印店复印

→ BCA 这里的书只能在这儿看，你要是有需要，可以拿到旁边的复印店复印，然而一定要及时放回原来的地方。

A 그러나 반드시 제때에 원래 자리로 돌려놓아야 한다
B 이곳의 책은 여기서만 볼 수 있는데, 만약 당신이 필요하다면
C 옆의 복사집에 가져가서 복사해도 된다

→ BCA 이곳의 책은 여기서만 볼 수 있는데, 만약 당신이 필요하다면 옆의 복사집에 가져가서 복사해도 된다. 그러나 반드시 제때에 원래 자리로 돌려놓아야 한다.

然而* rán'ér 찝 그러나 │ 及时* jíshí 틧 제때에, 즉시 │ 原来* yuánlái 혱 원래의 │ 要是* yàoshi 찝 만약 ～라면 │ 复印* fùyìn 동 복사하다

① B → ? A와 C에는 주어가 없고, 또한 A에 접속사 '然而'이 있기 때문에 첫 문장이 될 수 없습니다. 따라서 B가 첫 문장이 됩니다.

② B → C → A B에는 '要是……，那么就……(만약에 ～하면, ～하다)' 형식의 '要是'가 있기 때문에 A의 접속사 '然而'과는 연결될 수 없습니다. C에 '那么就'는 없지만 의미상 B와 C가 연결되고, 남은 A가 마지막에 연결되어 BCA가 정답입니다.

62 ★★★

A 对于这条法律究竟是否合适
B 是否应该继续保留着
C 不同的人有不同的看法

→ ABC 对于这条法律究竟是否合适、是否应该继续保留着，不同的人有不同的看法。

A 이 법률이 도대체 적합한지 아닌지에 대해서
B 계속 남겨져야 할지 아닌지
C 다른 사람들마다 다른 견해를 가지고 있다

→ ABC 이 법률이 도대체 적합한지 아닌지, 계속 남겨져야 할지 아닌지에 대해서, 다른 사람들마다 다른 견해를 가지고 있다.

对于* duìyú 개 ～에 대해서 │ 法律* fǎlǜ 혱 법률 │ 究竟* jiūjìng 틧 도대체 │ 是否* shìfǒu 틧 ～인지 아닌지 │ 继续* jìxù 동 계속하다 │ 保留 bǎoliú 동 보존하다, 남겨 두다 │ 看法* kànfǎ 혱 견해, 의견

① A → B B는 주어가 없는데, A의 '这条法律'가 공통의 주어이기 때문에 A와 B가 연결됩니다.

② A → B → C A에 개사 '对于'가 있기 때문에 A와 B가 C의 종속절로 쓰여야 합니다. 따라서 ABC가 정답입니다.

63 ★★★

A 完全不像一个刚毕业的大学生
B 让我们吃惊的是
C 新来的那个小伙子遇到问题时很冷静

→ BCA 让我们吃惊的是，新来的那个小伙子遇到问题时很冷静，完全不像一个刚毕业的大学生。

A 전혀 막 졸업한 대학생 같지 않다
B 우리를 놀라게 한 점은 ～이다
C 새로 온 그 젊은이는 문제에 직면했을 때 침착하다

→ BCA 우리를 놀라게 한 점은 새로 온 그 젊은이는 문제에 직면했을 때 침착해서 전혀 막 졸업한 대학생 같지 않다는 것이다.

小伙子* xiǎohuǒzǐ 혱 젊은이, 청년 │ 遇到 yùdào 동 만나다 │ 冷静* lěngjìng 혱 냉정하다, 침착하다

① C → A A는 주어가 없는데 C의 '新来的那个小伙子'가 공통의 주어입니다.

② B → C → A B의 술어 '是' 뒤에 목적어가 필요합니다. '是'의 목적어로는 구나 절이 올 수 있는데, CA 전체가 '是'의 목적어가 되어, BCA가 정답입니다.

64 ★★

A 大家一块儿在客厅看足球	A 모두들 함께 거실에서 축구를 본다
B 最近他经常邀请朋友们来自己家	B 요즘 그는 자주 친구들을 자기 집에 초대한다
C 一边看一边喝啤酒，十分热闹	C 보면서 맥주를 마시는데 아주 왁자지껄하다
→ BAC 最近他经常邀请朋友们来自己家，大家一块儿在客厅看足球，一边看一边喝啤酒，十分热闹。	→ BAC 요즘 그는 자주 친구들을 자기 집에 초대해서 모두들 함께 거실에서 축구를 본다. 보면서 맥주를 마시는데 아주 왁자지껄하다.

客厅* kètīng 몡 거실, 응접실 | 邀请* yāoqǐng 툉 초청하다 | 一边A一边B yìbiān A yìbiān B A하면서 B하다 | 啤酒 píjiǔ 몡 맥주 |
十分* shífēn 뿐 아주 | 热闹* rènao 혱 번화하다, 시끌벅적하다

① A → C C는 주어가 필요한데 A의 '大家'가 C의 주어가 됩니다.

② B → A → C 시간의 순서상 B는 AC의 앞에 놓여야 합니다. 정답은 BAC입니다.

65 ★★

A 由孔子的学生们整理而成	A 공자의 학생들이 정리해서 완성했다
B 《论语》主要内容是孔子和他学生的对话	B 『논어』의 주요 내용은 공자와 그의 학생의 대화이다
C 现在它已成为研究孔子的重要材料	C 지금 이 책은 이미 공자를 연구하는 중요한 자료가 되었다
→ BAC 《论语》主要内容是孔子和他学生的对话，由孔子的学生们整理而成，现在它已成为研究孔子的重要材料。	→ BAC 『논어』의 주요 내용은 공자와 그의 학생의 대화이며, 공자의 학생들이 정리해서 완성했다. 지금 이 책은 이미 공자를 연구하는 중요한 자료가 되었다.

由* yóu 깨 ~에 의해 [행위의 주체를 나타냄] | 而* ér 젭 그러나, 그리고, 그래서 | 主要 zhǔyào 혱 주요하다 | 成为* chéngwéi 툉
~이 되다 | 研究* yánjiū 툉 연구하다

① B → A A는 주어가 필요한데 B의 '《论语》'가 A의 주어가 됩니다.

② B → A → C C의 '它'는 B의 '《论语》'를 가리키므로 C가 BA 뒤에 오는 것이 적절합니다. 또한 BA는 과거이고, C는 현재이므로 시간의 순서상 BAC가 정답입니다.

66 ★★

喂，妈，我现在刚打完篮球，正在回家的路上。我实在太饿了，能给我做点饺子吗？要是不行，我就买包子回家。

★ 说话人现在怎么了？

A 非常饿 B 想打篮球
C 不想回家 D 肚子不舒服

여보세요? 엄마, 저는 지금 막 농구를 마쳤고 집에 가는 길이에요. 정말 너무 배고픈데 쟈오즈 좀 만들어 주실래요? 만약 안 된다면 빠오즈를 사서 집에 갈게요.

★ 화자는 지금 어떠한가?

A 매우 배고프다 B 농구를 하고 싶다
C 집에 가기 싫다 D 배가 아프다

饿 è 휑 배고프다 | 饺子* jiǎozǐ 쟈오즈, 교자만두 | 包子* bāozi 빠오즈, 왕만두 | 肚子* dùzi 몡 배

'정말 너무 배고프다(我实在太饿了)'를 보고 A가 정답임을 알 수 있습니다. '实在'는 '정말로' '진짜'라는 뜻으로 정도를 강조합니다.

67 ★★

他们结婚已经10年了，虽然生活中有风风雨雨，但他们总是能相互鼓励度过困难。除了这些，平时的小浪漫，让他们的感情更深。

★ 他们：

A 很无聊 B 没有浪漫
C 感情很好 D 没有烦恼

그들은 결혼한 지 벌써 10년이 되었다. 비록 살면서 우여곡절이 있었지만 그러나 그들은 늘 서로를 격려하면서 어려움을 넘었다. 그 외에도 평소의 작은 낭만이 그들의 감정을 더 깊어지게 했다.

★ 그들은：

A 재미없다 B 낭만이 없다
C 감정이 좋다 D 걱정이 없다

生活* shēnghuó 통 살다, 생활하다 | 虽然A，但是B suīrán A, dànshì B 비록 A할지라도 B하다 | 风风雨雨 fēngfēngyǔyǔ 몡 우여곡절, 간난신고 | 相互 xiānghù 몡 서로 | 鼓励* gǔlì 통 격려하다 | 度过 dùguò 통 시간을 지나다 | 困难* kùnnan 몡 곤란, 어려움 | 平时* píngshí 몡 평소 | 浪漫 làngmàn 휑 낭만적이다, 로맨틱하다 | 感情* gǎnqíng 몡 감정 | 烦恼* fánnǎo 몡 걱정, 고민

'평소의 작은 낭만이 그들의 감정을 더 깊어지게 했다(平时的小浪漫，让他们的感情更深)'는 내용으로 C가 정답임을 알 수 있습니다. '感情'은 주로 남녀 간의 감정, 즉 사랑을 가리킵니다. '살면서 우여곡절이 있었다(生活中有风风雨雨)'고 했으므로 D는 정답이 아닙니다.

68 ★★

为了翻译好这个材料，我看了很多有关材料，每天加班到很晚才回家，付出了很多努力。

★ "我"付出努力干什么？

A 解释原因 B 及时回家
C 整理材料 D 翻译文章

이 자료를 다 번역하기 위해서, 나는 많은 관련 자료를 보고 매일 늦게까지 야근하고 나서야 집에 가면서 많은 노력을 했다.

★ '나'는 무엇을 하려고 노력했는가?

A 원인을 설명하려고 B 제때 집에 가려고
C 자료를 정리하려고 D 글을 번역하려고

翻译* fānyì 통 번역하다 | 有关 yǒuguān 통 관련되다 | 晚 wǎn 형 늦다 | 解释* jiěshì 통 설명하다, 해명하다 | 文章* wénzhāng 명 글, 문장

목적을 나타내는 개사 '为了'를 보고 정답을 알 수 있습니다. 즉, '이 자료를 다 번역하기 위해서(为了翻译好这个材料)'라는 내용으로 볼 때 정답은 D입니다. '매일 늦게까지 야근하고 나서야 집에 갔다(每天加班到很晚才回家)'고 했으므로 B는 정답이 아닙니다. C '整理材料'는 '자료를 정리하다'로 행위가 다르기 때문에 정답이 아닙니다.

69 ★★

李总经理年轻时十分喜欢旅游，去过很多国家。不管到哪里，她都会带着几本书。她说，它里面也有完全不同的一个世界，旅行中休息的时候看看，也有另外一番趣味。

★ 李总经理旅行时：

A 爱照相
B 经常迷路
C 有空爱看书
D 喜欢回忆过去

리 사장은 젊은 시절 여행을 매우 좋아했고 많은 나라를 가 봤다. 어디를 가든 그녀는 책을 몇 권 가지고 간다. 그녀는 그 속에도 완전히 다른 세계가 있고, 여행 중에 쉴 때 좀 보면 또 다른 재미가 있다고 말했다.

★ 리 사장은 여행할 때:

A 사진 찍는 것을 좋아한다
B 자주 길을 잃는다
C 시간이 있으면 책을 즐겨 읽는다
D 과거를 추억하는 것을 좋아한다

总经理 zǒngjīnglǐ 사장 | 年轻 niánqīng 형 젊다 | 不管* bùguǎn 접 ~에 관계없이, ~든지 간에 | 世界 shìjiè 명 세계 | 趣味 qùwèi 명 흥미 | 照相 zhàoxiàng 통 사진을 찍다 | 迷路* mílù 통 길을 잃다 | 回忆* huíyì 추억하다 | 过去 guòqù 과거

'어디를 가든 그녀는 책을 몇 권 가지고 가고(不管到哪里，她都会带着几本书)' '여행 중에 쉴 때 좀 본다(旅行中休息的时候看看)'고 했으므로 정답은 C입니다. 4급 단어 '空'은 '빈칸' '공간'이라는 뜻 외에 '틈' '여유 시간'이라는 뜻도 있습니다.

70 ★★★

李阳，快过来帮一下忙，和我一起抬这个沙发。我不小心掉了办公室的钥匙，掉到沙发底下了。

★ 说话人希望李阳帮他：

A 找钥匙　　　　B 买沙发
C 回办公室　　　D 打扫卫生

리양, 빨리 와서 좀 도와줘. 나랑 같이 이 소파를 좀 들자. 내가 실수로 사무실 열쇠를 떨어뜨렸는데 소파 밑으로 들어갔어.

★ 화자는 리양이 무엇을 도와주기를 바라는가?

A 열쇠 찾기를　　　　B 소파 사기를
C 사무실에 돌아가기를　D 청소하기를

过来 guòlái 통 오다 | 小心 xiǎoxīn 형 조심스럽다 | 底下 dǐxia 명 아래 | 打扫 dǎsǎo 통 청소하다 | 卫生 wèishēng 명 위생

화자는 리양이 소파를 같이 들어 줘서 소파 밑에 들어간 열쇠를 찾기를 바랍니다. 따라서 정답은 A입니다. '沙发(소파)' '办公室(사무실)' 등의 단어가 눈에 띄지만 함정입니다.

71

他爷爷是中学老师，他从小就跟着爷爷学数学。在爷爷仔细的教授下，他坚持学习，十年如一日，最终被招聘到一所大学当教授了。

★ 关于他，可以知道：

A 很诚实　　　　B 要求很低

C 受父母的影响　D 数学知识很丰富

그의 할아버지는 중고등학교 수학 선생님이다. 그는 어릴 때부터 할아버지에게서 수학을 배웠다. 할아버지의 꼼꼼한 가르침 아래에서 그는 10년을 하루같이 꾸준히 공부했고, 마침내 한 대학에 교수로 초빙되었다.

★ 그에 관하여 알 수 있는 것은:

A 정직하다　　　　　B 바라는 게 적다

C 부모의 영향을 받았다　D 수학 지식이 풍부하다

跟A学B gēn A xué B A를 따라 B를 배우다 | 数学 shùxué 명 수학 | 仔细* zǐxì 형 자세하다 | 十年如一日 shí nián rú yī rì 10년을 하루같이 하다 | 最终 zuìzhōng 명 맨 마지막 | 招聘* zhāopìn 동 모집하다, 초빙하다 | 当* dāng 동 ~이 되다 | 诚实* chéngshí 형 진실되다, 성실하다 | 要求 yāoqiú 명 요구 | 丰富* fēngfù 형 풍부하다

'어릴 때부터 할아버지에게서 수학을 배웠고(他从小就跟着爷爷学数学)', '마침내 한 대학에 교수로 초빙되었다(最终被招聘到一所大学当教授了)'는 내용으로 보아 정답은 D입니다. '诚实'는 '일, 공부 등에 성실하다'가 아니라 '사람에게 성실하다, 정직하다'라는 뜻이기 때문에 A는 정답이 아닙니다. 그가 영향을 받은 사람은 부모가 아니라 수학 선생님인 할아버지이므로 C도 정답이 아닙니다.

有一种植物非常奇怪，它可以自己"搬家"。如果它"住"的地方很长时间不下雨，那么它就会离开，随风到水丰富的地方。它之所以能够这样，是因为缺水让它的身体自动收缩起来。

★ 关于那种植物，可以知道：

A 会唱歌

B 会污染环境

C 不喜欢阴雨天

D 会搬到有水的地方

매우 이상한 식물이 하나 있다. 이 식물은 스스로 '이사'를 할 수 있다. 만약에 자기가 '거주'하는 곳에 오랫동안 비가 내리지 않으면 떠난다. 바람을 따라 물이 풍부한 곳으로 간다. 이 식물이 이렇게 할 수 있는 것은 물 부족이 그 몸을 저절로 수축시키기 때문이다.

★ 이 식물에 관하여 알 수 있는 것은:

A 노래를 할 수 있다

B 환경을 오염시킬 수 있다

C 흐리고 비 오는 날씨를 싫어한다

D 물이 있는 곳으로 옮길 수 있다

奇怪 qíguài 형 이상하다 | 随 suí 동 따르다, 따라가다 | 能够 nénggòu 조동 ~할 수 있다 | 缺水 quēshuǐ 명 물 부족 | 自动 zìdòng 부 자동으로 | 收缩 shōusuō 동 수축하다 | 起来 qǐlái 동 ~해 보다 | 污染* wūrǎn 동 오염하다 | 环境 huánjìng 명 환경

이 식물은 '거주하는 곳에 오랫동안 비가 내리지 않으면 그곳을 떠나 바람을 따라 물이 풍부한 곳으로 간다(如果它"住"的地方很长时间不下雨，那么它就会离开，随风到水丰富的地方)'고 했으므로 정답은 D입니다. 비가 안 오면 이사를 간다고 했으므로 C는 정답이 아닙니다.

父母一般都希望自己的孩子热爱读书。要想让孩子成为这样的人，父母首先要从自我做起。要是连自己都不喜欢看书，在家里只看着电视，孩子又怎么认真读书呢？

★ 想要让孩子看书，父母应该：
　A 多看电视
　B 多陪孩子
　C 不要管孩子
　D 从自己做起

부모는 일반적으로 다들 자신의 아이가 독서를 좋아하기를 바란다. 아이가 이런 사람이 되길 바란다면, 부모가 먼저 자신부터 행동해야 한다. 만약에 자신조차도 책 읽기를 싫어하고 집에서 TV만 본다면 아이가 어떻게 열심히 책을 읽겠는가?

★ 아이가 독서를 하게 하려면 부모는 반드시:
　A TV를 많이 본다
　B 아이 곁에 많이 있는다
　C 아이에게 간섭하지 않는다
　D 자신부터 행동한다

一般 yìbān 뷔 일반적으로 | 热爱 rè'ài 통 열렬히 사랑하다 | 首先* shǒuxiān 뷔 먼저, 우선 | 自我 zìwǒ 몡 자아, 자기 자신 | 连* lián 개 ~조차도, ~마저도 | 管 guǎn 통 관리하다, 간섭하다

'부모는 먼저 자기부터 행동해야 한다(父母首先要从自我做起)'는 것을 보고 정답이 D임을 알 수 있습니다. '从自我做起'는 '본보기를 보이다'로 의역할 수도 있습니다.

"有声图书"是一种新鲜的读书方式，读者可以利用休息时间，通过手机应用来听自己感兴趣的书。这样读者不仅能节约时间，还能得到新的知识。

★ 关于"有声图书"，正确的是：
　A 很普遍　　　　B 用手机看
　C 节约时间　　　D 本来就有

'오디오 북'은 새로운 독서 방식으로, 독자가 쉬는 시간을 이용해서 휴대폰 앱을 통해 자신이 흥미 있는 책을 들을 수 있다. 이렇게 하면 독자는 시간을 절약할 수 있을 뿐 아니라 새로운 지식도 얻을 수 있다.

★ '오디오 북'에 관하여 올바른 것은:
　A 보편적이다　　　　B 휴대폰으로 읽는다
　C 시간을 절약한다　　D 원래부터 있었다

图书 túshū 몡 도서 | 新鲜 xīnxiān 혱 신선하다 | 方式 fāngshì 몡 방식, 방법 | 读者 dúzhě 몡 독자 | 利用 lìyòng 통 이용하다 | 通过* tōngguò 개 ~을 통해 | 应用 yīngyòng 몡 앱, 애플리케이션 | 感兴趣 gǎn xìngqù 관심이 있다, 흥미가 있다 | 不仅* bùjǐn 젭 ~뿐만 아니라 | 节约* jiéyuē 통 절약하다 | 得到 dédào 통 얻다, 되다 | 普遍* pǔbiàn 혱 보편적이다 | 本来* běnlái 뷔 원래, 본래

오디오 북을 이용하면 '시간을 절약할 수 있을 뿐 아니라 새로운 지식도 얻을 수 있다(不仅能节约时间，还能得到新的知识)'고 했으므로 정답은 C입니다. 오디오 북은 읽는 것이 아니라 '휴대폰 앱을 통해 듣는 것(通过手机应用来听)'이기 때문에 B는 정답이 아닙니다. 또한 '새로운 독서 방식(一种新鲜的读书方式)'이기 때문에 D도 정답이 아닙니다.

想要打好网球，关键是速度和力气，用力把球打到对方那儿很重要，然而更重要的是快速跑到正确的位置，接到对方打来的球。

★ 打网球的时候，要：

A 省力气

B 动作快

C 动作好看

D 多同情对方

테니스를 잘 치고 싶다면, 관건은 속도와 힘이다. 힘껏 공을 상대방 쪽으로 치는 것이 중요하다. 그러나 더 중요한 것은 빠른 속도로 올바른 위치로 달려가 상대방이 친 공을 받아 내는 것이다.

★ 테니스를 칠 때는:

A 힘을 아껴야 한다

B 동작이 빨라야 한다

C 동작이 멋져야 한다

D 상대방을 많이 동정해야 한다

网球* wǎngqiú 몡 테니스 | 速度* sùdù 몡 속도 | 力气* lìqi 몡 힘 | 对方那儿 duìfāng nàr 상대방 쪽, 상대방이 있는 곳 | 快速 kuàisù 몡 빠른 속도, 쾌속 | 位置 wèizhì 몡 위치 | 省* shěng 동 아끼다, 절약하다 | 动作* dòngzuò 동 동작 | 好看 hǎokàn 혱 예쁘다, 보기 좋다 | 同情* tóngqíng 동 동정하다

테니스를 칠 때의 '관건으로 속도와 힘(关键是速度和力气)'을 제시하고 있습니다. 둘 중 더 중요한 것은 '빠른 속도(快速)'라고 언급했으므로 정답은 B입니다. 한편 '힘껏 공을 상대방 쪽으로 치는 것이 중요하다(用力把球打到对方那儿很重要)'고 했으므로 A는 정답이 아닙니다.

"拿望远镜看别人，拿放大镜看自己"的意思是，我们要发现别人的优点，也要发现自己的缺点。这样我们才能受到人们的欢迎。另外，这样的人才能在工作上获得成功。

★ 怎样才能受到欢迎？

A 了解自己　　　B 工作成功

C 语言幽默　　　D 发现机会

'망원경을 들고 남을 보고, 돋보기를 들고 자신을 보라'는 남의 장점을 발견해야 하고 자신의 결점도 발견해야 한다는 뜻이다. 이렇게 해야 우리는 비로소 사람들에게 환영받을 수 있다. 또한 이런 사람만이 일에서 성공을 거둘 수 있다.

★ 어떻게 해야 환영받을 수 있는가?

A 자신을 알아야　　　B 일이 성공해야

C 말이 재미있어야　　　D 기회를 발견해야

望远镜 wàngyuǎnjìng 몡 망원경 | 别人 biérén 몡 남, 타인 | 放大镜 fàngdàjìng 몡 돋보기, 확대경 | 优点* yōudiǎn 몡 장점 | 缺点* quēdiǎn 몡 단점 | 了解 liǎojiě 동 알다, 이해하다 | 机会 jīhuì 몡 기회

'남의 장점을 발견해야 하고, 자신의 결점도 발견해야 한다(我们要发现别人的优点，也要发现自己的缺点)'는 내용을 통해 정답이 A임을 알 수 있습니다. B는 남의 장점과 자신의 결점을 발견한 사람이 얻을 수 있는 또 다른 결과이므로 정답이 아닙니다.

有的人总是接受朋友的要求，以为拒绝会给友谊带来消极的影响。但实际上，即使你拒绝了，真正的朋友会理解你的，而且这样才不会让自己太累。

★ 有的人总接受朋友的请求，原因是：

A 理解朋友
B 朋友太累
C 怕影响友情
D 不愿意后悔

어떤 사람은 늘 친구의 요구를 들어주면서, 거절하면 우정에 부정적인 영향을 줄 것이라고 생각한다. 그러나 실제로는 설사 당신이 거절하더라도 진정한 친구는 당신을 이해해 줄 것이다. 그리고 이렇게 해야만 자신이 너무 피곤해지지 않는다.

★ 어떤 사람이 늘 친구의 부탁을 들어주는 이유는：

A 친구를 이해해서
B 친구가 너무 피곤해서
C 우정에 영향을 줄까 봐 걱정돼서
D 후회하고 싶지 않아서

接受* jiēshòu 동 받아들이다, 수락하다 ┃ 拒绝* jùjué 동 거절하다 ┃ 友谊* yǒuyì 명 우정 ┃ 消极 xiāojí 형 소극적이다, 부정적이다 ┃ 实际上 shíjìshang 부 실제로 ┃ 真正* zhēnzhèng 진정한 ┃ 理解* lǐjiě 동 이해하다 ┃ 总 zǒng 총, 줄곧, 결국 ┃ 请求 qǐngqiú 명 부탁, 요구 ┃ 怕 pà 동 무서워하다, 걱정하다 ┃ 后悔* hòuhuǐ 동 후회하다

'거절하면 우정에 부정적인 영향을 줄 것이라고 생각(以为拒绝会给友谊带来消极的影响)'해서 늘 친구의 요구를 들어준다고 했으므로 정답은 C입니다. 4급 단어 '消极'는 '소극적이다'라는 뜻과 '부정적이다'라는 뜻이 있습니다.

当你给别人提意见的时候，一定要注意方法。如果你的方法不好，比如态度不好，或者说话难听等等，那么即使你的意见再正确，别人也很难接受。

★ 提意见时，要注意什么？

A 不能太直接
B 方法很重要
C 内容要正确
D 信息要详细

당신이 남에게 의견을 제시할 때, 반드시 방법에 주의해야 한다. 만약 당신의 방법이 좋지 않으면, 예를 들어 태도가 나쁘거나 말을 듣기 싫게 하는 등의 경우라면, 설사 당신의 의견이 아무리 옳아도 다른 사람이 받아들이기 어려울 것이다.

★ 의견을 제시할 때 무엇을 주의해야 하는가？

A 너무 직설적이면 안 된다
B 방법이 중요하다
C 내용이 정확해야 한다
D 정보가 자세해야 한다

提* tí 동 제시하다 ┃ 意见* yìjiàn 명 의견 ┃ 注意 zhùyì 동 주의하다 ┃ 方法* fāngfǎ 명 방법 ┃ 比如* bǐrú 동 예를 들다 ┃ 态度* tàidù 명 태도 ┃ 或者 huòzhě 접 혹은 ┃ 难听 nántīng 형 듣기 싫다 ┃ 等* děng 조 등, 따위 ┃ 直接* zhíjiē 형 직접적이다 ┃ 信息* xìnxī 명 정보 ┃ 详细* xiángxì 형 상세하다, 자세하다

의견을 제시할 때 '반드시 방법에 주의해야 한다(一定要注意方法)'고 언급했으므로 정답은 B입니다. 방법이 좋지 않으면 '의견이 아무리 옳아도 다른 사람이 받아들이지 않을 것(那么即使你的意见再正确，别人也很难接受)'이라고 했으므로 C는 정답이 아닙니다.

现在很流行用手机送礼物。如果直接送礼物，要去商场买礼物，还要自己去送或者寄过去，实在太麻烦了。而用手机送，发一个短信就可以了。

오늘날에는 휴대폰으로 선물을 보내는 것이 유행이다. 만약에 직접 선물을 주려면 쇼핑몰에 가서 선물을 사고, 또 직접 가서 주거나 택배를 부쳐야 하니 정말 너무 귀찮다. 반면에 휴대폰으로 보내면 문자 메시지 하나만 보내면 된다.

★ 跟直接买礼物送比起来，用手机送礼物：

A 更省钱　　　　　B 更方便

C 更有意义　　　　D 不太受欢迎

★ 직접 선물을 사서 보내는 것에 비해, 휴대폰으로 선물을 보내는 것은:

A 돈이 덜 든다　　　B 더 편리하다

C 더 의미가 있다　　D 별로 인기가 없다

流行* liúxíng 图 유행하다 | 送 sòng 图 주다, 선물하다 | 礼物 lǐwù 图 선물 | 直接* zhíjiē 閂 바로, 직접 | 寄* jì 图 보내다, 부치다 | 麻烦* máfan 圈 귀찮다, 번거롭다 | 跟……比起来 gēn …… bǐqǐlái ~에 비해서

직접 선물을 사서 보내는 것은 '정말 너무 귀찮지만(实在太麻烦了)' '휴대폰으로 보내면 문자 메시지 하나만 보내면 됩니다(用手机送，发一个短信就可以了)'. 따라서 휴대폰으로 선물을 보내는 것은 귀찮지 않고 편리하다는 것을 알 수 있습니다. 정답은 B입니다. '오늘날에는 휴대폰으로 선물을 보내는 것이 유행(现在很流行用手机送礼物)'이므로 D는 정답이 아닙니다.

以前有一个在广告公司工作的年轻人，他发现给别人发广告纸时，人们很少认真看，而且很多人都会直接丢掉地上。为了解决这个问题，80他想到与邮局合作，把广告印在信封上，这样做，收信的时候，每个人都会看到手中的广告。81一个月后，来他公司做广告的人多了一倍。

예전에 광고 회사에서 일하는 한 젊은이가 있었다. 그는 다른 사람들에게 광고 전단지를 나눠 줄 때, 사람들이 진지하게 보는 경우가 드물고, 또 많은 사람들이 바로 바닥에 버리는 것을 발견했다. 이 문제를 해결하기 위해 80그는 우체국과 협력해서 광고를 편지 봉투에 인쇄하는 방법을 생각해 냈다. 이렇게 하면 편지를 받을 때 사람들이 모두 수중의 광고를 보게 될 것이었다. 81한 달 후에 그의 회사에 광고를 하러 오는 사람은 배로 늘었다.

以前 yǐqián 图 예전 | 广告纸 guǎnggàozhǐ 图 광고 전단지 | 丢掉 diūdiào 图 버리다 | 邮局* yóujú 图 우체국 | 合作 hézuò 图 협력하다 | 印 yìn 图 인쇄하다 | 信封* xìnfēng 图 편지 봉투 | 信 xìn 图 편지 | 倍* bèi 坳 배, 곱절

✦**고득점 Tip**

印 yìn 인쇄하다 ➡ 打印* dǎyìn 출력하다, 인쇄하다 | 复印* fùyìn 복사하다 | 印象* yìnxiàng 인상

★ 后来，年轻人把广告印在哪儿?

A 书皮上　　　　　B 信封上

C 广告纸上　　　　D 邮局的门上

★ 나중에 젊은이는 광고를 어디에 인쇄했는가?

A 책 표지에　　　　B 편지 봉투에

C 광고 전단지에　　D 우체국 문에

书皮 shūpí 图 책 표지

젊은이는 원래 광고를 광고 전단지에 인쇄했다가 사람들이 잘 보지 않고 버리자 이 문제를 해결하기 위해 '광고를 편지 봉투에 인쇄(把广告印在信封上)'했습니다. 따라서 정답은 B입니다. 광고 전단지는 이전의 방법이므로 C는 정답이 아닙니다.

81 ★★

★ 最后他的公司怎么了？	★ 결국 그의 회사는 어떻게 되었는가?
A 生意更好	A 사업이 더 잘됐다
B 输了很多钱	B 많은 돈을 잃었다
C 得到了表扬	C 칭찬을 받았다
D 开始做广告	D 광고를 하기 시작했다

最后 zuìhòu 명 최후, 마지막 │ 表扬* biǎoyáng 통 칭찬하다

'한 달 후에 그의 회사에 광고를 하러 오는 사람이 배로 늘었다(一个月后，来他公司做广告的人多了一倍)'고 했으므로 정답은 A입니다.

82-83

　　现在全世界大约有20个国家，拥有高速铁路或正在修高铁。高铁的速度一般在每小时250公里或更快，82其发展情况往往可以代表一个国家的经济发展的水平。83高铁的优点有很多，除了速度很高以外，还安全方便。但缺点是票价高，甚至有的时候比机票还贵。

　　오늘날 전 세계에 대략 20개 국가가 고속 철도를 가지고 있거나 혹은 건설 중이다. 고속 철도의 속도는 일반적으로 시속 250km이거나 이보다 빠르다. 82그 발전 상황은 종종 한 나라의 경제 발전 수준을 대표한다. 83고속 철도의 장점은 많은데, 속도가 빠를 뿐 아니라 안전하고 편리하다. 그러나 단점은 표값이 비싸다는 것인데, 심지어 어떤 때는 항공권보다 비싸다.

全世界 quán shìjiè 전 세계 │ 大约* dàyuē 대략 │ 拥有 yōngyǒu 통 가지고 있다 │ 高速铁路 gāosù tiělù 명 고속 철도 [=高铁] │ 或 huò 접 혹은 │ 修 xiū 건설하다 │ 公里* gōnglǐ 킬로미터(km) │ 其 qí 데 그 │ 发展* fāzhǎn 발전하다 │ 代表 dàibiǎo 통 대표하다 │ 经济* jīngjì 경제 │ 水平 shuǐpíng 수준 │ 安全 ānquán 형 안전하다 │ 票价 piàojià 표값 │ 甚至* shènzhì 접 심지어 │ 机票 jīpiào 명 항공권 │ 贵 guì 형 비싸다

82 ★★★

★ 通过高铁，可以判断那个国家的：		★ 고속 철도를 통해서 그 나라의 무엇을 판단할 수 있는가?	
A 火车数量	B 科学技术	A 기차 수량	B 과학 기술
C 教育情况	D 经济能力	C 교육 상황	D 경제 능력

判断* pànduàn 통 판단하다 │ 科学* kēxué 명 과학 │ 技术* jìshù 명 기술 │ 教育* jiàoyù 명 교육

'그 발전 상황은 종종 한 나라의 경제 발전 수준을 대표한다(其发展情况往往可以代表一个国家的经济发展的水平)'는 것에서 '그 발전 상황'은 앞에 언급된 '고속 철도의 발전 상황'을 가리킵니다. 따라서 정답은 D입니다.

★ 高铁有什么优点?	★ 고속 철도에는 어떤 장점이 있는가?
A 收费便宜	A 비용이 저렴하다
B 车快且方便	B 차가 빠르고 편리하다
C 不污染环境	C 환경을 오염시키지 않는다
D 座位非常舒服	D 자리가 매우 편안하다

收费 shōu fèi 비용을 받다 | 座位* zuòwèi 명 자리, 좌석

고속 철도의 장점으로, '속도가 빠르고 안전하고 편리하다(除了速度很高以外，还安全方便)'는 것이 제시되었습니다. 따라서 정답은 B입니다. 반면 고속 철도의 단점으로 비싼 가격을 꼽았으므로 A는 정답이 아닙니다.

成功是什么? 有人说，赚很多钱就是一种成功。也有人说，有一个幸福的家庭才是最大的成功。还有人说，上学的时候，获得好成绩是一种成功；84工作后，认真负责的事情得到了肯定就是成功。不管你认为成功是什么，85只要你感到了幸福与满足，这就是属于你自己的成功。

성공은 무엇인가? 어떤 이는 많은 돈을 버는 것이 바로 성공이라고 한다. 또 어떤 이는 행복한 가정이 있는 것이야말로 가장 큰 성공이라고 한다. 또 다른 이는 학교 다닐 때는 좋은 성적을 얻는 것이 하나의 성공이고 84일을 하게 된 후에는 열심히 책임을 다한 일이 긍정적인 평가를 얻는 것이 성공이라고 한다. 당신이 성공을 무엇이라고 생각하든지 85당신이 행복과 만족을 느낄 수만 있다면 그것이 바로 당신의 성공이다.

赚* zhuàn 동 (돈을) 벌다 | 幸福* xìngfú 형 행복하다 명 행복 | 家庭 jiātíng 명 가정 | 肯定* kěndìng 동 긍정하다, 인정하다 | 与* yǔ 접 ~과 | 满足 mǎnzú 명 만족 | 属于 shǔyú 동 속하다

★ 有人觉得，工作后的成功是:	★ 어떤 이가 생각하기에 일을 하게 된 후의 성공은:
A 赚很多钱	A 많은 돈을 버는 것이다
B 积累经验	B 경험을 쌓는 것이다
C 获得肯定	C 긍정적인 평가를 얻는 것이다
D 开自己的公司	D 자기 회사를 차리는 것이다

积累* jīlěi 동 쌓다, 쌓이다 | 经验* jīngyàn 명 경험, 경력

어떤 사람은 학교 다닐 때는 좋은 성적을 얻는 것이 하나의 성공이고, 일을 하게 된 후에는 '열심히 책임을 다한 일이 긍정적인 평가를 얻는 것이 성공(认真负责的事情得到了肯定就是成功)'이라고 합니다. 따라서 정답은 C입니다. '肯定'은 부사로 쓰이면 '확실히' '분명히'라는 뜻이고, 동사로 쓰이면 '긍정하다'라는 뜻인데, 이 문제에서는 명사로 쓰여 '긍정적인 평가'라는 뜻입니다.

85 ★★

| ★ 属于自己的成功指的是：
　A 感到幸福
　B 让人羡慕
　C 十分自信
　D 知识丰富 | ★ 자신의 행복이 가리키는 것은：
　A 행복을 느끼는 것
　B 남이 부러워하게 하는 것
　C 매우 자신 있는 것
　D 지식이 풍부한 것 |

指* zhǐ 통 가리키다 | 自信* zìxìn 형 자신 있다

성공을 무엇이라고 생각하든지 '행복과 만족을 느낄 수만 있다면 그것이 바로 당신의 성공(只要你感到了幸福与满足，这就是属于你自己的成功)'이라고 했으므로 정답은 A입니다.

三、书写 쓰기

제1부분 86~95번은 제시어를 나열하여 하나의 문장으로 작성하는 문제입니다.

86 ★★

智能手机　第一台　世界上　出现在20年前
→ 世界上第一台智能手机出现在20年前。 세상의 첫 스마트폰은 20년 전에 출현했다.

智能手机 zhìnéng shǒujī 명 스마트폰 | 台* tái 양 대 [기계, 기구 등을 세는 양사] | 出现* chūxiàn 통 나타나다

관형어는 '소유 + 시간/장소 + 수량사 + 기타'의 순서로 쓰는 것이 원칙입니다. 따라서 제시어 중 장소인 '世界上'을 먼저 쓰고 난 다음, 수량사인 '第一台'를 씁니다.

87 ★★

把他的照片　挂　在这边儿　不要
→ 不要把他的照片挂在这边儿。 그의 사진을 이쪽에 걸지 마라.

照片 zhàopiàn 명 사진 | 挂* guà 통 걸다

개사 '把'가 있는 것으로 보아 '把'자문임을 알 수 있습니다. '把'자문은 '주어 + 把 + 목적어 + 술어 + 기타 성분'의 형식이므로 '把他的照片 + 挂 + 在这边儿'로 연결됩니다. 원래 목적어였던 '他的照片'이 '把'와 함께 술어 앞으로 이동하였고, 뒤에는 보어 '在这边儿'이 남아서 '挂'의 결과가 강조되고 있습니다. 부사어는 '시간사 + 부사 + 조동사 + [개사구/地가 쓰인 부사어]'의 순이므로 부사 '不要'는 개사구 '把他的照片' 앞에 씁니다. 또한 부사 '不要'는 '~하지 마라'라는 뜻으로 부정의 명령문을 만드는데 이때 주어는 생략될 수 있습니다.

88 ★★★

一家自助餐厅　郊区　开　将要

→ 郊区将要开一家自助餐厅。 교외에 장차 뷔페가 한 곳 개업할 것이다.

自助餐厅 zìzhù cāntīng 몡 뷔페 | 将要 jiāngyào 튄 장차, 곧

이 문제는 장소명사나 시간명사가 주어로 쓰이는 존현문입니다. 존현문은 '장소/시간명사 + 술어 + 목적어' 형식으로 쓰여 어떤 장소나 시간에 사람·사물·사건이 존재·출현·소실됨을 나타냅니다. 따라서 제시어 중 장소명사 '郊区'가 주어로 쓰이며 '开 + 一家自助餐厅'이 차례로 술어와 목적어로 쓰입니다.

고득점 Tip | 존재·출현·소실의 존현문

明天有两节课。 내일은 수업이 두 과목 있다. [존재]

第六层开了一家医院。 6층에 병원이 하나 개업했다. [출현]

这几年少了很多人。 요 몇 년은 사람이 많이 줄었다. [소실]

고득점 Tip

自助 zìzhù 셀프 ➡ 自助餐厅 zìzhù cāntīng 뷔페 | 自助洗车 zìzhù xǐchē 셀프 세차 |
自助游 zìzhùyóu 자유 여행

89 ★★

她对　月底的　考试　信心　很有

→ 她对月底的考试很有信心。 그녀는 월말 시험에 대해 매우 자신이 있다.

信心* xìnxīn 몡 자신감

제시어 중 문장의 술어로 쓰일 수 있는 것은 '考试'와 '很有'입니다. '考试'가 '시험을 보다'라는 뜻의 동사로 쓰인다면 문장의 술어가 될 수도 있지만 '시험'이라는 뜻의 명사로서 문장의 주어나 목적어로 쓰일 수도 있습니다. 반면에 '很有'는 술어로만 쓰일 수 있으며, '她 + 很有 + 信心'이라는 주술목 구조를 만듭니다. 제시어 '月底的'는 관형어로서 명사 '考试'를 꾸밉니다.

✦고득점 Tip

底* dǐ (시간의) 말, 끝 ➡ 月底 yuèdǐ 월말 | 年底 niándǐ 연말

---

90 ★★

他　讲　流利地　两门外语　会

→ 他会流利地讲两门外语。 그는 두 가지 외국어를 유창하게 말할 수 있다.

讲 jiǎng 통 이야기하다, 말하다 | 流利* liúlì 형 유창하다 | 门 mén 양 [학문, 기술을 세는 양사] | 外语 wàiyǔ 명 외국어

동사인 '讲'을 보고 '他 + 讲 + 两们外语'의 주술목 구조를 쉽게 만들 수 있습니다. 부사어는 '시간사 + 부사 + 조동사 + [개사구/ 地가 쓰인 부사어]'의 순이므로 '会 + 流利地'가 '讲' 앞에 쓰이는 것이 적절합니다.

---

91 ★★★

这种药　受不了　苦得　让人

→ 这种药苦得让人受不了。 이 종류의 약은 못 견딜 정도로 쓰다.

苦* kǔ 형 쓰다

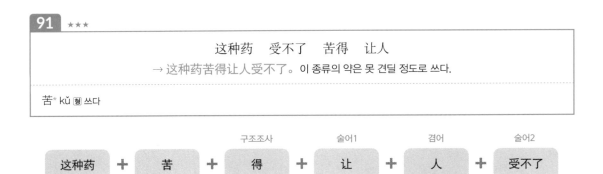

제시어 중 주어가 될 수 있는 것은 '지시사 + 양사 + 명사' 구조인 '这种药'입니다. 또 형용사술어인 '苦' 뒤에 구조조사 '得'가 있기 때문에 '让人受不了(사람을 못 견디게 하다)'가 연결되어 정도를 나타냅니다.

⁺고득점 Tip | '得'와 함께 쓰이는 정도보어

苦得要命 kǔ de yàomìng	苦得要死 kǔ de yào sǐ
苦得不得了 kǔ de bùdéliǎo	苦得很 kǔ de hěn

---

92 ★★★

这次活动是　负责安排　的　由我

→ 这次活动是由我负责安排的。 이번 행사는 내가 책임지고 준비했다.

'是'와 '的'가 보이는데 관형어로 쓰일 제시어가 없기 때문에 '是……的' 강조 형식임을 알 수 있습니다. '这次活动是 + …… + 的'로 연결됩니다. '是'와 '的' 사이에는 시간·장소·대상·방식·주체 등 강조하고 싶은 내용의 동사구가 들어갑니다. '由我'는 행위의 주체를 나타내는 부사어이며, '是'와 '的' 사이에는 '주체 + 동사'의 동사구 '由我 + 负责安排'가 들어갑니다.

⁺고득점 Tip | '是……的' 강조 구문

我们是三年前认识的。 우리는 3년 전에 알았다. ['시간'을 강조]

小刘是在门口等你的。 샤오리우는 문 앞에서 널 기다리고 있어. ['장소'를 강조]

我是跟你说的。 나는 너한테 말하는 거야. ['대상'을 강조]

他们俩是坐地铁来的。 그들 둘은 지하철을 타고 왔다. ['방식'을 강조]

这件事不是我做的，是他做的。 그 일은 내가 한 게 아니라, 그가 한 것이다. ['주체'를 강조]

---

93 ★★

到厨房里　帮我　一双筷子吗　拿　可以

→ 可以帮我到厨房里拿一双筷子吗? 나를 도와서 주방에 가서 젓가락을 한 벌 가져와 줄래?

厨房* chúfáng 뗑 주방 | 筷子 kuàizi 뗑 젓가락

'到' '帮' '拿' 세 개의 동사가 보이는데, 하나의 주어에 두 개 이상의 동사가 접속사 없이 연속해서 쓰이는 연동문 형식임을 알 수 있습니다. 연동문의 종류는 '술어1과 술어2가 선후 관계인 경우' '술어2가 술어1의 목적인 경우' '술어2가 술어1의 수단이나 방식인 경우'로 나뉩니다. 이 문제는 선후 관계에 해당하므로 동작이 일어난 순서대로 동사를 배열해서 '帮我 + 到厨房里 + 拿 + 一双筷子吗'의 순서가 됩니다. 조동사인 '可以'는 첫 번째 술어 앞에 씁니다. 명령문, 의문문 등 대화체에서는 주어가 생략될 수 있습니다.

94 ★★

我们　下周　事情　去北京出差的　正在商量

→ 我们正在商量下周去北京出差的事情。 우리는 다음 주에 베이징으로 출장 가는 일을 상의 중이다.

商量* shāngliang 통 상의하다

我们	+	正在	+	商量	+	下周去北京出差的	+	事情
주어		부사어		술어		관형어		목적어

(부사) 正在 / (동사구) 下周去北京出差的

'我们 + 正在商量 + 事情'의 주술목 형식입니다. 구조조사 '的'는 관형어와 중심어를 연결하는 역할을 하는데, 해석상 '베이징으로 출장 가는 일'이 적절하기 때문에 '去北京出差的 + 事情'이 됩니다. 시간사 '下周'는 미래 시제이기 때문에 현재 진행 부사인 '正在'와 함께 쓸 수 없습니다. 따라서 '下周 + 去北京出差的'가 적절합니다.

95 ★★★

我从来　后悔过跟你　结婚　没有

→ 我从来没有后悔过跟你结婚。 나는 지금까지 당신과 결혼한 것을 후회한 적이 없어요.

从来* cónglái 부 지금까지, 여태껏

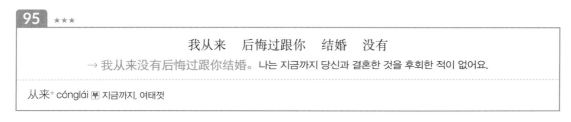

我	+	从来	+	没有	+	后悔	+	过	+	跟你结婚
주어		(부사)	(부정부사)		(동사) 술어		(동태조사) 过		목적어

부정부사 '没有'는 '后悔'나 '结婚'과 모두 결합할 수 있습니다. 하지만 흔히 '从来没有……过' 구조로 쓰여 '지금까지 ~해 본 적이 없다'의 의미로 쓰이므로 '我从来 + 没有 + 后悔过跟你'가 올바른 순서입니다. '结婚'은 개사구 '跟你'와 연결됩니다.

제2부분 96~100번은 제시어를 활용하여 사진에 맞는 하나의 문장을 작성하는 문제입니다.

96 ★★★

寄* jì 통 보내다, 부치다

모범 답안

(1) 我要把这些材料寄给所有顾客。 나는 이 자료들을 모든 고객에게 보내려고 한다.

(2) 寄邮件的时候，要写好收信人的地址。
　　우편을 보낼 때, 받는 사람의 주소를 잘 써야 한다.

收信人 shōuxìnrén 명 받는 사람, 수취인 | 地址* dìzhǐ 명 주소

우편물을 부치려고 하는 상황입니다. '信(편지)' '材料(자료)' '邮件(우편)'과 같은 단어를 사용할 수 있습니다. (1)처럼 '把'자문을 이용하거나 (2)처럼 종속절이 있는 복문 구조를 활용하는 등 다양한 문장 구조를 활용하면 고득점을 얻을 수 있습니다.

优秀* yōuxiù 혱 우수하다

모범 답안

(1) 今天来面试的人都很优秀。 오늘 면접 시험을 보러 온 사람들은 모두 우수하다.

(2) 我身边的人都优秀极了。 내 옆에 있는 사람들은 모두 몹시 우수하다.

身边 shēnbiān 몡 신변, 곁 | 极了 jí le 몹시 ~하다

사람들이 면접 시험을 보기 위해 대기하는 상황입니다. '优秀'는 형용사이기 때문에 '很(아주)' '非常(매우)' '极了(몹시 ~하다)' 등의 단어와 함께 사용합니다. (1)의 '面试(면접 시험을 보다)'와 같이 구체적인 단어를 사용하면 좋지만 생각이 나지 않으면 (2)의 '身边的人(옆에 있는 사람)'과 같이 상황을 묘사해도 좋습니다.

页* yè 몡 쪽, 면

모범 답안

(1) 上次，我们学到了这本书的第三页。
지난번에, 우리는 이 책의 3쪽까지 배웠습니다.

(2) 我把这一页的重要内容都记下来了。
나는 이 페이지의 중요한 내용들을 다 적어 두었다.

记 jì 통 기록하다

책에 무언가를 쓰고 있는 상황입니다. '写(쓰다)' '记(메모하다)'와 같은 단어를 사용할 수 있습니다. '页'는 양사이므로, 앞에 수사나 지시사를 함께 써야 합니다.

沙发* shāfā 몡 소파

모범 답안

(1) 我躺在沙发上，一边听歌一边玩手机。
나는 소파에 누워 노래를 들으면서 휴대폰을 갖고 놀고 있다.

(2) 上个星期天，我去商场买了这个很舒服的沙发。
지난 주 일요일, 나는 매장에 가서 이 편한 소파를 샀다.

躺* tǎng 통 눕다

남자가 소파에 누워서 음악을 들으며 휴대폰을 가지고 놀고 있는 상황입니다. '躺(눕다)' '听(듣다)' '玩儿手机(휴대폰을 갖고 놀다)' 등의 표현을 쓸 수 있습니다. 여러 동작을 동시에 하고 있을 때는 (1)처럼 'A하면서 B하다'라는 뜻의 '一边A，一边B' 형식을 사용할 수 있습니다. 일반 명사를 장소로 쓸 때는 '在/从/到 + 일반 명사 + 上/下/里/外'와 같이 방위사를 함께 써야 합니다. 즉, (1)의 '在沙发上'과 같이 써야 합니다.

100 ★★★

毕业* bìyè 통 졸업하다

모범 답안

(1) 我们顺利地从大学毕业了。 우리는 순조롭게 대학을 졸업했다.

(2) 大学毕业的那一天，我们都觉得幸福快乐。
    대학을 졸업한 그날, 우리는 모두 행복과 기쁨을 느꼈다.

학생들이 졸업하는 상황입니다. '毕业'는 '毕(끝내다)'와 '业(학업)'의 동목 구조로 이루어진 이합동사이기 때문에 뒤에 목적어를 쓸 수 없습니다. 따라서 '毕业大学'는 틀린 표현이고, 개사 '从'을 써서 '从大学毕业'와 같이 써야 합니다. 이 경우 앞의 '从'은 습관적으로 생략되어 '大学毕业'와 같이 쓰기도 합니다.

고득점 Tip | 자주 쓰이는 이합동사

见面 jiànmiàn 만나다	聊天 liáotiān 이야기하다, 한담하다
帮忙 bāngmáng 도와주다	请客 qǐngkè 한턱내다, 대접하다
旅游 lǚyóu 여행하다	旅行 lǚxíng 여행하다
道歉 dàoqiàn 사과하다	

제3회
모의고사 해설

一、听力 듣기

제1부분 1~10번은 한 단락의 녹음을 듣고 제시된 문장의 정오를 판단하는 문제입니다.

1 ★★

刚下完雨，我看外面天气挺凉快的，别总开空调，我们也开窗户换换空气吧。	막 비가 멈췄어. 밖을 보니 날씨가 아주 시원해. 에어컨을 계속 켜지 말고, 우리도 창문을 열고 환기 좀 하자.
★ 他反对开窗户。(✕)	★ 그는 창문을 여는 것을 반대한다. (✕)

刚* gāng 图 막, 방금 │ 挺* tǐng 图 아주, 패 │ 凉快* liángkuai 혭 시원하다, 서늘하다 │ 总 zǒng 图 총, 줄곧, 결국 │ 空调 kōngtiáo 똉 에어컨, 냉·난방기 │ 窗户* chuānghu 똉 창문 │ 换 huàn 통 바꾸다 │ 空气* kōngqì 공기 │ 反对* fǎnduì 통 반대하다

남자는 '창문을 열어서 환기를 하자(开窗户换换空气吧)'고 했으므로 정답은 ✕입니다. 녹음에 부정부사 '别'가 있지만 남자는 '에어컨을 계속 켜지 말자(别总开空调)'고 했습니다.

2 ★★

在这次数学考试中，儿子又得了第一名，为了祝贺他，我和丈夫给他买了他一直想要的平板电脑。	이번 수학 시험에서 아들이 또 1등을 했습니다. 아들을 축하하기 위해 저와 남편은 아들이 계속 원했던 태블릿 PC를 사 주었습니다.
★ 儿子的数学成绩不差。(✓)	★ 아들의 수학 성적이 좋다. (✓)

数学 shùxué 똉 수학 │ 考试 kǎoshì 똉 시험 │ 第一名 dì-yī míng 1등, 1위, 수석 │ 祝贺* zhùhè 통 축하하다 │ 丈夫 zhàngfu 똉 남편 │ 一直 yìzhí 图 계속, 줄곧 │ 平板电脑 píngbǎn diànnǎo 똉 태블릿 PC │ 成绩 chéngjì 똉 성적 │ 差 chà 혭 나쁘다

'이번 수학 시험에서 아들이 또 1등을 했다(在这次数学考试中，儿子又得了第一名)'고 했으므로 아들의 수학 성적이 좋다는 것을 알 수 있습니다. 정답은 ✓입니다.

3 ★★★

这张山水画真漂亮，正好爷爷下周过生日，我们给他买这张画，挂在他的房间里，效果一定很不错。

★ 爷爷房间里挂着张山水画。（×）

이 산수화는 정말 예쁘다. 마침 할아버지가 다음 주에 생신이신데 우리가 할아버지께 이 그림을 사 드려서 할아버지 방에 걸면 효과가 분명히 좋을 거야.

★ 할아버지의 방에는 산수화가 걸려 있다. （×）

张 zhāng 양 장 [책상, 침대, 종이 등 면적이 넓은 물건을 세는 양사] | 山水画 shānshuǐhuà 명 산수화, 풍경화 | 正好* zhènghǎo 부 마침 | 爷爷 yéye 명 할아버지 | 下周 xià zhōu 다음 주 | 过 guò 동 (시간이나 지점을) 지나다 | 挂* guà 동 걸다 | 效果* xiàoguǒ 명 효과 | 一定 yídìng 부 반드시, 분명히 | 不错 búcuò 형 괜찮다, 맞다

다음 주 할아버지 생신 때 산수화를 사서 방에 걸려고 하는 것이니, 할아버지 방에 지금 산수화가 걸려 있는지는 알 수 없습니다. 또한 '분명히' '반드시'라는 의미의 '一定'은 추측을 나타내는 부사이므로 아직 산수화를 사지 않았다는 것을 알 수 있습니다. 따라서 정답은 ×입니다.

4 ★★★

小丽，真是太感谢你了，要不是你及时通知我演出的时间提前了，我就赶不上这个表演了。

★ 说话人没来得及看演出。（×）

샤오리, 정말 고마워. 만약에 공연 시간이 앞당겨진 것을 네가 제때 알려 주지 않았으면 나는 이 공연에 시간을 맞출 수 없었을 거야.

★ 화자는 공연 보는 데 시간을 맞추지 못했다. （×）

感谢* gǎnxiè 동 감사하다 | 及时* jíshí 부 제때에, 즉시 | 通知 tōngzhī 동 통지하다, 알리다 | 演出* yǎnchū 명 공연 | 提前* tíqián 동 앞당기다 | 赶不上 gǎn bu shàng 시간에 맞출 수 없다 | 表演* biǎoyǎn 명 공연 | 来得及* láidejí 동 늦지 않다, 제시간에 댈 수 있다

'要不是'는 '만약 ~하지 않았으면'이라는 의미로 부정의 가정문을 만듭니다. 따라서 '要不是你及时通知我演出的时间提前了，我就赶不上这个表演了'는 가정에 대한 추측이며, 화자는 제시간에 공연을 봤다는 걸 알 수 있습니다. '来得及'는 '시간에 맞출 수 있다'라는 뜻이므로 '没来得及'는 '시간을 맞추지 못했다'라는 의미입니다. 따라서 정답은 ×입니다.

5 ★★

学校附近交通很方便，直走50米就能看到地铁站，往左走5分钟就有公交车站。

★ 去学校只能坐地铁。（×）

학교 근처는 교통이 매우 편리합니다. 50미터를 직진하면 지하철역을 볼 수 있고, 왼쪽으로 5분 걸으면 바로 버스 정류장이 있습니다.

★ 학교 가는 데 지하철만 탈 수 있다. （×）

学校 xuéxiào 명 학교 | 附近 fùjìn 명 근처, 부근 | 交通* jiāotōng 명 교통 | 方便 fāngbiàn 형 편리하다 | 直 zhí 부 곧장, 바로, 직접 | 走 zǒu 동 걷다, 가다 | 米 mǐ 명 미터(m) | 地铁站 dìtiězhàn 명 지하철역 | 往 wǎng 개 ~쪽으로 | 左 zuǒ 명 왼쪽 | 公交车站 gōngjiāochēzhàn 명 버스 정류장 | 只 zhǐ 부 단지, 오직

학교를 갈 수 있는 교통수단을 유념해서 들어야 합니다. 학교 근처에는 지하철역과 버스 정류장이 있으니 지하철과 버스 두 가지 교통수단을 이용할 수 있습니다. 따라서 정답은 ×입니다. '公交车'와 '公共汽车'는 동의어로 둘 다 '버스'를 의미합니다.

6

听说明天天气很好，我们开车去郊区旅行吧，我今天就去买点零食。我们一边吃点儿东西一边看风景，多幸福啊！

내일 날씨가 좋다고 들었는데 우리 차를 운전해서 교외로 여행을 가자. 내가 오늘 간식거리를 좀 사러 갈게. 뭐좀 먹으면서 풍경도 보면 얼마나 행복하겠니!

★ 说话人想去郊区旅游。(√)

★ 화자는 교외로 여행 가고 싶다. (√)

郊区* jiāoqū 몡 교외 | 旅行* lǚxíng 동 여행하다 | 零食 língshí 몡 간식, 군것질 | 一边A一边B yìbiān A yìbiān B A하면서 B하다 | 风景 fēngjǐng 몡 풍경 | 幸福* xìngfú 혱 행복하다 | 旅游 lǚyóu 동 여행하다

'교외로 여행을 가자(去郊区旅行吧)'고 했으므로 정답은 √입니다. '旅行'과 '旅游'는 동의어로 '여행하다'라는 뜻입니다.

7

妻子跟邻居们聊天的时候才知道，我们的房租比其他的邻居的贵一百块钱，所以妻子想找房东问问到底怎么回事儿。

아내는 이웃들과 수다를 떨다가 우리 집세가 다른 이웃보다 100위안이 비싸다는 것을 알았다. 그래서 아내는집주인을 찾아가서 도대체 어떻게 된 일인지 한번 물어보려고 한다.

★ 妻子觉得房租很便宜。(×)

★ 아내는 집세가 싸다고 생각한다. (×)

妻子 qīzi 몡 아내 | 邻居 línjū 몡 이웃 | 聊天 liáotiān 동 이야기하다, 한담하다 | 房租 fángzū 몡 집세 | 其他 qítā 떼 기타 | 贵 guì 혱 비싸다 | 房东* fángdōng 몡 집주인 | 到底* dàodǐ 閅 도대체 | 便宜 piányi 혱 저렴하다, 싸다

화자의 집세가 '다른 이웃보다 100위안 비싸다(我们的房租比其他的邻居的贵一百块钱)'고 했는데, 아내가 집주인에게 어떻게 된 일인지 물어보려는 것은 집세가 비싸다고 생각했기 때문입니다. 따라서 정답은 ×입니다.

8

爸妈第一次见到我女朋友的时候，她穿得很正式，说话也非常礼貌，她活泼热情的态度，给我的父母留下了很深的印象。

부모님이 제 여자 친구를 처음 만났을 때, 그녀는 단정하게 입었고, 말도 매우 예의 바르게 했어요. 그녀의 활발하고 친절한 태도는 저의 부모님에게 깊은 인상을 남겼어요.

★ 父母对女朋友的印象很好。(√)

★ 부모님은 여자 친구에 대한 인상이 좋았다. (√)

正式* zhèngshì 혱 공식적이다, 정식이다 | 礼貌* lǐmào 몡 예의 | 活泼* huópō 혱 활발하다 | 热情 rèqíng 혱 친절하다 | 态度* tàidù 몡 태도 | 留* liú 동 남다, 남기다 | 深* shēn 혱 깊다 | 印象* yìnxiàng 몡 인상

여자 친구는 화자의 부모님과 처음 만났을 때, '단정하게 입었고(穿得很正式)' '말도 매우 예의 바르게 하고(说话也非常礼貌)' '태도가 활발하고 친절(她活泼热情的态度)'했습니다. 이와 같은 긍정적인 표현으로 볼 때, 화자의 부모님은 여자 친구에 대한 인상이 좋았음을 알 수 있습니다. 정답은 √입니다.

9 ★★

其实数字中有很多意义。比如，"六"表示一切都很顺利，"八"表示能赚很多钱。所以中国人特别喜欢这两个数字。

★ 中国人喜欢数字"八"。(✓)

사실 숫자 안에는 많은 뜻이 있습니다. 예를 들어 '6'은 모든 것이 다 순조로움을 나타내고 '8'은 돈을 많이 벌 수 있음을 나타냅니다. 그래서 중국인들은 이 두 숫자를 아주 좋아합니다.

★ 중국인들은 숫자 '8'을 좋아한다. (✓)

其实 qíshí 튀 사실 | 数字* shùzì 몡 숫자 | 意义 yìyì 몡 의미, 의의 | 比如* bǐrú 동 예를 들다 | 表示* biǎoshì 동 나타내다 | 一切* yíqiè 때 일체, 전부, 모두 | 顺利* shùnlì 혱 순조롭다 | 赚* zhuàn 동 (돈을) 벌다 | 特别 tèbié 튀 특히, 매우

숫자 '6'과 '8'에는 좋은 뜻이 담겨 있고, '중국인들이 이 두 숫자를 아주 좋아한다(中国人特别喜欢这两个数字)'고 했습니다. '이 두 숫자'는 바로 '6'과 '8'을 가리키므로 정답은 ✓입니다.

10 ★★★

人们常说，习惯可以改变命运，但怎么样才能养成好习惯呢？一项研究发现，只要我们将一件事情坚持做二十一天就会变成习惯，所以坚持是最重要的。

★ 养成习惯需要一段时间。(✓)

흔히 사람들은 습관이 운명을 바꿀 수 있다고 말합니다. 그러나 어떻게 해야 좋은 습관을 키울 수 있을까요? 한 연구 결과에 따르면, 우리가 한 가지 일을 21일 동안 꾸준히 하기만 하면 습관으로 바뀔 수 있다고 합니다. 그래서 꾸준함이 제일 중요합니다.

★ 습관을 키우는 것은 얼마간의 시간이 필요하다. (✓)

习惯 xíguàn 몡 습관 | 改变* gǎibiàn 동 바꾸다, 변하다 | 命运 mìngyùn 몡 운명 | 养成 yǎngchéng 동 키우다 | 项 xiàng 양 항, 가지 | 研究* yánjiū 몡 연구 | 发现 fāxiàn 동 발견하다 | 只要 zhǐyào 접 ~하기만 하면 | 将 jiāng 개 ~을 | 坚持* jiānchí 동 버티다, 견지하다 | 变 biàn 동 변하다 | 重要 zhòngyào 혱 중요하다 | 需要 xūyào 동 필요하다 | 段 duàn 양 구간, 부분 [거리, 시간, 문단을 세는 양사]

한 연구 결과에 따르면, '한 가지 일을 21일 동안 꾸준히 하기만 하면 습관으로 바뀔 수 있다(将一件事情坚持做二十一天就会变成习惯)'고 했으므로 습관을 키우는 데는 '얼마간의 시간이 필요하다(需要一段时间)'는 것을 알 수 있습니다. 정답은 ✓입니다.

제2부분 11~25번은 두 사람의 대화를 듣고 질문에 알맞은 보기를 선택하는 문제입니다.

11 ★★

男：服务员，我点的是葡萄汁，不是西瓜汁。
女：对不起，我马上给您换一杯。

问：男的点的是什么？
　　A 饼干　　　　B 蛋糕
　　C 西瓜汁　　　D 葡萄汁

남: 저기요, 제가 주문한 것은 포도 주스예요. 수박 주스가 아니고요.
여: 죄송합니다. 지금 바로 바꿔 드릴게요.

질문: 남자가 주문한 것은 무엇인가?
　　A 과자　　　　B 케이크
　　C 수박 주스　　D 포도 주스

服务员 fúwùyuán 명 종업원 | 葡萄* pútao 명 포도 | 汁 zhī 명 즙 | 西瓜 xīguā 명 수박 | 马上 mǎshàng 부 곧 | 杯 bēi 양 잔 |
饼干* bǐnggān 명 과자 | 蛋糕 dàngāo 명 케이크

남자는 '수박 주스가 아니라 포도 주스를 주문했다(我点的是葡萄汁，不是西瓜汁)'고 했으므로 정답은 D이고, C는 정답이 아닙니다. '是A，(而)不是B'는 'A이지 B가 아니다'라는 뜻의 구문입니다. 4급 단어 '葡萄(포도)'는 과일 중에서 출제 빈도가 높은 단어입니다.

---

12 ★★

女: 你怎么知道电子城在打折? 男: 今天上班的时候，在公共汽车上看到了打折广告。 问: 男的怎么知道电子城在打折? 　A 来了邮件　　　B 听朋友说 　C 看到广告　　　D 听到广播	여: 전자 제품 대형 매장에서 할인하고 있는 걸 어떻게 알았어? 남: 오늘 출근할 때 버스에서 할인 광고를 봤어. 질문: 남자는 전자 제품 대형 매장에서 할인하고 있는 것을 어떻게 알았는가? 　A 우편물이 왔다　　B 친구한테 들었다 　C 광고를 봤다　　　D 라디오를 들었다

电子 diànzǐ 명 전자 | 城 chéng 명 대형 매장, 몰 | 打折* dǎzhé 동 할인하다 | 上班 shàngbān 동 출근하다 | 公共汽车
gōnggòng qìchē 명 버스 | 广告* guǎnggào 명 광고 | 邮件 yóujiàn 명 우편물, 이메일 | 广播* guǎngbō 명 방송, 라디오

남자가 전자 제품 대형 매장이 할인하고 있는 것을 알게 된 방법을 유념해서 들어야 합니다. 남자는 출근할 때 '버스에서 할인 광고를 봤다(在公共汽车上看到了打折广告)'고 했으므로 정답은 C입니다.

---

13 ★★★

男: 刚才房东跟我说，下个月房子就到期了，问我们是不是还继续租。 女: 在这儿已经习惯了，我们再租一年吧。 问: 女的想怎么样? 　A 搬家 　B 继续租 　C 买房子 　D 找房东商量	남: 방금 집주인이 나에게 말했는데 다음 달이면 집이 기간이 끝난대. 우리가 계속 임대할 건지 물어봤어. 여: 여기에서 이미 익숙해졌어. 우리 1년 더 임대하자. 질문: 여자는 어떻게 생각하는가? 　A 이사한다 　B 계속 임대한다 　C 집을 산다 　D 집주인을 찾아서 상의한다

刚才 gāngcái 명 방금, 막 | 到期 dàoqī 동 기한이 되다, 만기가 되다 | 继续* jìxù 동 계속하다 | 租* zū 동 임대하다, 임차하다 |
已经 yǐjīng 부 이미, 벌써 | 习惯 xíguàn 동 습관이 되다, 익숙해지다 | 搬家 bānjiā 동 이사하다 | 商量 shāngliang 동 상의하다

여자는 살고 있는 집을 '1년 더 임대하자(我们再租一年吧)'고 했으므로 정답은 B입니다. '房东(집주인)'만 듣고서 D를 고르면 안 됩니다.

✦ 고득점 Tip

租* zū 임대하다, 임차하다 ➡ 房租 fángzū 집세 | 租金 zūjīn 임대료 | 租车 zūchē 차를 렌트하다, 렌트카 |
出租车 chūzūchē 택시

14 ★★

女：经理，会议马上开始了，<u>但小张还没到，</u>我们要不要等他一下？ 男：你打电话问一下，如果他来不了，就由你来主持吧。	여：팀장님, 회의가 곧 시작합니다. <u>그런데 샤오짱이 아직 안 왔어요.</u> 그를 좀 기다려야 할까요？ 남：전화해서 한번 물어보세요. 만약에 그가 못 오면 당신이 한번 진행해 보세요.
问：谁迟到了？ 　A 经理　　　　B 小张 　C 教授　　　　D 大夫	질문：누가 지각했는가？ 　A 팀장　　　　B 샤오짱 　C 교수　　　　D 의사

经理 jīnglǐ 몝 매니저, 팀장, 부서장 | 会议 huìyì 몝 회의 | 等 děng 동 기다리다 | 如果 rúguǒ 젭 만약 ～라면 | 由* yóu 개 ～에 의해 [행위의 주체를 나타냄] | 主持 zhǔchí 동 주관하다 | 迟到 chídào 동 지각하다 | 教授* jiàoshòu 몝 교수 | 大夫* dàifu 몝 의사

'회의가 곧 시작하는데, 샤오짱이 아직 안 왔다(会议马上开始了，但小张还没到)'고 했으므로 정답은 B입니다. 녹음 속 남자가 '经理(팀장)'이므로 A는 정답이 아닙니다.

15 ★★

男：我上次给你介绍的那个小伙子怎么样？ 女：各方面都挺好的，<u>就是年龄稍微有点儿大。</u>	남：지난번에 네게 소개해 준 그 남자는 어땠어？ 여：모든 면이 다 좋은데 <u>다만 나이가 좀 많아.</u>
问：女的觉得小伙子哪方面不太满意？ 　A 学历　　　　B 年龄 　C 职业　　　　D 环境	질문：여자는 남자의 어떤 면에 그다지 만족하지 못하는가？ 　A 학력　　　　B 나이 　C 직업　　　　D 환경

介绍 jièshào 동 소개하다 | 小伙子* xiǎohuǒzi 몝 젊은이, 청년 | 各* gè 떼 각, 여러 | 方面* fāngmiàn 몝 방면, 분야 | 年龄* niánlíng 몝 연령, 나이 | 稍微* shāowēi 凰 조금 | 不太 bú tài 그다지 ～않다 | 满意 mǎnyì 혱 만족하다 | 学历 xuélì 몝 학력 | 职业* zhíyè 몝 직업 | 环境 huánjìng 몝 환경

여자는 남자의 '모든 면이 다 좋은데 다만 나이가 좀 많다(各方面都挺好的，就是年龄稍微有点大)'고 했으므로 정답은 B입니다. '就是'는 역접을 나타내어 뒤에 핵심적인 내용이 옵니다.

16 ★★★

女：春天真的来了，天气真暖和，<u>感觉都可以穿裙子了。</u> 男：你再等等吧，现在早晚都凉，别感冒了。	여：봄이 정말로 왔네요. 날씨가 정말 따뜻해요. <u>치마를 입어도 될 것 같아요.</u> 남：좀 더 기다려요. 지금 아침저녁에는 쌀쌀해요. 감기 걸리지 말아요.
问：男的让女的做什么？ 　A 在家休息 　B 快点吃药 　C 早晚锻炼 　D 穿暖和些	질문：남자는 여자보고 무엇을 하라고 했는가？ 　A 집에서 쉬라고 　B 빨리 약을 먹으라고 　C 아침저녁으로 운동하라고 　D 좀 따뜻하게 입으라고

春天 chūntiān 몡 봄 | 暖和* nuǎnhuo 휑 따뜻하다 | 感觉* gǎnjué 몡 감각, 느낌, 기분 | 裙子 qúnzi 몡 치마 | 凉 liáng 휑 쌀쌀
하다 | 感冒 gǎnmào 통 감기에 걸리다 | 休息 xiūxi 통 쉬다, 휴식하다 | 药 yào 몡 약 | 锻炼 duànliàn 통 단련하다

'날씨가 따뜻하니 치마를 입어도 될 것 같다(天气真暖和，感觉都可以穿裙子了)'는 여자의 말에 남자가 '좀 기다려라(你再
等等吧)'고 한 것은 옷을 따뜻하게 입으라는 의미입니다. 따라서 정답은 D입니다.

---

17 ★★

男：小丽，你新应聘的工作怎么样？
女：面试通过了，虽然工资不高，但是可以
　　锻炼自己，我觉得挺好的。

问：关于女的，可以知道什么？
　　A 刚上大学　　　B 毕业没多久
　　C 找了新工作　　D 已经结婚了

남：샤오리, 새로 지원했던 일은 어때?
여：면접은 통과했어. 월급이 많지는 않지만 자신을 단련
　　할 수 있어서 좋은 것 같아.

질문：여자에 관하여 무엇을 알 수 있는가?
　　A 막 대학에 입학했다　B 졸업한 지 얼마 안 됐다
　　C 새 일을 찾았다　　　D 이미 결혼했다

应聘* yìngpìn 통 (채용에) 지원하다 | 面试 miànshì 몡 면접 시험 | 通过* tōngguò 통 통과하다 | 工资* gōngzī 몡 월급 | 自己
zìjǐ 떼 자기, 자신 | 大学 dàxué 몡 대학 | 毕业* bìyè 통 졸업하다 | 久 jiǔ 휑 (시간이) 오래되다 | 结婚 jiéhūn 통 결혼하다

녹음에서 '应聘(지원하다)' '面试(면접 시험)' '工资(월급)' 등 업무와 관련된 단어를 듣고 정답이 C임을 알 수 있습니다.

---

18 ★★

女：明天公司有体检，记得早上不要吃东西。
男：好，体检后我们去楼下的早餐店吃包子
　　吧。

问：体检后，他们要做什么？
　　A 去上班　　　B 吃早餐
　　C 早下班　　　D 去医院

여：내일 회사에서 건강 검진이 있으니 아침에 뭐 먹지
　　말아야 하는 거 기억해요.
남：그래요. 건강 검진 후에 우리 건물 아래의 아침 식당
　　에 빠오즈 먹으러 가요.

질문：건강 검진 후, 그들은 무엇을 할 것인가?
　　A 출근한다　　　B 아침을 먹는다
　　C 일찍 퇴근한다　D 병원에 간다

公司 gōngsī 몡 회사 | 体检 tǐjiǎn 몡 건강 검진 | 记得 jìde 통 기억하고 있다 | 楼 lóu 몡 건물 | 早餐 zǎocān 몡 아침 식사 |
包子* bāozi 몡 빠오즈, 왕만두 | 下班 xiàbān 통 퇴근하다

남자가 '건강 검진 후에 우리 건물 아래의 아침 식당에 빠오즈를 먹으러 가자(体检后我们去楼下的早餐店吃包子吧)'고 했으
므로 정답은 B입니다.

19

男: 我们现在出发, 恐怕也来不及了。

女: 别着急, 这个时间不堵车, 我们半个小时就能到。

问: 女的是什么意思?

A 来得及

B 小心车

C 欢迎再来

D 讨厌出门

남: 우리 지금 출발해도 어쩌면 늦을 것 같아.

여: 조급해하지 마. 이 시간에는 차가 막히지 않아. 우리는 30분이면 도착할 수 있어.

질문: 여자는 무슨 뜻인가?

A 시간에 맞출 수 있다

B 차를 조심하라

C 재방문을 환영한다

D 나가기 싫다

恐怕* kǒngpà 튄 어쩌면, 아마도 │ 来不及* láibují 튕 늦다, 제시간에 댈 수 없다 │ 着急 zháojí 톙 조급하다 │ 堵车* dǔchē 튕 차가 막히다 │ 小心 xiǎoxīn 튕 조심하다 │ 欢迎 huānyíng 튕 환영하다 │ 讨厌* tǎoyàn 튕 싫어하다 │ 出门 chūmén 튕 외출하다

여자가 '조급해하지 말라(别着急)'라고 한 것은 '어쩌면 늦을 것 같다(恐怕来不及了)'는 남자의 말에 반대하는 것입니다. 즉, 여자의 말은 시간에 맞출 수 있다는 뜻이므로 정답은 A입니다.

20

女: 您好, 请问外国人也可以参加本次演讲大赛吗?

男: 当然, 无论是中国人还是外国人, 都可以报名。

问: 他们在谈什么问题?

A 国籍   B 年龄

C 性别   D 地址

여: 안녕하세요. 여쭤볼 것이 있어요. 외국인도 이번 연설 대회에 참가할 수 있나요?

남: 당연하죠. 중국인이든 외국인이든 다 등록할 수 있습니다.

질문: 그들은 무슨 문제를 이야기하고 있는가?

A 국적   B 나이

C 성별   D 주소

请问 qǐngwèn 튕 말씀 좀 묻겠습니다 │ 参加 cānjiā 튕 참석하다, 참가하다 │ 本 běn 때 이번의, 현재의 │ 演讲 yǎnjiǎng 톙 연설 │ 大赛 dàsài 톙 대회, 큰 시합 │ 当然 dāngrán 톙 당연하다 │ 无论* wúlùn 졥 ~에 관계없이 │ 报名* bàomíng 튕 등록하다 │ 谈* tán 튕 말하다 │ 国籍* guójí 톙 국적 │ 性别* xìngbié 톙 성별 │ 地址* dìzhǐ 톙 주소

녹음에 키워드가 직접적으로 제시되지 않으므로 전체적인 내용을 듣고 정답을 유추해야 합니다. 남자와 여자는 연설 대회에 외국인도 참가할 수 있는지 이야기하고 있습니다. '外国人(외국인)' '中国人(중국인)' 등의 표현을 듣고 정답이 A임을 알 수 있습니다. '国籍'는 '국적'이라는 뜻의 4급 단어입니다.

男: 您好，我想点一个肉菜和一碗米饭，然后再加一瓶啤酒。	남: 안녕하세요. 저는 고기 요리 하나와 공기밥 한 그릇을 주문하고 싶어요. 그리고 맥주도 한 병 주세요.
女: 好的，一共是58元，您是手机支付还是现金？	여: 네, 모두 58위안입니다. 휴대폰 결제세요, 아니면 현금이세요?
问: 男的最可能在哪儿？	질문: 남자는 지금 어디에 있을 가능성이 큰가?
A 餐厅　　　　B 银行 C 邮局　　　　D 家具店	A 식당　　　　B 은행 C 우체국　　　D 가구점

碗 wǎn 몡 그릇 | 然后 ránhòu 젭 그런 후에, 그리고 나서 | 瓶 píng 냥 병 | 啤酒 píjiǔ 몡 맥주 | 一共 yígòng 뷘 모두 | 手机 shǒujī 몡 휴대폰 | 支付 zhīfù 동 지불하다 | 现金 xiànjīn 몡 현금 | 餐厅* cāntīng 몡 식당 | 银行 yínháng 몡 은행 | 邮局* yóujú 몡 우체국 | 家具* jiājù 몡 가구

남자가 음식을 주문하고 있는 상황이므로 정답은 A입니다. '点(주문하다)' '肉菜(고기 요리)' '碗(그릇)' '米饭(밥)' '啤酒(맥주)' 등의 표현을 듣고 남자가 식당에 있음을 알 수 있습니다.

女: 你女儿演出真的太精彩了，一定下了很多功夫吧。	여: 따님 공연이 너무 훌륭해요. 분명히 공을 많이 들였나 봐요.
男: 谢谢您，是啊，她每天至少抽出2个小时来练习，坚持了快5年了。	남: 감사해요. 맞아요. 딸아이는 매일 적어도 2시간을 내서 연습했는데, 거의 5년간 꾸준히 했어요.
问: 关于他女儿，下列哪项正确？	질문: 그의 딸에 관하여 다음 중 어느 것이 올바른가?
A 知识丰富　　B 钢琴弹得好 C 成绩合格了　D 表演结束了	A 지식이 풍부하다　　B 피아노를 잘 친다 C 성적이 합격했다　　D 공연이 끝났다

精彩* jīngcǎi 형 (공연, 글 등이) 뛰어나다, 훌륭하다 | 下功夫 xià gōngfu 공을 들이다 | 至少* zhìshǎo 뷘 적어도, 최소한 | 抽 chōu 동 뽑다, 추출하다 | 练习 liànxí 동 연습하다 | 快……了 kuài …… le 곧 ~하다 | 正确* zhèngquè 형 정확하다, 옳다 | 知识* zhīshi 몡 지식 | 丰富* fēngfù 형 풍부하다 | 钢琴 gāngqín 몡 피아노 | 弹 tán 동 (피아노를) 치다 | 合格* hégé 동 합격하다 | 结束 jiéshù 동 끝나다, 마치다

여자가 '따님 공연이 너무 훌륭해요(你女儿演出真的太精彩了)'라고 칭찬했는데 이런 말은 공연이 끝나고 나서야 할 수 있는 말입니다. 정답은 D입니다.

23 ★★

男: 这个周六有个同学聚会，你去吗？

女: 不去了，那天正好有一个亲戚来，我得去机场接她。

问: 女的为什么不能参加聚会？

　　A 比较害羞
　　B 要接亲戚
　　C 飞机晚点了
　　D 不喜欢热闹

남: 이번 주 토요일에 동창 모임이 있는데, 너는 가니?

여: 안 가. 그날 마침 한 친척이 와서 내가 공항에 마중하러 가야 돼.

질문: 여자는 왜 모임에 참석하지 못하는가?

　　A 비교적 부끄럼을 타서
　　B 친척을 마중해야 해서
　　C 비행기가 연착해서
　　D 시끌벅적한 곳을 좋아하지 않아서

聚会* jùhuì 명 모임 | 亲戚* qīnqi 명 친척 | 得* děi 조동 ~해야 한다 | 机场 jīchǎng 명 공항 | 接 jiē 동 마중하다, 맞이하다 | 比较 bǐjiào 부 비교적, 꽤 | 害羞* hàixiū 부끄럽다, 수줍다 | 晚点 wǎndiǎn 동 연착하다 | 热闹* rènao 형 번화하다, 시끌벅적하다

여자는 동창 모임이 있는 날 '친척이 오기 때문에 공항에 마중하러 가야 한다(那天正好有一个亲戚来，我得去机场接她)'고 했으므로 정답은 B입니다. 4급 단어 '亲戚(친척)'를 듣고 정답을 알 수 있습니다.

3회 듣기

24 ★★★

女: 这个电影是改编自一部小说的，前不久获了大奖，你看过吗？

男: 当然，我特别喜欢，里面的演员把小说里的主人公完全演活了。

问: 男的觉得这个电影怎么样？

　　A 难懂　　　　B 很好看
　　C 有点无聊　　D 非常幽默

여: 이 영화는 소설을 각색한 것이에요. 얼마 전에 큰 상을 받았는데, 당신은 본 적이 있나요?

남: 당연하죠. 저는 정말 좋아해요. 영화 속 배우가 소설 속의 주인공을 완전히 생생하게 연기했어요.

질문: 남자는 이 영화가 어떻다고 생각하는가?

　　A 이해하기 어렵다　　B 재미있다
　　C 조금 재미없다　　D 아주 유머러스하다

改编 gǎibiān 동 각색하다 | 部 bù 양 부, 편, 대 [영화, 서적, 기계 등을 세는 양사] | 小说* xiǎoshuō 명 소설 | 前不久 qiánbùjiǔ 얼마 전 | 获奖 huò jiǎng 상을 받다 | 演员* yǎnyuán 명 연기자, 배우 | 主人公 zhǔréngōng 명 주인공 | 完全 wánquán 부 완전히 | 演 yǎn 동 연기하다 | 懂 dǒng 동 이해하다 | 好看 hǎokàn 형 예쁘다, 보기 좋다 | 无聊* wúliáo 형 무료하다, 재미없다 | 幽默* yōumò 형 유머러스하다

남자가 말한 '我特别喜欢(저는 정말 좋아해요)' 뒤에는 '这个电影(이 영화)'이 생략된 것이므로 남자는 이 영화가 재미있다고 생각합니다. 그 외에 '생생하게 연기했다(演活了)'는 부분에서도 이 영화를 긍정적으로 평가하고 있음을 알 수 있습니다. D는 언급되지 않았고 A와 C는 부정적인 평가이기 때문에 정답은 B입니다.

고득점 Tip

活 huó 생생하다, 생기 있다 ➡ 演活 yǎnhuó 생생하게 연기하다 | 生活 shēnghuó 살아 움직이다 |
种活 zhònghuó 심어서 살렸다 | 弄活 nònghuó 살렸다

25 ★★

男: 小孙，来中国已经半年了，一切顺利吗？ **女**: 谢谢您的关心，同学们都很照顾我，一切顺利。 **问**: 女的感觉她的留学生活怎么样？ 　　A 很苦　　　　B 孤单 　　C 难受　　　　D 顺利	남: 샤오쑨, 중국에 온 지 벌써 반 년이 됐는데, 모든 게 순조롭나요? 여: 관심에 감사드려요. 친구들이 모두 저를 보살펴 줘서 모두 순조롭습니다. 질문: 여자는 그녀의 유학 생활이 어떻다고 생각하는가? 　　A 고되다　　　　B 고독하다 　　C 힘들다　　　　D 순조롭다

关心 guānxīn 명 관심 | 照顾 zhàogù 동 돌보다 | 感觉* gǎnjué 동 느끼다 | 生活* shēnghuó 명 삶, 생활 | 苦* kǔ 형 고되다 |
孤单 gūdān 형 고독하다 | 难受* nánshòu 형 힘들다

여자는 '친구들이 보살펴 줘서 모두 순조롭다(同学们都很照顾我，一切顺利)'고 했으므로 정답은 D입니다. '孤单(고독하다)'은 5급 단어이긴 하지만 '顺利(순조롭다)'를 들으면 정답을 알 수 있습니다.

제3부분 26~45번은 대화나 단문을 듣고 질문에 알맞은 보기를 선택하는 문제입니다.

26 ★★

女: 爸爸，我们能赶得上飞机吗？ **男**: 别着急，高速公路不堵车，半小时就能到机场。 **女**: 好的，我们的护照在哪儿？ **男**: 在包里。 **问**: 他们最可能在哪里？ 　　A 长城　　　　B 机场 　　C 地铁站　　　D 高速公路	여: 아빠, 우리 비행기 시간에 맞출 수 있어요? 남: 조급해하지 마. 고속도로는 차가 막히지 않으니 30분이면 공항에 도착할 수 있어. 여: 네, 저희 여권은 어디 있어요? 남: 가방 안에 있어. 질문: 그들은 어디에 있을 가능성이 큰가? 　　A 만리장성　　　B 공항 　　C 지하철역　　　D 고속도로

赶得上 gǎn de shàng 시간에 댈 수 있다 | 高速公路* gāosù gōnglù 고속도로 | 护照 hùzhào 명 여권 | 包 bāo 명 가방 |
长城* Chángchéng 고유 만리장성 [유적지]

'고속도로는 차가 막히지 않으니 30분이면 공항에 도착할 수 있다(高速公路不堵车，半小时就能到机场)'고 한 것으로 두 사람이 지금 공항에 가는 길임을 알 수 있습니다. 따라서 정답은 D입니다. '高速公路(고속도로)' '不堵车(차가 막히지 않다)' 등의 키워드로 정답을 알 수 있습니다.

27 ★★

男: 这个房子离地铁站很近，走着十分钟就到了。	남: 이 집은 지하철역에서 가까워요. 걸어서 10분이면 도착해요.
女: 附近有大超市吗?	여: 근처 큰 마트가 있나요?
男: 往前直走，再往右拐就有世纪超市，里面的货很全。	남: 앞으로 쭉 가다가 오른쪽으로 돌면 바로 스지마트가 있어요. 그곳의 상품은 잘 갖춰져 있어요.
女: 都挺好的，就是房租有点贵。	여: 다 좋은데, 다만 집세가 좀 비싸네요.
问: 关于房子，可以知道什么?	질문: 집에 관하여 무엇을 알 수 있는가?
A 租金贵　　　 B 超市很远 C 位置不好　　 D 很受欢迎	A 임대료가 비싸다　　 B 마트가 멀다 C 위치가 좋지 않다　 D 인기 있다

超市 chāoshì 몡 슈퍼마켓, 마트 | 拐 guǎi 동 방향을 바꾸다, 꺾다 | 货 huò 몡 상품 | 租金 zūjīn 몡 임대료 | 位置 wèizhì 몡 위치 | 受欢迎 shòu huānyíng 환영받다, 인기 있다

여자가 '다 좋은데, 다만 집세가 좀 비싸다(都挺好的，就是房租有点贵)'고 한 것으로 정답이 A임을 알 수 있습니다. '房租'는 '집세', '租金'은 '임대료'라는 뜻의 유의어입니다. 집 근처에 스지마트가 있다고 했으므로 B는 정답이 아닙니다. 교통이나 쇼핑 등 주변 환경이 좋지만 인기 있는지는 알 수 없으므로 D도 정답이 아닙니다.

28 ★★

女: 你把这个鞋子脱了，试试这个白色的。	여: 이 신발은 벗고 이 흰 것을 한번 신어 봐.
男: 我觉得这双挺合适的，也很舒服。	남: 내 생각에는 이게 맞는 거 같아. 편하기도 하고.
女: 白色的更漂亮。	여: 흰 것이 더 예뻐.
男: 白色的容易脏，就这个吧。	남: 흰 것은 더러워지기 쉬워. 이것으로 하자.
问: 男的觉得白色的怎么样?	질문: 남자는 흰 것이 어떻다고 생각하는가?
A 更好看　　　 B 脏得快 C 不流行　　　 D 价格高	A 더 예쁘다　　　 B 금방 더러워진다 C 유행하지 않는다　 D 값이 비싸다

鞋子 xiézi 몡 신발 | 脱* tuō 동 벗다 | 试 shì 동 시도하다, 한번 해 보다 | 双 shuāng 양 쌍, 켤레 [두 개가 짝을 이루는 물건이나 신체 부위를 세는 양사] | 合适 héshì 형 적당하다, 적합하다 | 舒服 shūfu 형 편안하다 | 更 gèng 부 더욱 | 容易 róngyì 형 ~하기 쉽다 | 脏* zāng 형 더럽다 | 流行* liúxíng 동 유행하다 | 价格* jiàgé 몡 가격

흰 것에 대한 남자의 생각을 유념해서 들어야 합니다. 남자는 '흰 것은 더러워지기 쉽다(白色的容易脏)'고 했으므로 정답은 B입니다. 흰 것이 더 예쁘다고 생각한 것은 여자이므로 A는 정답이 아닙니다.

✦고득점 Tip

价格* jiàgé 가격 ➡ 房价 fángjià 집값 | 原价 yuánjià 원래 가격, 정가 | 打折价 dǎzhéjià 할인가

29 ★★★

男： 除了菜要好吃，店内一定要有特色。
女： 没错，你还有什么好想法吗？
男： 我觉得我们应该弄一个电子菜单，这样客人就可以随时点菜了。
女： 好主意，那先买三台平板电脑应该就够了。

问： 他们打算做什么？

  A 开饭馆   B 修电脑
  C 去吃饭   D 玩游戏

남： 음식이 맛있는 것 말고도 가게 내부가 반드시 특색 있어야 해요.
여： 맞아요. 또 무슨 좋은 생각이 있나요?
남： 제 생각에 우리는 전자 메뉴판을 만들어야 돼요. 그렇게 하면 손님들이 언제든지 주문을 할 수 있어요.
여： 좋은 생각이네요. 그럼 우선 태블릿 PC 3대를 사면 충분하겠어요.

질문： 그들은 무엇을 할 계획인가?

  A 식당을 연다   B 컴퓨터를 수리한다
  C 밥 먹으러 간다   D 게임을 한다

除了 chúle 젠 ~을 제외하고, ~외에 | 内* nèi 몡 안, 속 | 特色 tèsè 몡 특색 | 想法 xiǎngfǎ 몡 생각, 의견 | 应该 yīnggāi 조됭 마땅히 ~해야 한다, 분명히 ~일 것이다 | 弄* nòng 됭 하다 | 菜单 càidān 몡 메뉴판 | 客人 kèrén 몡 손님 | 随时 suíshí 튄 언제나 | 主意* zhǔyi 몡 생각, 의견 | 先 xiān 튄 먼저, 우선 | 台 tái 몡 대 [기계, 기구 등을 세는 양사] | 够* gòu 됭 충분하다 | 打算 dǎsuàn 됭 ~할 계획이다 | 修 xiū 됭 수리하다 | 游戏 yóuxì 몡 게임, 놀이

정답이 직접적으로 제시되지 않으므로 인물들이 하는 이야기를 통해 정답을 유추해야 합니다. 녹음에서 '菜(요리)' '店内(가게 내부)' '菜单(메뉴판)' '客人(손님)' 등의 표현을 들으면 식당에 관한 대화라는 것을 알 수 있으므로 A와 C 중에서 선택해야 합니다. 남자가 '손님들이 언제든지 주문을 할 수 있다(客人就可以随时点菜)'고 한 것을 듣고 식당을 열려고 한다는 것을 알 수 있습니다. 정답은 A입니다.

---

30 ★★

女： 师傅，纸箱里面是碗筷，麻烦您轻一点。
男： 我会注意的，搬到厨房里就可以吧？
女： 对，你先喝点矿泉水再搬吧。
男： 好的，谢谢，这应该是最后一箱了。

问： 根据这段对话，可以知道什么？

    A 瓶子太大
    B 没有电梯
    C 箱子里是有碗
    D 还剩很多箱子

여： 기사님, 종이 상자 안은 다 식기류예요. 좀 살살 부탁드려요.
남： 조심하겠습니다. 주방으로 옮기면 되는 거죠?
여： 맞아요. 일단 생수 좀 드시고 다시 옮기세요.
남： 네, 감사합니다. 이게 마지막 상자일 거예요.

질문： 이 대화에 근거하여 무엇을 알 수 있는가?

    A 병이 너무 크다
    B 엘리베이터가 없다
    C 상자 안에 그릇이 있다
    D 아직 많은 상자가 남아 있다

师傅* shīfu 몡 기사, 운전사 [기술자를 부르는 호칭] | 纸箱 zhǐxiāng 몡 종이 상자 | 碗筷 wǎnkuài 몡 그릇과 젓가락, 식기류 | 麻烦* máfan 몡 귀찮게 하다 | 轻* qīng 몡 가볍다, 약하다 | 注意 zhùyì 됭 주의하다 | 搬 bān 됭 옮기다 | 厨房 chúfáng 몡 주방 | 先A再B xiān A zài B 먼저 A하고 나서 B하다 | 矿泉水* kuàngquánshuǐ 몡 생수 | 最后 zuìhòu 몡 최후, 마지막 | 根据 gēnjù 젠 근거하여, 따라서 | 对话* duìhuà 몡 대화 | 瓶子 píngzi 몡 병 | 电梯 diàntī 몡 엘리베이터 | 箱子 xiāngzi 몡 상자 | 剩* shèng 됭 남다

우리말에서 숟가락과 젓가락을 합쳐 '수저'라고 말하는 것처럼 중국어에도 준말이 있습니다. '碗筷'는 '碗(그릇)'과 '筷子(젓가락)'를 합친 단어입니다. 따라서 종이 상자 안에는 그릇과 젓가락이 있으므로 정답은 C입니다. 남자가 '이게 마지막 상자일 것(这是应该是最后一箱了)'이라고 했으므로 D는 정답이 아닙니다.

31 ★★

男：刚才跟谁打电话呢？都打了5次了，一直占线。	남：방금 전에 누구랑 전화했어? 다섯 번 전화했는데 계속 통화 중이더라.
女：刚才王教授给我来的电话，说论文有点儿问题。	여：방금 왕 교수님이 나에게 전화하셨는데, 논문에 문제가 좀 있다고 하셨어.
男：需要修改的多吗？	남：수정해야 할 것이 많아?
女：不是很多，但让我明天就交给他。	여：많지는 않아. 그런데 나보고 내일 내라고 하셨어.
问：王教授为什么来电话？	질문: 왕 교수님은 왜 전화를 했는가?
A 论文有问题	A 논문에 문제가 있다
B 推迟上课时间	B 수업 시간을 미루었다
C 通知放假时间	C 방학 시간을 통지했다
D 给男的留作业	D 남자에게 숙제를 냈다

占线* zhànxiàn 图 통화 중이다 ｜论文 lùnwén 图 논문 ｜修改 xiūgǎi 图 바로잡아 고치다 ｜交* jiāo 图 내다, 건네다 ｜推迟* tuīchí 图 연기하다, 미루다 ｜上课 shàngkè 图 수업하다 ｜放假 fàngjià 图 방학하다, 휴가를 내다 ｜留作业 liú zuòyè 숙제를 내다

왕 교수님이 여자에게 전화해서 '논문에 문제가 좀 있다(论文有点儿问题)'고 했으므로 정답은 A입니다.

32 ★★★

女：这个相机拍出来的效果真好。	여：이 카메라는 찍어 내는 효과가 진짜 좋다.
男：主要是我技术好，为了把你照得漂亮点，我都出汗了。	남：중요한 건 내 기술이 좋다는 거야. 너를 좀 더 예쁘게 찍으려고 땀이 다 났어.
女：辛苦你了，晚上我请客。	여：수고했어. 저녁은 내가 한턱낼게.
男：我也不能白吃你的，那吃完饭我请你喝咖啡。	남：나도 공짜로 먹을 수는 없지. 그럼 밥 먹고 커피는 내가 살게.
问：关于男的，下列哪个正确？	질문: 남자에 관하여 다음 중 어느 것이 올바른가?
A 照相技术高	A 사진 찍는 기술이 좋다
B 买了新相机	B 새 카메라를 샀다
C 喜欢喝咖啡	C 커피 마시는 것을 좋아한다
D 总是发脾气	D 늘 성질을 낸다

相机 xiàngjī 图 카메라 ｜主要 zhǔyào 图 주요하다 ｜技术* jìshù 图 기술 ｜照* zhào 图 (사진을) 찍다 ｜汗* hàn 图 땀 ｜辛苦* xīnkǔ 图 고생하다, 수고하다 ｜请客 qǐngkè 图 한턱내다, 대접하다 ｜白 bái 图 공짜로 ｜咖啡 kāfēi 图 커피 ｜照相 zhàoxiàng 图 사진을 찍다 ｜总是 zǒngshì 图 늘, 항상 ｜脾气* píqi 图 성격, 성질

남자가 '중요한 건 내 기술이 좋다는 것(主要是我技术好)'이라고 한 것은 자신의 사진 찍는 기술이 좋다는 의미입니다. 따라서 정답은 A입니다.

33

男: 昨天晚上又刮风又下雨的，我都没睡好。

女: 别提了，昨天上午我刚洗完车，<u>等会儿还得重新洗</u>。

男: 我觉得简单擦擦就行吧，要不等会儿我帮你。

女: 没关系，<u>附近刚开了家自动洗车店，去那儿很方便</u>。

问: 女的等一会儿要去干什么？

　　A 骑自行车　　　B 去洗车店
　　C 回家睡觉　　　D 翻译材料

남: 어제저녁에는 바람도 불고 비도 와서 나는 잠을 제대로 못 잤어.

여: 말도 마. 어제 오전에 막 세차했는데, 좀 이따가 다시 세차해야 돼.

남: 내 생각에는 간단히 닦으면 될 것 같은데. 아니면 이따 내가 도와줄게.

여: 괜찮아. 근처에 자동 세차장이 막 개업했어. 거기 가면 편리해.

질문: 여자는 잠시 후에 무엇을 하러 가려는가?

　　A 자전거를 탄다　　　B 세차장에 간다
　　C 집에 가서 잔다　　　D 자료를 번역한다

刮风 guā fēng 바람이 불다 | 提* tí 통 언급하다 | (一)会儿 (yí)huìr 수량 잠시, 곧 | 重新* chóngxīn 부 처음부터 다시 | 简单 jiǎndān 형 간단하다 | 擦* cā 통 문지르다, 닦다 | 行* xíng 통 ~해도 좋다 | 自动 zìdòng 부 자동으로 | 干* gàn 통 하다 | 骑 qí 통 (말, 자전거, 오토바이 등) 타다 | 自行车 zìxíngchē 명 자전거 | 翻译* fānyì 통 번역하다 | 材料* cáiliào 명 자료

여자가 '좀 이따가 다시 세차해야 한다(等会还得重新洗)'면서 '근처에 자동 세차장이 막 개업했는데, 거기 가면 편리하다(附附近刚开了家自动洗车店，去哪很方便)'고 한 것을 듣고 정답이 B임을 알 수 있습니다.

34

男: 明天我们是一大早的飞机，把东西收拾一下吧。

女: 好，行李箱带大的还是小的？

男: 还是带大的吧，那边比这儿冷很多。

女: 那还得带几件厚衣服。

问: 他们在干什么？

　　A 试衣服　　　B 办签证
　　C 准备行李　　D 买行李箱

남: 내일 우리는 아침 일찍 비행기야. 물건을 좀 정리하자.

여: 응. 트렁크는 큰 거 가져갈까, 아니면 작은 거 가져갈까?

남: 그래도 큰 거 가져가자. 그쪽이 여기보다 훨씬 추워.

여: 그러면 두꺼운 옷을 몇 벌 가져가야겠다.

질문: 그들은 무엇을 하고 있는가?

　　A 옷을 입어 본다　　　B 비자를 신청한다
　　C 짐을 준비한다　　　D 트렁크를 산다

收拾* shōushi 통 수습하다, 정리하다 | 行李箱 xínglixiāng 명 트렁크 | 带 dài 통 지니다, 휴대하다 | 厚* hòu 형 두껍다 | 签证* qiānzhèng 명 비자 | 准备 zhǔnbèi 통 준비하다

남자가 '물건을 좀 정리하자(把东西收拾一下吧)'는 것은 내일 아침 일찍 비행기가 있으니 짐을 챙기자는 의미입니다. 4급 단어 '收拾'는 짐, 장 본 물건 등을 '정리하다'라는 뜻이므로 정답은 C입니다. '行李箱(트렁크)'이 대화에서 언급됐지만 사는 것이 아니라 준비하는 것이므로 D는 정답이 아닙니다.

35 ★★

女: 大夫，请问这个药是饭前吃还是饭后吃？	여: 의사 선생님, 이 약은 식전에 먹나요, 아니면 식후에 먹나요?
男: 这个药是饭前半小时吃的，详细的内容可以看一下说明书。	남: 이 약은 식사 30분 전에 먹는 거예요. 상세한 내용은 설명서를 보면 돼요.
女: 儿童也可以吃吗？	여: 어린이도 먹을 수 있나요?
男: 可以的，但儿童的话每天吃一次就可以。	남: 네, 다만 어린이의 경우에는 하루에 한 번만 먹으면 돼요.

问: 关于这个药，可以知道什么？

A 饭后吃
B 儿童可以吃
C 一天吃三次
D 没有说明书

질문: 이 약에 관하여 무엇을 알 수 있는가?

A 식후에 먹는다
B 어린이가 먹을 수 있다
C 하루에 세 번 먹는다
D 설명서가 없다

详细* xiángxì 혱 상세하다, 자세하다 | 内容* nèiróng 몡 내용 | 说明书 shuōmíngshū 몡 설명서 | 儿童* értóng 몡 어린이

여자가 '어린이도 먹을 수 있나요?(儿童也可以吃吗?)'라고 묻자 남자가 '가능하다(可以的)'고 답했으므로 정답은 B입니다. '이 약은 식사 30분 전에 먹는 것(这个药是饭前半小时吃的)'이라고 했고, '상세한 내용은 설명서를 보라(详细的内容可以看一下说明书)'고 했으므로 A와 D는 정답이 아닙니다.

36-37

[37]随着社会的发展，出现了很多新职业，"整理师"就是其中之一。现代社会的人们都忙于工作，有些人甚至没有时间整理房间。[36]而整理师的工作就是按照人们的生活习惯，为他们整理好房间，让人们不必为收拾屋子而烦恼。	[37]사회가 발전함에 따라서 많은 새로운 직업들이 출현했습니다. '정리 전문가'는 그중의 하나입니다. 현대 사회 사람들은 모두 일에 바빠서 어떤 사람은 심지어 방을 정리할 시간조차 없습니다. [36]정리 전문가의 일은 바로 사람들의 생활 습관에 따라 그들을 위해 방을 정리함으로써 사람들이 더 이상 방 정리 때문에 고민할 필요가 없게 합니다.

随着* suízhe 개 ~에 따라 | 社会* shèhuì 몡 사회 | 发展* fāzhǎn 몡 발전 | 整理* zhěnglǐ 통 정리하다 | 其中* qízhōng 몡 그중 | 之* zhī 조 ~의 [관형어와 중심어를 연결함] | 现代 xiàndài 몡 현대 | 甚至* shènzhì 젭 심지어 | 而* ér 젭 그러나, 그리고, 그래서 | 按照* ànzhào 개 ~에 따라, ~에 근거하여 | 不必 búbì 뷔 ~할 필요 없다 | 烦恼* fánnǎo 혱 번뇌하다, 걱정하다

36 ★★

问: "整理师"的工作是先了解顾客的什么？

A 生活习惯　　B 兴趣爱好
C 是否在家　　D 具体地址

질문: '정리 전문가'의 일은 먼저 고객의 무엇을 이해해야 하는가?

A 생활 습관　　B 흥미와 취미
C 집에 있는지 여부　　D 구체적인 주소

了解 liǎojiě 통 알다, 이해하다 | 顾客* gùkè 몡 고객, 손님 | 兴趣 xìngqù 몡 흥미 | 爱好 àihào 몡 취미 | 是否* shìfǒu 뷔 ~인지 아닌지 | 具体 jùtǐ 혱 구체적이다

정리 전문가는 시간이 없는 사람들을 위해서 그들의 생활 습관에 따라 방을 정리해 주는 사람입니다. 따라서 가장 먼저 알아야 할 것은 고객의 생활 습관입니다. 정답은 A입니다.

37 ★★

问：关于整理师，下列哪个正确？ 　　A 很赚钱 　　B 很受欢迎 　　C 按时收费 　　D 是一种新职业	질문: 정리 전문가에 관하여 다음 중 어느 것이 올바른가? 　　A 돈을 많이 번다 　　B 인기 있다 　　C 시간에 따라 비용을 받는다 　　D 새로운 직업이다

按时* ànshí (부) 제때에, 시간에 따라 ｜ 收费 shōu fèi 비용을 받다

보통 녹음의 흐름대로 문제가 출제되지만 전체적인 주제나 소재를 묻는 문제는 마지막에 나오기도 합니다. 이 녹음의 주제는 앞부분에 제시되었습니다. 정리 전문가는 사회의 발전에 따라 새롭게 출현한 직업 중 하나이므로 정답은 D입니다.

38-39

³⁸丈夫在弹钢琴，他问妻子："我弹得怎么样？"妻子回答："你应该上电视里去弹。"丈夫非常开心地说："是吗？真的有那么好吗？"妻子笑了：³⁹<u>"因为我现在想把电视关掉，去睡觉。"</u>	³⁸남편은 피아노를 치면서 아내에게 물었다. "나 피아노 치는 거 어때요?" 아내가 대답했다. "텔레비전에 나가서 연주해야겠어요." 남편은 아주 즐겁게 말했다. "그래요? 정말 그렇게 잘 쳐요?" 아내는 웃었다. ³⁹<u>"왜냐하면 지금 전 텔레비전을 끄고 자려고 하거든요."</u>

弹钢琴* tán gāngqín 피아노를 치다 ｜ 回答 huídá (동) 대답하다 ｜ 开心* kāixīn (형) 즐겁다, 기쁘다 ｜ 关 guān (동) (전원을) 끄다 ｜ 掉* diào (동) ～해 버리다

38 ★★

问：男的在干什么？ 　　A 在跳舞 　　B 在购物 　　C 在弹钢琴 　　D 在看电视	질문: 남자는 무엇을 하고 있는가? 　　A 춤을 추고 있다 　　B 쇼핑하고 있다 　　C 피아노를 치고 있다 　　D 텔레비전을 보고 있다

购物* gòu wù 물건을 사다, 쇼핑하다

듣기 제3부분의 경우 보통 문제의 순서대로 답이 나옵니다. 녹음에서 '남편은 피아노를 치고 있다(丈夫在弹钢琴)'고 했으므로 정답은 C입니다.

39 ★★

问：关于女的，可以知道什么？	질문: 여자에 관하여 무엇을 알 수 있는가？
A 很生气　　　　B 想关电视	A 화가 났다　　　B 텔레비전을 끄려고 한다
C 不想睡觉　　　D 觉得很精彩	C 자고 싶지 않다　D 멋지다고 생각한다

生气 shēngqì 통 화내다

이야기는 마지막 반전을 통해 유머와 교훈을 주는 경우가 많습니다. 여자는 '텔레비전을 끄려고 한다(想把电视关掉)'고 언급했기 때문에 정답은 B입니다.

40-41

已经发生的事情是无法改变的，40为已经发生的事情解释，只会让人更加误会。41所以不是任何事情都要去解释，只要我们自己做的事情是正确的，最后自然会得到别人的信任和支持。

이미 일어난 일은 바꿀 수 없습니다. 40이미 일어난 일 때문에 해명을 해 봐야 사람들이 더 오해하게 할 뿐입니다. 41그래서 모든 일을 다 해명해야 하는 것은 아닙니다. 우리가 한 일이 올바르기만 하면 최후에는 자연스럽게 다른 사람의 믿음과 지지를 얻을 수 있습니다.

发生* fāshēng 통 발생하다 | 无法 wúfǎ 통 방법이 없다, ~할 수 없다 | 解释* jiěshì 통 설명하다, 해명하다 | 更加 gèngjiā 부 더욱 | 误会* wùhuì 통 오해하다 | 任何* rènhé 대 어떠한 | 自然* zìrán 부 자연스럽게, 저절로 | 得到 dédào 통 얻다, 되다 | 别人 biérén 명 남, 타인 | 信任 xìnrèn 명 믿음, 신임 | 支持* zhīchí 명 지지, 지원

40 ★★

问：过多的解释，可能会引起什么？	질문: 과도한 해명은 무엇을 야기할 수 있는가？
A 同情　　　　　B 反对	A 동정　　　　B 반대
C 怀疑　　　　　D 误会	C 의심　　　　D 오해

引起* yǐnqǐ 통 야기하다, 불러일으키다 | 同情* tóngqíng 명 동정 | 反对* fǎnduì 명 반대 | 怀疑* huáiyí 명 의심

'이미 일어난 일 때문에 해명을 해 봐야 사람들이 더 오해하게 할 뿐(为已经发生的事情解释，只会让人更加误会)'이라고 했으므로 정답은 D입니다.

41 ★★★

问：这段话主要谈什么？	질문: 이 이야기는 주로 무엇을 말하고 있는가？
A 公平很重要	A 공평함이 중요하다
B 要互相理解	B 서로를 이해해야 한다
C 不要过多解释	C 지나치게 해명하지 마라
D 尊重别人的选择	D 남의 선택을 존중해라

主要 zhǔyào 부 주로, 대부분 | 公平 gōngpíng 형 공평하다 | 互相* hùxiāng 부 서로 | 理解* lǐjiě 통 이해하다 | 尊重* zūnzhòng 통 존중하다 | 选择 xuǎnzé 명 선택

전체적인 주제가 무엇인지 유념해서 들어야 합니다. '모든 일을 다 해명해야 하는 것은 아니다(不是任何事情都要去解释)'라고 했으므로 정답은 C입니다.

小叶每天中午只吃两个苹果, 不到一个月的时间确实瘦了4公斤, ⁴²但皮肤也跟着变差了, 一天都没有精神。这样的减肥是不健康的, 我们应该吃有营养的东西, ⁴³而且要多做运动, 这样瘦下来才更漂亮。

샤오예는 매일 점심에 사과 두 개만 먹습니다. 한 달도 안 되는 시간에 확실히 4kg을 뺐지만 ⁴²피부도 같이 나빠졌고 하루 종일 힘이 없습니다. 이런 다이어트는 건강하지 않습니다. 우리는 영양가 있는 음식을 먹어야 하고, ⁴³또한 운동을 많이 해야 합니다. 이렇게 살을 빼야 더 예쁩니다.

苹果 píngguǒ 몡 사과 | 瘦 shòu 톙 마르다 | 公斤 gōngjīn 몡 킬로그램(kg) | 皮肤* pífū 몡 피부 | 精神 jīngshen 몡 활력 | 减肥* jiǎnféi 통 다이어트하다, 살 빼다 | 营养 yíngyǎng 몡 영양 | 而且 érqiě 젭 게다가, 또한

42 ★★★

问: 减肥后的小叶怎么样?

A 没变瘦　　　　B 压力大
C 变漂亮了　　　D 皮肤不好了

질문: 다이어트 후의 샤오예는 어떠한가?

A 날씬해지지 않았다　B 스트레스가 크다
C 예뻐졌다　　　　　 D 피부가 나빠졌다

压力* yālì 몡 스트레스, 압력

샤오예는 다이어트 후 4kg을 뺐지만 피부도 같이 나빠졌습니다. 따라서 D가 정답이고, A는 정답이 아닙니다. 영양가 있는 음식을 먹고, 운동을 많이 하면서 살을 빼야 더 예쁘다고 했는데, 샤오예는 점심에 사과 두 개만 먹으므로 C도 정답이 아닙니다.

43 ★★

问: 什么样的减肥才是健康的?

A 多运动　　　　B 不吃东西
C 只吃苹果　　　D 放松心情

질문: 어떤 다이어트여야 건강한가?

A 많이 운동한다　　B 음식을 먹지 않는다
C 사과만 먹는다　　D 마음을 가볍게 한다

放松* fàngsōng 통 느슨하게 하다, 이완시키다 | 心情* xīnqíng 몡 심정, 마음, 기분

건강한 다이어트는 '영양가 있는 음식을 먹고, 운동을 많이 하는 것(我们应该吃有营养的东西, 而且要多做运动)'이므로 정답은 A입니다. B, C는 건강하지 않은 다이어트로 제시되었으므로 정답이 아닙니다.

44 "没问题" "一定会有办法的"，能说出这种积极话语的人，他们的每一天也都会过得非常顺利。相反，每天都说"讨厌" "我做不到"的人，运气也不会很好。45所以积极乐观的语言，能带给我们顺利和快乐的生活。

44'문제없어', '분명히 방법이 있을 거야' 매일 이런 긍정적인 말을 하는 사람은 매일이 아주 순조롭게 흘러갈 것입니다. 반대로 매일 '싫어', '나는 못해'라고 말하는 사람은 운도 좋지 않을 것입니다. 45그래서 긍정적이고 낙관적인 말은 우리에게 순조롭고 즐거운 생활을 가져다줄 수 있습니다.

办法 bànfǎ 명 방법 | 积极* jījí 형 적극적이다, 긍정적이다 | 相反* xiāngfǎn 접 반대로 | 讨厌* tǎoyàn 형 싫다 | 运气 yùnqi 명 운세 | 乐观 lèguān 형 낙관적이다 | 语言* yǔyán 명 언어, 말 | 快乐 kuàilè 형 즐겁다

44 ★★

问: 每天都说"没问题"的人会怎样？

   A 生活无聊   B 容易失败

   C 一切顺利   D 对人热情

질문: 매일 '문제없어'라고 말하는 사람은 어떠한가？

   A 삶이 지루하다   B 실패하기 쉽다

   C 모든 것이 순조롭다   D 사람에게 친절하다

失败* shībài 통 실패하다

'문제없어' '분명히 방법이 있을 거야'와 같이 '긍정적인 말을 하는 사람은 매일이 아주 순조롭게 흘러갈 것(每天都能说出这种积极的话人，他们的每一天也都会过得非常顺利)'이라고 했으므로 정답은 C입니다.

45 ★★★

问: 这段话主要想告诉我们什么？

   A 要诚实

   B 要有责任心

   C 要懂得拒绝

   D 多说积极的话

질문: 이 이야기는 주로 무엇을 알려 주려 하는가？

   A 진실돼야 한다

   B 책임감이 있어야 한다

   C 거절할 줄 알아야 한다

   D 긍정적인 말을 많이 해야 한다

告诉 gàosu 통 알려 주다 | 诚实* chéngshí 형 진실되다, 성실하다 | 责任心 zérènxīn 명 책임감 | 懂得 dǒngde 통 알다 | 拒绝* jùjué 통 거절하다

주제가 무엇인지 유념해서 들어야 합니다. '긍정적이고 낙관적인 말은 우리에게 순조롭고 즐거운 생활을 가져다줄 수 있다(积极乐观的语言，能带给我们顺利和快乐的生活)'는 주제가 녹음 뒷부분에 언급되므로 정답은 D입니다.

二、阅读 독해

제1부분 46~55번은 문장 속 빈칸에 들어갈 보기를 선택하는 문제입니다.

46-50

A 吃惊* chījīng 통 놀라다   B 来自* láizì 통 ~에서 오다

C 趟* tàng 개 차례, 번 [왕복한 횟수를 세는 양사]   D 坚持* jiānchí 통 버티다, 견지하다

E 汗* hàn 명 땀   F 调查* diàochá 통 조사하다

46 ★★★

北极的冰层正在以让人(A 吃惊)的速度减少。	북극의 얼음층은 사람들을 (A 놀라게) 하는 속도로 줄어들고 있다.
北极 běijí 명 북극 │ 冰层 bīngcéng 명 얼음 층 │ 以* yǐ 개 ~에 따라, ~으로 │ 速度* sùdù 명 속도 │ 减少* jiǎnshǎo 통 줄다, 감소하다	

빈칸 앞에 '让人'이 있으므로 '주어 + 让+ 사람 + 동사/형용사' 형식의 겸어문임을 알 수 있습니다. 보기에 제시된 동사 중 문맥상 가장 적절한 것은 '吃惊(놀라게 하다)'입니다.

✦고득점 Tip

极* jí 극 ➡ 北极 běijí 북극 │ 南极 nánjí 남극 │ N极 N jí N극

47 ★★

森林起火的原因还在(F 调查)，应该马上就能有结果。	숲에 불이 난 원인은 아직 (F 조사하는) 중입니다. 분명히 곧 결과가 나올 겁니다.
森林* sēnlín 명 삼림, 숲 │ 起火 qǐhuǒ 통 불이 나다 │ 原因* yuányīn 명 원인 │ 结果* jiéguǒ 명 결과	

빈칸 앞에 부사 '在(~하는 중이다)'가 있으므로 빈칸에는 동사를 써야 합니다. 주어가 '原因(원인)'이기 때문에 빈칸에는 '调查(조사하다)'가 들어가야 문맥상 가장 적절합니다.

✦고득점 Tip

火* huǒ 불 ➡ 起火 qǐhuǒ 불이 나다 │ 点火 diǎnhuǒ 점화하다, 불을 붙이다

48 ★★

这位是(B 来自)韩国的朋友，请他给我们谈谈他学习中文的经验。	이분은 한국(B 에서 온) 친구입니다. 우리에게 중국어를 공부한 경험을 이야기해 주길 부탁드립니다.
位 wèi 명 명, 분 [사람을 높여서 세는 양사] │ 中文 Zhōngwén 명 중국어 │ 经验* jīngyàn 명 경험, 경력	

116

빈칸 뒤에 '韩国(한국)'라는 장소가 나와 있는데 보기 중 '来自'는 '~에서 오다'라는 뜻으로 반드시 장소를 목적어로 써야 합니다. '한국에서 온 친구'라는 해석으로 봐도 B가 정답입니다.

49 ★★★

他用毛巾擦了一下脸上的（ E 汗 ），坚持到了最后。	그는 수건으로 얼굴의 (E 땀)을 한 번 닦고, 끝까지 버텼다.

毛巾* máojīn 명 수건 ｜ 脸 liǎn 명 얼굴

빈칸 앞에 '脸上的(얼굴 위의)'라는 관형어가 있는 것으로 보아 빈칸에는 중심어가 될 수 있는 명사 '汗(땀)'이 들어가야 합니다. 술어인 동사 '擦(문질러 닦다)'의 목적어로 적절한 것도 '汗'이므로 정답은 E입니다.

50 ★★★

今天银行休息，我早上白跑了一（ C 趟 ）。	오늘 은행이 쉰다. 나는 아침에 한 (C 차례) 허탕으로 다녀왔다.

白 bái 부 헛되이

수사 뒤에는 보통 양사를 써야 합니다. 빈칸 앞에 수사 '一'가 있으므로 빈칸에는 양사 '趟'이 들어가야 합니다. 양사 중 동사의 횟수를 세는 것을 '동량사'라고 하는데, '趟' 외에도 '下' '次' '遍' '场' 등이 있습니다.

✦고득점 **Tip**

白 bái 헛되이 ➡ 白跑 bái pǎo 헛걸음하다 ｜ 白做 bái zuò 헛수고하다 ｜ 白说 bái shuō 말해도 소용없다

51-55

A 允许* yǔnxǔ 동 허락하다　　　　　　　B 景色* jǐngsè 명 경치, 풍경
C 温度* wēndù 명 온도　　　　　　　　　D 咸* xián 형 짜다
E 随便* suíbiàn 부 마음대로, 편하게 형 부주의하다　　F 不管* bùguǎn 접 ~에 관계없이, ~든지 간에

51 ★★★

A: 这次寒假我去南方转了转，特别是桂林的（ B 景色 ）真是美极了。 B: 所以人们常说"桂林山水甲天下"嘛。	A: 이번 겨울 방학에는 남방에 가서 좀 둘러봤어요. 특히 구이린의 (B 풍경)이 정말 너무도 아름다웠어요. B: 그래서 사람들이 "구이린의 자연이 천하제일이다."라고 말하잖아요.

寒假* hánjià 명 겨울 방학, 겨울 휴가 ｜ 转* zhuàn 동 둘러보다 ｜ 桂林 Guìlín 고유 구이린 [지명] ｜ 极了 jí le 몹시 ~하다

빈칸 앞에 '的'가 있으므로 빈칸에는 명사가 들어가야 합니다. B '景色(풍경)'가 보기 중 유일한 명사이며 '구이린의 풍경이 정말 너무도 아름다웠다(桂林的景色美极了)'라는 문맥을 보아도 B가 가장 적절합니다.

52 ★★

A: 姐，这是我亲手包的包子，怎么样？ B: 味道很不错，就是稍微有点(D 咸)。	A: 언니, 이거 내가 직접 빚은 빠오즈예요. 어때요? B: 맛이 괜찮네. 다만 조금 (D 짜다).

亲手 qīnshǒu 튄 직접, 손수 │ 味道* wèidao 몡 맛

빈칸 앞의 '有点(儿)'은 '약간' '조금'이라는 뜻의 정도부사로 빈칸에는 형용사가 와야 합니다. 보기 중에 형용사로 쓸 수 있는 것은 D '咸(짜다)'과 E '随便(부주의하다)'인데, 의미상 '맛이 괜찮다. 다만 조금 짜다(味道很不错，就是稍微有点咸)'가 자연스러우므로 D가 정답입니다.

53 ★★★

A: 先生，不好意思，这里是不(A 允许) 抽烟的。 B: 对不起，我没注意。	A: 선생님, 죄송하지만 이곳은 담배 피우는 것이 (A 허락되지) 않습니다. B: 죄송합니다. 몰랐어요.

抽烟* chōu yān 담배를 피우다

빈칸 앞에 부정부사 '不'가 있으므로 빈칸에는 동사나 형용사가 들어가야 하는데, 빈칸 뒤의 '抽烟(담배를 피우다)'과 의미상 어울리는 것은 A '允许(허락하다)'입니다.

54 ★★

A: 你一路小心。每天都要给妈妈打电话！ B: 妈妈，知道了。我(F 不管)到哪里， 都会给你打电话的。	A: 가는 길 내내 조심하고, 매일 엄마에게 전화해야 해! B: 엄마, 알았어요. 어디에 가든 (F 상관없이) 엄마에게 전화드릴게요.

접속사 '不管'은 '不管 + 의문문, 都/也/还是/总是……'의 형식으로 씁니다. 빈칸 뒤에 의문문인 '到哪里'가 있고, 뒤 절에 관계부사 '都'가 있으므로 F '不管'이 정답입니다.

55 ★★

A: 今天我请客，你(E 随便)点。 B: 真的啊？听说这家餐厅的烤鸭很好吃，我 要点一份。	A: 오늘은 내가 한턱낼게. (E 마음대로) 시켜. B: 정말? 듣자 하니 이 식당의 오리구이가 맛있다고 하니, 하나 시킬래.

烤鸭* kǎoyā 몡 오리 구이 │ 份* fèn 몡 인분, 세트, 벌

빈칸 뒤의 '点'은 '주문하다'라는 뜻의 동사입니다. 동사 앞에는 부사가 들어갈 수 있는데, 보기 중 부사는 E '随便(마음대로)'뿐입니다. '오늘은 내가 한턱낼게. 마음대로 시켜(今天我请客，你随便点)'라는 해석을 보아도 E가 자연스럽습니다.

56 ★★★

A 如果你继续按照这个速度做下去
B 几乎是不可能的
C 想按时写完材料

→ ACB 如果你继续按照这个速度做下去，想按时写完材料，几乎是不可能的。

A 만약에 네가 계속 이 속도대로 해 나간다면
B 거의 불가능하다
C 제때 자료를 다 작성하려고 하다

→ ACB 만약에 네가 계속 이 속도대로 해 나간다면, 제때 자료를 다 작성하려는 것은 거의 불가능하다.

几乎 jīhū 🖪 거의

① C → B B에는 주어가 없는데 C 전체가 B의 주어가 됩니다. 의미상 C와 B가 '제때 자료를 다 작성하려는 것은 거의 불가능하다(想按时写完材料，几乎是不可能的)'로 연결됩니다.

② A → C → B C에도 주어가 없는데, A의 주어인 '你'를 공유하기 때문에 A와 C가 연결됩니다. 따라서 정답은 ACB입니다.

57 ★★

A 一个社会的公众意识
B 还会受到经济条件的影响
C 除了与市民受过的教育水平和内容有关

→ ACB 一个社会的公众意识，除了与市民受过的教育水平和内容有关，还会受到经济条件的影响。

A 한 사회의 공중 의식
B 또한 경제적인 조건의 영향도 받는다
C 시민이 받은 교육 수준·내용과 관련이 있는 것 외에도

→ ACB 한 사회의 공중 의식은 시민이 받은 교육 수준·내용과 관련이 있는 것 외에도 또한 경제적인 조건의 영향도 받는다.

公众 gōngzhòng 🖪 공중 | 意识 yìshí 🖪 의식 | 受到* shòudào 🖲 받다 | 经济* jīngjì 🖪 경제 | 条件* tiáojiàn 🖪 조건, 여건 | 影响 yǐngxiǎng 🖪 영향 | 与 yǔ 🖪 ~과 | 教育* jiàoyù 🖪 교육 | 水平 shuǐpíng 🖪 수준 | 有关 yǒuguān 🖲 관련되다

① A → ? A의 '公众意识'는 6급 수준의 단어이지만 '的'를 보고 A 전체가 명사구임을 알 수 있습니다. B와 C에는 주어가 필요한데 명사구인 A가 주어가 될 수 있으므로 A가 첫 문장이 됩니다.

② A → C → B '除了A，还B'는 'A 외에도 또한 B이기도 하다'라는 의미의 복문 형식이므로 C와 B가 연결됨을 알 수 있습니다. 따라서 정답은 ACB입니다.

58 ★★

A 你把它们按顺序排列
B 这些货物箱上面都有号码
C 同时把货物的数量记好后告诉我

→ BAC 这些货物箱上面都有号码，你把它们按顺序排列，同时把货物的数量记好后告诉我。

A 당신은 이것들을 순서대로 배열하세요
B 이 화물 상자들 위에는 모두 번호가 있어요
C 또한 화물 수량을 기록한 다음 저에게 알려 주세요

→ BAC 이 화물 상자들 위에는 모두 번호가 있어요. 당신은 이것들을 순서대로 배열하고, 또한 화물 수량을 기록한 다음 저에게 알려 주세요.

按 àn 🖪 ~에 따라서 | 顺序* shùnxù 🖪 순서 | 排列* páiliè 🖲 배열하다 | 货物箱 huòwùxiāng 🖪 화물 상자 | 号码 hàomǎ 🖪 번호 | 同时* tóngshí 🖪 동시에 | 数量* shùliàng 🖪 수량 | 记 jì 🖲 기록하다

① A → C C는 병렬의 접속사 '同时'가 있어서 다른 문장의 뒤에 놓여야 하는데, 의미상 A와 C가 연결됩니다.

② B → A → C A의 '它们'은 B의 '这些货物箱'을 가리키기 때문에 B와 A가 연결됩니다. 따라서 정답은 BAC입니다.

---

59 ★★

A 所以大家最好拿一条毛巾 B 打乒乓球的运动量不少 C 这样在需要的时候可以擦擦汗 → BAC 打乒乓球的运动量不少，所以大家最好拿一条毛巾，这样在需要的时候可以擦擦汗。	A 따라서 모두들 수건을 하나 챙기는 것이 좋다 B 탁구를 치는 운동량은 적지 않다 C 이렇게 하면 필요할 때 땀을 닦을 수 있다 → BAC 탁구를 치는 운동량은 적지 않다. 따라서 모두들 수건을 하나 챙기는 것이 좋다. 이렇게 하면 필요할 때 땀을 닦을 수 있다.

最好* zuìhǎo 🔂 가장 좋기로는 | 拿 ná 🔂 가지다, 들다 | 乒乓球* pīngpāngqiú 🔂 탁구 | 运动量 yùndòngliàng 🔂 운동량

① B → A A에는 접속사 '所以'가 있기 때문에 첫 문장이 될 수 없습니다. '所以'는 인과 관계에서 결과를 나타내는데, 의미상 A의 원인은 B이므로 B와 A가 연결됩니다.

② B → A → C C의 '这样'은 A의 '拿一条毛巾'을 가리키므로 A와 C가 연결됩니다. 따라서 정답은 BAC입니다.

---

60 ★★

A 经过很长一段时间的讨论 B 我们最后决定12月底举行表演活动 C 请大家积极参加本次活动 → ABC 经过很长一段时间的讨论，我们最后决定12月底举行表演活动，请大家积极参加本次活动。	A 오랜 시간의 토론을 거쳤습니다 B 우리는 최종적으로 12월 말에 공연 행사를 개최하기로 결정했습니다 C 모두들 이번 행사에 적극적으로 참가해 주십시오 → ABC 오랜 시간의 토론을 거쳐서 우리는 최종적으로 12월 말에 공연 행사를 개최하기로 결정했습니다. 모두들 이번 행사에 적극적으로 참가해 주십시오.

讨论* tǎolùn 🔂 토론하다 | 决定 juédìng 🔂 결정하다 | 月底 yuèdǐ 🔂 월말 | 举行* jǔxíng 🔂 (행사를) 거행하다 | 活动* huódòng 🔂 행사, 활동

① A → B '经过'가 들어간 A는 종속절이므로 뒤에 주절이 와야 합니다. 의미상 B가 A의 결론이므로 A와 B가 연결됩니다.

② A → B → C A와 B는 이미 발생한 일이지만 명령문인 C는 아직 발생하지 않았으므로, 시간의 순서대로 ABC가 정답입니다.

---

61 ★★

A 你都要接受，不用后悔 B 既然你已经做好了所有的努力 C 无论最后的结果会怎么样 → BCA 既然你已经做好了所有的努力，无论最后的结果会怎么样，你都要接受，不用后悔。	A 너는 받아들여야 한다. 후회할 필요가 없다. B 기왕에 네가 이미 모든 노력을 다 했다면 C 마지막 결과가 어떻든 간에 → BCA 기왕에 네가 이미 모든 노력을 다 했다면, 마지막 결과가 어떻든 간에, 너는 받아들여야 한다. 후회할 필요가 없다.

接受* jiēshòu 图 받아들이다, 수락하다 | 后悔* hòuhuǐ 图 후회하다 | 既然* jìrán 젭 기왕 ~한 이상 | 所有* suǒyǒu 혱 모든 |
努力 nǔlì 图 노력

① C → A '无论 + 의문문, 都……'는 '~하든 간에 ~하다'의 복문 형식으로 C와 A가 연결됩니다.
② B → C → A B의 '既然'은 보통 '既然……, 那么/就……'의 형식으로 씁니다. 하지만 '那么' 혹은 '就'를 찾을 수 없으므
로 해석으로 뒤 문장을 찾아야 합니다. 의미상 B를 CA 앞에 쓰는 것이 적절하기 때문에 BCA가 정답입니다.

---

62 ★★★

A 往往和白天经历的事情
B 人们晚上睡觉时梦见什么
C 或者他们心里的感情有关

→ BAC 人们晚上睡觉时梦见什么，往往和白
天经历的事情，或者他们心里的感情有关。

A 종종 낮에 경험한 일과
B 사람들이 밤에 잘 때 꿈에서 무엇을 보는가
C 혹은 그들 마음속의 감정과 관련이 있다

→ BAC 사람들이 밤에 잘 때 꿈에서 무엇을 보는가는 종
종 낮에 경험한 일 혹은 그들 마음속의 감정과 관련이
있다.

往往* wǎngwǎng 閏 자주, 종종 | 经历* jīnglì 图 경험하다 | 梦见 mèngjiàn 꿈에서 보다 | 或者 huòzhě 젭 혹은 | 感情*
gǎnqíng 멍 감정

① ? → A → ? A는 부사 '往往'과 개사구 '和白天经历的事情'으로 이루어진 부사어입니다. 따라서 주어와 술어 사이에 놓여
야 합니다.
② ? → A → C '……和……有关'은 '~은 ~과 관련이 있다'라는 뜻으로 A와 C가 연결됩니다. 한편 접속사 '或者'는 명사와
명사를 연결할 수 있습니다.
③ B → A → C A와 C의 주어는 의문문인 B입니다. 따라서 정답은 BAC입니다.

---

63 ★★

A 也使我积累了不少经验
B 那段经历不仅丰富了我的生活
C 当读大学的时候，我在很多地方打过工

→ CBA 当读大学的时候，我在很多地方打过
工，那段经历不仅丰富了我的生活，也使
我积累了不少经验。

A 또한 나로 하여금 많은 경험을 쌓게 했다
B 그간의 경험은 나의 생활을 풍부하게 했을 뿐 아니라
C 대학에 다닐 때 나는 여러 곳에서 아르바이트를 했다

→ CBA 대학에 다닐 때 나는 여러 곳에서 아르바이트를
했다. 그간의 경험은 나의 생활을 풍부하게 했을 뿐 아
니라, 또한 나로 하여금 많은 경험을 쌓게 했다.

使* shǐ 图 ~하게 하다 | 积累* jīlěi 图 쌓다, 쌓이다 | 不仅* bùjǐn 젭 ~뿐만 아니라 | 当……的时候 dāng …… de shíhou ~할 때 |
读 dú 图 (학교를) 다니다 | 地方 dìfang 멍 장소, 곳 | 打工 dǎgōng 图 아르바이트하다

① B → A '不仅……, 也……'는 '~할 뿐 아니라 ~하다'의 복문 형식으로 B와 A가 연결됩니다.
② C → B → A B와 A의 주어인 '那段经历'는 C의 '我在很多地方打过工'을 가리키는 것이므로 C 뒤에 BA가 연결됩니다.
따라서 정답은 CBA입니다.

64

A 我打算下周再陪她去医院看看
B 不过她的那条腿仍然疼得厉害
C 妻子上个月底刚打过几次针

→ CBA 妻子上个月底刚打过几次针，不过她的那条腿仍然疼得厉害，我打算下周再陪她去医院看看。

A 나는 다음 주에 다시 그녀를 데리고 병원에 가 보려고 한다
B 그러나 그녀의 그 다리는 여전히 지독하게 아프다
C 아내는 지난달 말에 주사를 몇 번 맞았다

→ CBA 아내는 지난달 말에 주사를 몇 번 맞았다. 그러나 그녀의 그 다리는 여전히 지독하게 아프다. 나는 다음 주에 다시 그녀를 데리고 병원에 가 보려고 한다.

陪* péi 통 동반하다 | 不过* búguò 접 그러나 | 腿 tuǐ 명 다리 | 仍然 réngrán 부 여전히 | 疼 téng 형 아프다 | 厉害* lìhai 형 심하다, 대단하다 | 打针* dǎzhēn 통 주사를 놓다, 주사를 맞다

① C→? A와 B의 '她'는 모두 C의 '妻子'를 가리키므로 C가 첫 문장이 됩니다.
② C→B B의 접속사 '不过'는 역접의 접속사로 의미상 C와 B를 연결합니다.
③ C→B→A C와 B는 과거와 현재의 상황이고, A는 나중의 계획이므로 정답은 CBA입니다.

65

A 希望大家能注意听自己说的内容
B 来引起大家的注意
C 李经理故意把声音提高

→ CBA 李经理故意把声音提高来引起大家的注意，希望大家能注意听自己说的内容。

A 모두 자기가 말하는 내용을 주의해서 듣기를 바랐다
B ~해서 모두의 주목을 끌었다
C 리 팀장은 일부러 목소리를 높였다

→ CBA 리 팀장은 일부러 목소리를 높여서 모두의 주목을 끌었다. 모두 자기가 말하는 내용을 주의해서 듣기를 바랐다.

希望 xīwàng 통 바라다, 희망하다 | 注意 zhùyì 통 주의하다 명 주의 | 故意* gùyì 부 일부러 | 声音 shēngyīn 명 소리 | 提高 tígāo 통 높이다, 향상시키다

① C→? A와 B에는 주어가 없는데, C의 '李经理'가 공통의 주어이기 때문에 C가 첫 문장이 됩니다.
② C→B B의 '来'는 연동문에서 방법과 목적을 연결하는 구조조사로서 '주어 + 동사1 + 来 + 동사2'의 형식으로 쓸 수 있기 때문에 C와 B가 연결됩니다.
③ C→B→A 바람을 나타내는 A는 아직 발생하지 않은 일이기 때문에 시간 순서에 따라 CBA가 정답입니다.

66 ★★

今天上班时，我不小心把钱包丢在了出租车上。师傅找到了我钱包里的名片给我打了电话，把钱包还给我了，我非常感谢他。	오늘 출근할 때 나는 실수로 지갑을 택시에 놓고 내렸다. 기사님이 내 지갑 안의 명함을 찾아서 나에게 전화를 했고, 지갑을 돌려주었다. 나는 너무 고마웠다.
★ 司机为什么给他打电话？	★ 기사는 왜 그에게 전화를 했는가?
A 想交朋友　　　　B 找他零钱	A 친구를 사귀려고　　　B 잔돈을 거슬러 주려고
C 还他钱包　　　　D 让他付款	C 지갑을 돌려주려고　　D 그가 돈을 지불하도록

钱包 qiánbāo 몡 지갑 | 丢* diū 통 잃다, 내버려 두다 | 名片 míngpiàn 몡 명함 | 还 huán 통 반납하다, 돌려주다 | 司机 sījī 몡 기사, 운전사 | 交* jiāo 통 사귀다 | 找零钱 zhǎo língqián 잔돈을 거슬러 주다 | 付款* fùkuǎn 통 지불하다

기사가 나에게 전화를 해서 '지갑을 돌려주었다(把钱包还给我了)'고 했으므로 정답은 C입니다. '师傅'는 기술자를 부르는 호칭인데 대표적으로 운전사에게 많이 씁니다. '还'을 '돌려주다'라는 뜻의 동사로 쓸 때는 'huán'으로 읽습니다.

✦**고득점 Tip**

零钱* língqián 잔돈 ➡ 零用钱 língyòngqián 용돈 | 零食 língshí 간식, 군것질 | 零售 língshòu 소매로 팔다

67 ★★★

喂，是小丽吗？我要麻烦你，帮我做一点事儿，我想报名和你一样的硕士专业，你能给我推荐一些书吗？	여보세요? 샤오리니? 내가 널 좀 귀찮게 해야겠다. 나 좀 도와서 일 좀 해 줘. 너랑 같은 석사 전공에 등록하려고 하는데 책들을 좀 추천해 줄 수 있니?
★ 说话人想：	★ 화자가 하려는 것은:
A 读博士　　　　B 推荐书	A 박사 과정을 공부한다　B 책을 추천한다
C 换专业　　　　D 考研究生	C 전공을 바꾼다　　　　D 대학원 시험을 본다

一样 yíyàng 톙 같다 | 硕士* shuòshì 몡 석사 | 专业* zhuānyè 몡 전공 | 推荐 tuījiàn 통 추천하다 | 博士* bóshì 몡 박사 | 研究生 yánjiūshēng 몡 대학원생

화자가 하려는 일을 유념해서 읽어야 합니다. 화자는 '샤오리와 같은 석사 전공에 접수(我想报名和你一样的硕士专业)'하려고 하므로 대학원 시험을 볼 것임을 알 수 있습니다. 정답은 D입니다. 책을 추천하는 것은 화자가 샤오리에게 부탁한 것이지, 화자가 할 일은 아니므로 B는 정답이 아닙니다. 4급 단어 '硕士(석사)'와 '博士(박사)'를 구분해야 합니다.

68

各位乘客，大家好，非常感谢大家乘坐本次航班，我们的飞机马上就要起飞了，请各位乘客关掉手机，系好安全带。

★ 飞机：

A 晚点了　　　　　B 要起飞了

C 被取消了　　　　D 到目的地了

승객 여러분, 안녕하십니까? 이번 항공편에 탑승해 주셔서 감사합니다. 우리 비행기는 곧 이륙합니다. 승객 여러분께서는 휴대폰의 전원을 꺼 주시고, 안전 벨트를 매 주시기 바랍니다.

★ 비행기는:

A 지연되었다　　　　B 이륙하려고 한다

C 취소되었다　　　　D 목적지에 도착했다

乘客 chéngkè 몡 승객 | 乘坐* chéngzuò 통 타다 | 航班* hángbān 몡 항공편 | 就要……了 jiù yào …… le 곧 ~할 것이다 | 起飞 qǐfēi 통 이륙하다, 날아오르다 | 系 jì 통 매다 | 安全带 ānquándài 몡 안전벨트 | 要……了 yào …… le 곧 ~할 것이다 | 被 bèi 깨 ~에게 ~당하다 | 取消 qǔxiāo 통 취소되다 | 目的地 mùdìdì 몡 목적지

'비행기는 곧 이륙한다(飞机马上就要起飞了)'고 했으므로 정답은 B입니다.

✛고득점 Tip

安全* ānquán 안전하다 + 带 dài 띠, 벨트 ➡ 安全带 ānquándài 안전벨트

目的* mùdì 목적 + 地 dì 땅 ➡ 目的地 mùdìdì 목적지

我叫李想，昨天晚上在图书馆丢了一个笔盒，笔盒里有几支笔和橡皮，还有我的学生证、银行卡和一些现款。如果有同学看到了，请与我联系，非常感谢。

★ 写这段内容是为了：

A 道歉

B 找东西

C 交新朋友

D 申请银行卡

제 이름은 리상입니다. 어제저녁 도서관에서 필통을 하나 잃어버렸습니다. 필통 안에는 펜 몇 자루와 지우개가 있고, 또 제 학생증, 은행 카드 그리고 약간의 현금이 있습니다. 만약 발견한 학우가 있다면 저에게 연락 주십시오. 대단히 감사합니다.

★ 이 내용을 쓴 것은 무엇을 위해서인가?

A 사과하려고

B 물건을 찾으려고

C 새로운 친구를 사귀려고

D 은행 카드를 신청하려고

图书馆 túshūguǎn 몡 도서관 | 笔盒 bǐhé 몡 필통 | 支 zhī 얭 자루, 개피 [가늘고 긴 물건을 세는 양사] | 橡皮* xiàngpí 몡 지우개 | 学生证 xuéshēngzhèng 몡 학생증 | 银行卡 yínhángkǎ 몡 은행 카드 | 现款 xiànkuǎn 몡 현금 | 联系* liánxì 통 연락하다 | 道歉* dàoqiàn 통 사과하다 | 申请* shēnqǐng 통 신청하다

이 글을 쓴 목적을 유념해서 읽어야 합니다. '어제저녁 도서관에서 필통을 하나 잃어버렸다(昨天晚上在图书馆丢了一个笔盒)'고 했으므로 B가 정답입니다. 은행 카드는 분실한 물건 중 하나일 뿐이니 D는 정답이 아닙니다.

　　昨天来应聘的那个小伙子是学互联网专业的，<u>不但在校成绩优秀，还参加了很多社会活动</u>。面试的时候，我感觉他热情、有责任心，应该是不错的<u>人选</u>。

어제 지원한 그 청년은 인터넷을 전공으로 공부했다. 학교 성적이 우수할 뿐 아니라, 많은 사회 활동에도 참여했다. 면접 시험을 볼 때, 나는 그가 아주 열정적이고 책임감이 있다고 느꼈다. 분명히 괜찮은 후보자일 것이다.

★ 说话人觉得那个小伙子怎么样？

　A 脾气好　　　　　B 可以选择
　C 遇事冷静　　　　D 讲话有吸引力

★ 화자는 그 청년이 어떻다고 생각하는가?

　A 성격이 좋다　　　　B 뽑을 만하다
　C 대처가 침착하다　　D 말하는 게 매력적이다

互联网* hùliánwǎng 명 인터넷 | 不但 búdàn 접 ~할 뿐만 아니라 | 优秀* yōuxiù 형 우수하다 | 面试 miànshì 동 면접 시험을 보다 | 热情 rèqíng 형 열정적이다 | 人选 rénxuǎn 명 인선, 후보자 | 可以 kěyǐ 조동 ~할 만하다 | 选择 xuǎnzé 동 선택하다 | 遇事 yù shì 일에 부딪치다 | 冷静* lěngjìng 형 냉정하다, 침착하다 | 讲话 jiǎnghuà 동 이야기하다, 말하다 | 吸引力 xīyǐnlì 명 매력, 흡인력

화자는 지원자가 '학교 성적이 우수하고, 많은 사회 활동에도 참여(不但在校成绩优秀，还参加了很多社会活动)'했고 '열정적이고, 책임감 있다(他热情、有责任心)'고 긍정적으로 평가하면서 괜찮은 후보자일 것이라고 생각하기 때문에 정답은 B입니다. B의 '可以'는 '~할 수 있다'가 아닌 '~할 만하다'라는 뜻으로 쓰였습니다.

⁺고득점 Tip

见面 jiànmiàn 만나다 + 考试 kǎoshì 시험 ➡ 面试 miànshì 면접 시험을 보다

吸引* xīyǐn 끌어당기다 ➡ 吸引力 xīyǐnlì 매력 | 吸引点 xīyǐndiǎn 매력 포인트

　　这个电影真是太精彩了，特别是女主角的演技太棒了，她的武打动作也非常漂亮。以后如果有这个女演员演出的电影，一定要告诉我啊。

이 영화는 정말 너무 멋졌어. 특히 여자 주인공의 연기가 너무 끝내줬고 그녀의 무술 동작도 아주 아름다웠어. 앞으로 만약 이 여배우가 출연한 영화가 있으면 반드시 나에게 알려 줘.

★ 他认为女主角：

　A 让人失望　　　　B 马马虎虎
　C 长得很漂亮　　　D 演得很不错

★ 그가 생각하기에 여자 주인공은：

　A 실망스럽다　　　　B 그저 그렇다
　C 예쁘게 생겼다　　　D 연기가 훌륭하다

女主角 nǚzhǔjué 명 여자 주인공 | 演技 yǎnjì 명 연기력 | 棒* bàng 형 뛰어나다 | 武打 wǔdǎ 명 무술 | 动作* dòngzuò 명 동작 | 演出* yǎnchū 동 공연하다 | 认为 rènwéi 동 여기다, 생각하다 | 失望* shīwàng 동 실망하다 | 马马虎虎 mǎmǎhūhū 형 대충대충이다

화자는 '여자 주인공의 연기가 너무 끝내줬다(特别是女主角的演技太棒了)'고 했으므로 정답은 D입니다.

⁺고득점 Tip

演出* yǎnchū 공연하다 + 技术* jìshù 기술 ➡ 演技 yǎnjì 연기

这是本介绍国际关系的书，说到国际外交会让人有一种不易懂的感觉。不过这本书语言简单幽默，很多对这方面完全不感兴趣的人，读起来都会觉得非常有意思。

이것은 국제 관계를 소개하는 책이다. 국제 외교를 이야기하면 사람들은 이해하기 어렵다는 느낌이 있을 수 있다. 하지만 이 책은 말이 쉽고 유머러스해서 이 분야에 전혀 흥미가 없는 많은 사람도 읽어 보면 아주 재미있다고 느낄 것이다.

★ 关于那本书，我们可以知道：

A 很有趣　　　　B 很难懂
C 是一种杂志　　D 与自然有关

★ 이 책에 관하여 알 수 있는 것은:

A 재미있다　　　　B 이해하기 어렵다
C 일종의 잡지다　　D 자연과 관련 있다

国际* guójì 圐 국제 | 关系 guānxi 圐 관계 | 外交 wàijiāo 圐 외교 | 不易 bú yì 쉽지 않다 | 感兴趣 gǎn xìngqù 관심이 있다, 흥미가 있다 | 起来 qǐlái 圐 ~해 보다 | 有趣* yǒuqù 圐 재미있다 | 杂志* zázhì 圐 잡지 | 自然* zìrán 圐 자연

'이 책은 말이 쉽고 유머러스(这本书语言简单幽默)'해서 '읽어 보면 아주 재미있다(读起来都会觉得非常有意思)'고 했으므로 정답은 A입니다. '幽默(유머러스하다)' '有意思(재미있다)' 등의 표현을 보고 정답이 A임을 알 수 있습니다. '이해하기 어렵다(很难懂)'는 것은 국제 외교에 대한 일반적인 생각이므로 B는 정답이 아니고, 이 책은 국제 관계를 소개하는 책이기 때문에 D도 정답이 아닙니다.

即使只有万分之一的机会，我们也可以试一试，否则成功的可能性就一点儿都没有了。再说，失败了也可以积累经验。

설령 겨우 만 분의 일의 기회만 있더라도 우리는 한번 시도해 볼 만하다. 그렇지 않으면 성공의 가능성은 조금도 없을 것이다. 게다가 실패를 해도 경험을 쌓을 수 있다.

★ "万分之一"的意思是：

A 性格简单　　　B 希望极小
C 理想很大　　　D 工作紧张

★ '만 분의 일'의 뜻은:

A 성격이 단순하다　　B 희망이 극히 적다
C 꿈이 크다　　　　　D 일이 바쁘다

即使* jíshǐ 圙 설령 ~하더라도 | 机会 jīhuì 圐 기회 | 否则* fǒuzé 圙 그렇지 않으면 | 成功* chénggōng 圐 성공 | 可能性 kěnéngxìng 圐 가능성 | 再说 zàishuō 圙 게다가 | 性格* xìnggé 圐 성격 | 希望 xīwàng 圐 희망 | 极* jí 圙 아주, 극히 | 理想* lǐxiǎng 圐 꿈, 이상 | 紧张* jǐnzhāng 圙 긴장하다, 바쁘다

'万分之一'는 '만 분의 일', 즉 '아주 적은 확률'을 의미하므로 정답은 B입니다. 4급 단어 '百分之'가 '백 분의'라는 뜻이라는 것을 알면 '万分之一'의 뜻을 유추할 수 있습니다.

有些人总是想要做得最好，不允许自己有任何错误。但我认为谁都有缺点，每件事都会有大大小小的问题，我们要发现问题并一个一个地改掉，只要做到这一点就可以不后悔了。

★ 根据这段话，我们要：

A 学会原谅　　　B 做得最好

C 改掉缺点　　　D 后悔过去

어떤 사람들은 가장 잘하기를 늘 바라고 자신이 어떤 잘못을 하는 것도 용납하지 못한다. 그러나 내 생각에 누구나 결점이 있고, 모든 일은 다 크고 작은 문제가 있다. 우리는 문제를 발견하고 또 하나하나 고쳐야 한다. 이것만 해 낸다면 후회하지 않아도 된다.

★ 이 이야기에 근거하면 우리는 무엇을 해야 하는가?

A 용서하는 법을 배운다　　B 가장 잘한다

C 단점을 고친다　　　　　D 과거를 후회한다

允许* yǔnxǔ 동 허락하다 | 错误* cuòwù 명 잘못, 실수 | 缺点* quēdiǎn 명 단점 | 并 bìng 접 그리고, 또 | 改 gǎi 동 고치다 | 学会 xuéhuì 습득하다, 배워서 익히다 | 原谅* yuánliàng 동 용서하다, 양해하다 | 过去 guòqù 명 과거

화자의 주장을 유념해서 읽어야 합니다. 화자는 '누구나 결점이 있고 모든 일은 다 크고 작은 문제가 있다고 생각(我认为谁都有缺点，每件事都会有大大小小的问题)'합니다. 그래서 '문제를 발견하고 또 하나하나 고쳐야 한다(我们要发现问题并一个一个地改掉)'고 이야기합니다. 따라서 정답은 C입니다.

75

黑龙江省哈尔滨市是中国著名的"冰雪之都"。由于冬季降雪量大，一到冬天，哈尔滨就会变成"冰雪世界"。哈尔滨的冰雪节也被叫做世界三大冰雪节之一，每到冰雪节的时候，各种各样的冰灯吸引来自世界各地游客。

★ 哈尔滨市：

A 冬暖夏凉

B 街灯很亮

C 空气很新鲜

D 冰雪节很有名

헤이룽장성 하얼빈시는 중국의 유명한 '얼음과 눈의 도시'이다. 겨울에 강설량이 많아서 겨울만 되면 하얼빈은 '얼음과 눈의 세계'로 변신합니다. 하얼빈의 빙설 축제는 세계 3대 빙설 축제 중 하나로 불리기도 하며, 매번 빙설 축제 때가 되면, 각양각색의 빙등이 세계 각지에서 온 관광객을 매료시킵니다.

★ 하얼빈시는：

A 겨울은 따뜻하고 여름에는 시원하다

B 가로등이 밝다

C 공기가 아주 신선하다

D 빙설 축제가 유명하다

黑龙江 Hēilóngjiāng 고유 헤이룽장 [지명] | 省* shěng 명 성 [중국의 행정 구역 단위] | 哈尔滨 Hā'ěrbīn 고유 하얼빈 [지명] | 著名* zhùmíng 형 유명하다 | 冰 bīng 명 얼음 | 都 dū 명 도시 | 由于* yóuyú 접 ~때문에 | 冬季 dōngjì 명 겨울 | 降雪量 jiàngxuěliàng 명 강설량 | 一A就B yī A jiù B A하기만 하면 B하다 | 世界 shìjiè 명 세계 | 叫做 jiàozuò 동 ~라고 부르다 | 三大 sān dà 3대 | 各种各样 gè zhǒng gè yàng 각양각색 | 吸引* xīyǐn 동 끌어당기다 | 来自* láizì 동 ~에서 오다 | 游客 yóukè 명 관광객 | 街灯 jiēdēng 명 가로등 | 新鲜 xīnxiān 형 신선하다 | 有名 yǒumíng 형 유명하다

'하얼빈의 빙설 축제는 세계 3대 빙설 축제 중 하나로 불리기도 한다(哈尔滨的冰雪节也被叫做世界三大冰雪节之一)' '세계 각지에서 온 관광객을 매료시킨다(吸引来自世界各地游客)' 등의 내용으로 정답이 D임을 알 수 있습니다.

之 zhī ~의 ➡ 三大冰雪节之一 sān dà bīngxuějié zhī yī 3대 빙설 축제 중 하나 |
百分之* báifēnzhī 백분의, 퍼센트(%)

---

76 ★★★

练习听力的时候，遇到听不懂的词，先不要着急看原文，得猜一猜它的意思。实在猜不出来，再去看原文，然后查词典，这样才能提高我们的听力水平。

듣기를 연습할 때, 못 알아듣는 단어를 만나면, 우선 급하게 원문을 보지 말고, 그 뜻을 추측해 봐야 한다. 정말로 추측이 안 되면 다시 원문을 보고, 그 다음에 사전을 찾아봐라. 그래야만 우리의 듣기 실력을 높일 수 있다.

★ 听不懂单词时，最好先：

A 猜意思　　　　B 看原文
C 查词典　　　　D 上网查

★ 단어를 못 알아들을 때 가장 좋기로는 우선:

A 뜻을 추측한다　　B 원문을 본다
C 사전을 찾아본다　D 인터넷에서 찾아본다

听力 tīnglì 명 듣기 능력, 청력 | 遇到 yùdào 동 만나다 | 词 cí 명 단어 | 原文 yuánwén 명 원문 | 猜* cāi 동 추측하다, 알아맞히다 | 实在* shízài 부 정말로, 진짜 | 查 chá 동 찾아보다 | 词典 cídiǎn 명 사전 | 单词 dāncí 명 단어 | 上网 shàngwǎng 동 인터넷에 접속하다

못 알아듣는 단어는 '그 뜻을 추측해 봐야 한다(得猜一猜它的意思)'고 했으므로 A가 정답입니다. 원문을 보는 것과 사전을 찾아보는 것은 그 다음에 할 일이므로 B와 C는 정답이 아닙니다.

---

77 ★★★

对一些人来说，边逛街边试穿喜欢的衣服，可以算是放松心情、减轻压力的一个法子。遇到合适的衣服，那种愉快的感觉可以让人暂时忘掉烦恼。

일부 사람들에게 있어서 거리를 다니면서 맘에 드는 옷을 입어 보는 것은 기분을 풀고 스트레스를 줄이는 하나의 방법이라고 할 수 있다. 어울리는 옷을 만나는 그런 즐거운 기분은 사람으로 하여금 걱정을 잠시 잊게 해 줄 수 있다.

★ 根据上文，减轻压力的方法是什么？

A 获得爱情
B 上网购物
C 买很多衣服
D 逛街看衣服

★ 윗글에 근거하면 스트레스를 줄이는 방법은 무엇인가?

A 사랑을 얻는다
B 인터넷에서 쇼핑한다
C 많은 옷을 산다
D 거리를 다니면서 옷을 본다

对……来说 duì …… láishuō ~에 대해서 말하자면 | 边A边B biān A biān B A하면서 B를 하다 | 逛街 guàng jiē 쇼핑하다 | 算是 suànshì 동 ~인 셈이다 | 减轻 jiǎnqīng 동 경감하다, 가볍게 하다 | 法子 fǎzi 명 방법 | 愉快* yúkuài 형 유쾌하다, 즐겁다 | 暂时* zànshí 부 잠시 | 忘掉 wàngdiào 동 잊어버리다 | 方法* fāngfǎ 명 방법 | 获得* huòdé 동 획득하다, 얻다 | 爱情* àiqíng 명 사랑, 애정

'거리를 다니면서 맘에 드는 옷을 입어 보는 것은 기분을 풀고 스트레스를 줄이는 하나의 방법이라고 할 수 있다(边逛街边试穿喜欢的衣服，可以算是放松心情、减轻压力的一个法子)'고 했으므로 정답은 D입니다. '逛街(거리를 다니다, 쇼핑하다)'는 물건을 사지 않고 둘러보기만 하는 아이쇼핑을 가리킵니다. 따라서 B와 C는 정답이 아닙니다.

78 ★★★

一位著名的作家说过:"我只是把别人喝咖啡的时间用到了工作上。"我们在羡慕他人的时候,却想不到他们为此付出的努力。每个人都在为自己的理想努力,但最后能完成目的的人,往往是利用好了你浪费的时间。

★ 想要成功,应该:

A 多喝咖啡　　B 不怕麻烦
C 找到理想　　D 节约时间

한 유명한 작가가 말했다. "나는 그저 다른 사람이 커피 마시는 시간을 일에 썼을 뿐이다." 우리가 다른 사람을 부러워할 때, 그들이 이를 위해 지불한 노력은 생각하지 못한다. 모든 사람이 모두 자신의 꿈을 위해 노력한다. 그러나 마지막에 목적을 달성하는 사람은 보통 당신이 낭비한 시간을 잘 이용한 사람이다.

★ 성공을 하려면 반드시:

A 커피를 많이 마신다　　B 귀찮아하지 않는다
C 꿈을 찾는다　　D 시간을 아낀다

作家* zuòjiā 명 작가 | 只是 zhǐshì 부 다만 | 羡慕* xiànmù 동 부러워하다 | 却* què 부 오히려 | 为此 wèi cǐ 이 때문에 | 付出 fùchū 동 지불하다, 들이다 | 完成 wánchéng 동 완성하다 | 目的* mùdì 명 목적 | 利用 lìyòng 동 이용하다 | 浪费* làngfèi 동 낭비하다 | 成功* chénggōng 동 성공하다 | 怕 pà 동 무서워하다, 걱정하다 | 麻烦* máfan 명 귀찮음, 골칫거리 | 节约* jiéyuē 동 절약하다

역접의 접속사 '但' 뒤에 핵심 내용이 언급되었습니다. '마지막에 목적을 달성하는 사람은 보통 당신이 낭비한 시간을 잘 이용한 사람(最后能完成目的的人,往往是利用好了你浪费的时间)'이라는 것은, 시간을 낭비하지 말고 아껴 써야 한다는 의미입니다. 따라서 정답은 D입니다.

79 ★★

迟到是很不礼貌的。也许有人会认为晚到10分钟影响不大,其实时间对每个人都非常重要,严格来说,迟到就是在浪费他人的生命。

★ 根据这段话,我们要:

A 准时　　B 诚实
C 节约　　D 细心

지각은 매우 예의 없는 행위이다. 어쩌면 어떤 사람은 10분 늦게 도착하는 것은 영향이 크지 않다고 여기겠지만, 사실 시간은 모든 사람에게 매우 중요하다. 엄격히 말해서 지각은 바로 다른 사람의 인생을 낭비하고 있는 것이다.

★ 이 글에 근거하면 우리는:

A 시간을 지켜야 한다　　B 정직해야 한다
C 절약해야 한다　　D 세심해야 한다

也许* yěxǔ 부 아마도 | 晚 wǎn 부 늦게 | 严格* yángé 형 엄격하다 | 生命* shēngmìng 명 생명 | 准时* zhǔnshí 형 시간이 정확하다 | 细心 xìxīn 형 세심하다

역접의 부사 '其实' 뒤에 핵심 내용이 언급되었습니다. '시간은 모든 사람에게 매우 중요(时间对每个人都非常重要)'하기 때문에 시간을 잘 지켜야 합니다. 정답은 A입니다.

　　毕业后，我在一家小公司工作。⁸⁰我原以为在小公司工作，工作会轻松一些。可没想到上班的第一天，我累得连回家的力气都没有了。我才明白，不管是小公司，还是大公司，工作都很辛苦。最大的区别就是，在小公司里，你要会做所有与工作有关的事情，⁸¹但这让我积累到了很多经验。

　　졸업 후에 나는 한 작은 회사에서 일을 했다. ⁸⁰나는 원래 작은 회사에서 일하면 업무가 조금 편할 줄 알았다. 그러나 뜻밖에도 출근한 첫날 나는 지쳐서 집에 돌아갈 기운도 없을 정도였다. 그제서야 작은 회사나 큰 회사나 일은 모두 힘들다는 것을 알게 되었다. 가장 큰 차이점은 작은 회사에서는 업무와 관련된 모든 일을 할 줄 알아야 한다는 것이다. ⁸¹그러나 이는 나로 하여금 많은 경험을 쌓게 했다.

原 yuán 뿐 원래[=原来] | 以为* yǐwéi 图 생각하다, 여기다 | 轻松* qīngsōng 혱 가볍다, 수월하다 | 可* kě 쪱 그러나, 그렇지만 [=可是] | 连* lián 꽤 ~조차도, ~마저도 | 力气* lìqi 힘 | 不管* bùguǎn 쪱 ~에 관계없이, ~든지 간에 | 辛苦* xīnkǔ 혱 고생스럽다, 수고롭다 | 区别* qūbié 图 구별하다

★ "我"一开始以为在小公司工作：	★ '나'가 처음에 생각하기에 작은 회사에서 일하는 것은:
A 能赚钱　　　B 比较轻松	A 돈을 벌 수 있다　　　B 비교적 편하다
C 力气要大　　D 能积累经验	C 힘이 세야 한다　　　D 경험을 쌓을 수 있다

'나는 원래 작은 회사에서 일하면 업무가 조금 편할 줄 알았다(我原以为在小公司工作，工作会轻松一些)'고 했으므로 정답은 B입니다. '原'은 '原来(원래)'의 준말로 '一开始(처음에는)'와 같은 뜻입니다. '경험을 쌓을 수 있다(这让我积累到了很多经验)'는 것은 실제로 일을 한 후에 깨달은 내용이므로 D는 정답이 아닙니다.

★ 在小公司工作可以让人：	★ 작은 회사에서 일하는 것은 사람을 어떻게 하는가?
A 专业化　　　B 区别好坏	A 전문화되게　　　B 호불호를 가리게
C 经验丰富　　D 无法回家	C 경험이 풍부하게　　D 집에 갈 수 없게

专业* zhuānyè 혱 전문적이다

'这让我积累到了很多经验(이는 나로 하여금 많은 경험을 쌓게 했다)'의 '这'가 가리키는 것이 문제의 '在小公司工作'입니다. 따라서 정답은 C입니다.

近年来，随着信息技术的发展，网上点餐变得越来越普遍了。同时，许多餐厅也想出了各种办法来吸引顾客，⁸²不仅举办打折活动，而且还提供24小时服务、免费送餐服务、准时服务等。⁸³现在，我们只要躺在沙发上动一动手指，不到一个小时，就能在家吃上高质量的饭菜了。

지난 몇 년 사이 IT 기술이 발전함에 따라 온라인 음식 주문은 점점 보편적인 것이 되었다. 동시에 많은 식당들도 고객을 끌 수 있는 다양한 방법을 생각해 내서, ⁸²할인 행사를 할 뿐 아니라, 24시간 배달 서비스, 무료 배달 서비스, 시간 내 배달 서비스 등도 제공하고 있다. ⁸³현재 우리는 소파에 누워서 손가락만 잠깐 움직이면 1시간도 안 돼서 집에서 좋은 품질의 음식을 먹을 수 있다.

信息* xìnxī 몡 정보 | 网上 wǎngshàng 몡 온라인, 인터넷 | 点餐 diǎn cān 음식을 주문하다 | 越来越 yuè lái yuè 점점 ~하다, 갈수록 ~하다 | 普遍* pǔbiàn 혱 보편적이다 | 许多* xǔduō 혱 많은 | 不仅A，而且B bùjǐn A érqiě B A할 뿐만 아니라 또한 B하다 | 举办* jǔbàn 통 개최하다 | 提供* tígōng 통 제공하다 | 免费* miǎnfèi 통 무료로 하다 | 送餐 sòng cān 음식을 배달하다 | 准时* zhǔnshí 휑 정각에, 제때에 | 等* děng 툉 등, 따위 | 躺* tǎng 통 눕다 | 沙发* shāfā 몡 소파 | 手指 shǒuzhǐ 몡 손가락 | 质量* zhìliàng 몡 품질 | 饭菜 fàncài 몡 밥과 요리

82 ★★★

★ 现在没有哪种服务？

A 买一送一　　　B 免费送餐
C 准时送到家　　D 24小时送餐

★ 지금 어떤 서비스가 없는가?

A 1+1　　　　　B 무료 배달
C 시간 내 배달　D 24시간 배달

买一送一 mǎi yī sòng yī 1+1, 하나를 사면 하나를 증정한다 | 送 sòng 통 보내다, 배달하다

보기에서 맞는 것을 하나씩 배제하면서 틀린 것을 골라야 하는 문제입니다. 식당들은 할인 행사뿐 아니라 24시간 배달 서비스(24小时服务), 무료 배달 서비스(免费送餐服务), 시간 내 배달 서비스(准时服务) 등을 제공한다고 했으므로 정답은 A입니다. 틀린 것을 고르는 문제는 부정부사가 진하게 표시되어 있으니 유의해야 합니다.

83 ★★★

★ 关于网上点餐，可以知道什么？

A 用电脑　　　　B 非常方便
C 完全免费　　　D 很少使用

★ 온라인 음식 주문에 관하여 무엇을 알 수 있는가?

A 컴퓨터를 이용한다　B 매우 편리하다
C 완전히 무료이다　　D 아주 가끔 사용한다

使用* shǐyòng 통 사용하다

'현재 우리는 소파에 누워서 손가락만 잠깐 움직이면 1시간도 안 돼서 집에서 좋은 품질의 음식을 먹을 수 있다(现在，我们只要躺在沙发上动一动手指，不到一个小时，就能在家吃上高质量的饭菜了)'고 했으므로 정답은 B입니다. 많은 식당들이 무료 배달 서비스를 제공하긴 하지만 모두 무료인 것은 아니므로 C는 정답이 아닙니다. IT 기술이 발전함에 따라 온라인 음식 주문이 보편적인 것이 되었다고 했으므로 D도 정답이 아닙니다.

人们常说: "计划没有变化快"。这句话值得我们深思, ⁸⁴它提醒我们, 很多做好的计划可能不会很顺利。因此, 我们在做计划的同时, ⁸⁵还得根据事情发展的方向, 不断地重新安排我们的计划。

사람들은 흔히 "계획은 변화만큼 빠르지 못하다."라고 말하는데, 우리는 이 말을 곰곰히 생각해 볼 필요가 있다. ⁸⁴이 말은 만들어 놓은 많은 계획이 어쩌면 순조롭지 않을 수 있음을 우리에게 일깨워 준다. 이 때문에 우리는 계획을 세우는 동시에, ⁸⁵또 일이 발전하는 방향에 따라서 끊임없이 새롭게 우리의 계획을 세워야 한다.

计划* jìhuà 圆 계획 | 变化 biànhuà 圆 변화 | 值得* zhídé 图 ~할 가치가 있다, ~할 만하다 | 深思 shēnsī 깊이 생각하다 | 提醒* tíxǐng 图 일깨우다 | 因此* yīncǐ 젭 그래서, 이것 때문에 | 同时* tóngshí 圆 동시 | 发展* fāzhǎn 图 발전하다 | 不断 búduàn 見 부단히, 끊임없이 | 安排* ānpái 图 안배하다, (일을) 준비하다

---

84 ★★★

★ "计划没有变化快"指的是, 计划:

  A 没有用   B 很顺利
  C 变得很快   D 赶不上变化

★ "계획은 변화만큼 빠르지 못하다"가 가리키는 것은 계획이:

  A 쓸모없다   B 순조롭다
  C 빠르게 변한다   D 변화를 따라잡지 못한다

指* zhǐ 图 가리키다

'A + 没有 + B + 형용사/동사'는 'A는 B만 못하다'라는 뜻의 비교문입니다. 따라서 '计划没有变化快'는 '계획은 변화만큼 빠르지 못하다'라는 뜻이므로 정답은 D입니다. 또한 '만들어 놓은 많은 계획이 순조롭지 않을 수 있다(很多做好的计划可能不会很顺利)'는 것은 계획이 현실의 변화를 따라잡지 못한다는 것으로 이해할 수 있습니다.

---

85 ★★

★ 想要让计划成功, 我们应该:

  A 想得很深
  B 不断发展自己
  C 好好了解计划
  D 重新安排计划

★ 계획을 성공시키고 싶으면 우리는 반드시:

  A 생각을 깊게 한다
  B 자신을 끊임없이 발전시킨다
  C 계획을 제대로 이해한다
  D 새롭게 계획을 세운다

'끊임없이 새롭게 우리의 계획을 세워야 한다(不断地重新安排我们的计划)'는 데서 정답이 D임을 알 수 있습니다.

三、书写 쓰기

제1부분 86~95번은 제시어를 나열하여 하나의 문장으로 작성하는 문제입니다.

86 ★★

所有　都　人　反对这个　计划

→ 所有人都反对这个计划。모든 사람들이 다 이 계획에 반대한다.

제시어 중 술어가 될 수 있는 것은 동사 '**反对**'입니다. '사람이 이 계획을 반대한다'가 의미상 자연스러우므로, '**人**'과 '**计划**'가 각각 주어와 목적어가 됩니다. 부사 '**都**'는 문장에서 술어를 꾸미는 부사어로 쓰여 술어 앞에 놓입니다. 4급 단어 '**所有**'는 '모든'이라는 뜻의 형용사로, '所有 + (的) + 명사'의 형식으로 쓰입니다. 따라서 '**所有人**'은 '소유자'가 아니라 '모든 사람'이라는 뜻입니다.

87 ★★

我手机上　详细内容　可以把　发到　吗

→ 可以把详细内容发到我手机上吗？ 자세한 내용을 제 휴대폰으로 보내 줄 수 있나요?

发 fā 图 보내다

개사 '**把**'가 있는 것으로 보아 '把'자문임을 알 수 있습니다. '把'자문은 '주어 + 把 + 목적어 + 동사 + 기타 성분'의 형식입니다. 술어가 '**发**'이기 때문에 '把' 뒤에 올 수 있는 것은 '**详细内容**'입니다. 한편 개사 '**到**' 뒤에는 시간, 장소, 범위가 쓰이기 때문에 '**我手机上**'이 적절합니다. 따라서 '**可以把 + 详细内容 + 发到 + 我手机上**'으로 연결됩니다. 의문을 나타내는 어기조사 '**吗**'는 평서문의 끝에 쓰입니다. 대화체의 의문문이기 때문에 주어는 생략될 수 있습니다.

88 ★★★

继续　进行　篮球比赛　还　在

→ 篮球比赛还在继续进行。농구 경기는 아직도 계속 진행 중이다.

进行* jìnxíng 图 진행하다 │ 篮球 lánqiú 명 농구 │ 比赛 bǐsài 명 경기, 시합

동사 '继续'는 '(이어서) 계속하다'라는 뜻인데 '继续看(계속해서 보다)' '继续学习(계속해서 공부하다)'처럼 동사를 목적어로 써야 하며 명사는 쓸 수 없습니다. 따라서 동사 '进行'을 목적어, 명사 '篮球比赛'를 주어로 써서 '篮球比赛 + 继续 + 进行'의 주술목 구조로 연결합니다. 부사가 둘 이상 쓰이는 경우 '동사와 형용사를 모두 꾸며 줄 수 있는 부사'가 '동사나 형용사 중 하나만 꾸며 줄 수 있는 부사'보다 앞에 위치합니다. '还'는 '还工作(아직 일하다)' '还很忙(아직 바쁘다)'과 같이 동사와 형용사 앞에 모두 쓰일 수 있습니다. 반면에 '在'는 '在看书(책을 보고 있다)'처럼 동사 앞에만 쓸 수 있으므로 '还 + 在'의 순서가 됩니다.

89 ★★

他的那部　电影　精彩　演得　很

→ 他的那部电影演得很精彩。 그의 그 영화는 연기가 아주 훌륭하다.

구조조사 '得'가 있는 것으로 보아 정도보어문일 가능성이 높습니다. 정도보어문은 '长得很漂亮(생긴 것이 예쁘다)' '跑得很快(달리는 것이 빠르다)'처럼 동사의 정도를 묘사하는 문장으로, '동사 + 得 + 정도부사 + 형용사'의 형식입니다. '演得' 뒤에는 정도부사 '很'과 형용사 '精彩'가 차례로 놓여 '演'의 정도를 묘사합니다. 양사 '部'는 뒤에 명사가 필요하므로 '他的那部 + 电影'으로 연결됩니다.

✦고득점 Tip

演 yǎn 연기하다 ➡ 演出* yǎnchū 공연, 공연하다 | 演员* yǎnyuán 연기자, 배우 | 表演* biǎoyǎn 공연, 공연하다 | 演唱会 yǎnchànghuì 콘서트

90 ★★

离这儿　30公里　大约有　下一个加油站

→ 下一个加油站离这儿大约有30公里。 다음 주유소는 이곳에서부터 약 30km 정도이다.

公里* gōnglǐ 영 킬로미터(km) | 大约* dàyuē 부 대략 | 加油站* jiāyóuzhàn 명 주유소

제시어 중 술어로 쓰일 수 있는 것은 '大约有'입니다. 동사 '有'는 '我有20多岁(나는 20살이 넘었다)' '这座桥有三公里长(이 다리는 3km 정도이다)'처럼 숫자를 목적어로 쓰는 경우가 많습니다. 따라서 '下一个加油站 + 大约有 + 30公里'의 주술목 구조를 만들 수 있습니다. 개사구인 '离这儿'은 부사어로서 술어 앞에 위치합니다. '离这儿 + 大约'는 '개사구 + 부사'로 부사어

어순 원칙에서 예외적인 경우입니다.

---

91 ★★

吃光了　那盒饼干　被　儿子
→ 那盒饼干被儿子吃光了。그 과자 한 상자는 아들이 다 먹어 버렸다.

光* guāng 📰 조금도 남지 않다 | 盒 hé 📰 갑, 통, 상자

개사 '被'가 있는 것으로 보아 '被'자문일 가능성이 높습니다. '被'는 '주어 + 被 + (목적어) + 술어'의 형식입니다. 제시어 중 술어로 쓰일 수 있는 것은 '吃光了'입니다. '那盒饼干'과 '儿子'는 의미상 '그 과자 한 상자가 아들에게 먹힌다'가 자연스럽습니다. 따라서 '那盒饼干 + 被 + 儿子 + 吃光了'가 정답입니다.

---

92 ★★★

要　好习惯　的　养成　节约用电
→ 要养成节约用电的好习惯。전기를 아껴 쓰는 좋은 습관을 길러야 한다.

用电 yòng diàn 전기를 사용하다

'养成习惯'은 빈출 동목구로 '습관을 기르다'라는 뜻입니다. 조동사 '要'는 동사 앞에 쓰입니다. '的'는 관형어와 중심어를 이어주는 역할을 하므로 '节约用电'과 '好习惯' 사이에 쓰이는 것이 적절합니다. 한편 당연히 그러해야 함을 표현하는 당위의 문장에서는 주어가 생략될 수 있습니다.

---

93 ★★

经验是　一步一步地　要　积累的
→ 经验是要一步一步地积累的。경험은 한 걸음씩 쌓아야 하는 것이다.

一步一步地 yí bù yí bù de 한 걸음씩

135

'是'와 '的'가 동시에 나오면 '是……的' 강조 구문일 가능성이 높습니다. 완성된 문장에서는 '是……的'가 '一步一步地(한 걸음씩)'라는 방식을 강조하고 있습니다. 조동사 '要'와 '一步一步地'는 부사어로서 술어 앞에 위치해야 하는데 부사어의 어순 '시간사 + 부사 + 조동사 + [개사구/地가 쓰인 부사어]'에 따라 '要'가 '一步一步地'의 앞에 놓입니다.

---

94 ★★★

这个导游　一些　更阳光　比其他导游
→ 这个导游比其他导游更阳光一些。 이 가이드는 다른 가이드들보다 조금 더 활달하다.

导游* dǎoyóu 몡 가이드 │ 阳光* yángguāng 휑 활달하다, 밝다

개사 '比'가 있는 것으로 보아 비교문임을 알 수 있습니다. 비교문은 '주어 + 比 + 비교 대상 + 형용사/동사'의 형식입니다. 부사 '更'을 보고 형용사 '阳光'이 술어라는 것을 알 수 있습니다. 명사구인 '这个导游'가 문장의 주어로 쓰여 '这个导游 + 比其他导游 + 更阳光'의 비교문이 됩니다. '一些'는 차이를 나타내는 차량보어로, 술어 뒤에 위치합니다. 차이가 작다는 것을 나타내는 차량 보어에는 '一点儿' '一些' 등이 있고, 차이가 크다는 것을 나타내는 차량 보어에는 '得多' '多了' '很多' '不少' 등이 있습니다.

---

95 ★★

那棵树　20米　高　大约有
→ 那棵树大约有20米高。 그 나무는 대략 20m만큼 높다.

棵* kē 양 그루 [나무, 풀을 세는 양사]

'有'나 '没有'가 형용사와 함께 출제되면 비교문일 가능성이 큽니다. '有'가 들어간 비교문은 '주어 + 有/没有 + 목적어 + (这么/这样/那么/那样) + 형용사'의 형식으로 쓰입니다.

✦ **고득점 Tip**

她已经有妈妈高了。 그녀는 이미 엄마만큼 크다.
今天天气有昨天那么冷吗? 오늘 날씨는 어제만큼 춥니?

96 ★★

脏* zāng 형 더럽다

모범 답안

(1) 他把那个脏镜子擦干净了。그는 그 더러운 거울을 깨끗이 닦았다.

(2) 因为我的镜子脏了，所以我擦了擦镜子。
나의 거울이 더러워졌기 때문에 나는 거울을 좀 닦았다.

镜子* jìngzi 명 거울 | 干净 gānjìng 형 깨끗하다

거울을 닦고 있는 상황입니다. '擦(닦다)' '镜子(거울)' 등의 단어를 쓸 수 있습니다. (1)처럼 '把'자문 형식을 활용하거나 (2)처럼 동사 중첩을 활용할 수 있습니다. 동사 중첩 중 '동사1 + 了 + 동사2' 형식은 동작이 완료되었음을 나타냅니다.

97 ★★★

道歉* dàoqiàn 통 사과하다

모범 답안

(1) 我误会你了，应该向你道歉。
제가 당신을 오해했으니, 당신께 사과드려야 합니다.

(2) 道歉的方式很重要，不能太随便。
사과하는 방식은 중요해서 제멋대로 하면 안 된다.

向 xiàng 개 ~에게 | 方式 fāngshì 명 방식, 방법 | 随便* suíbiàn 통 제멋대로 하다

한 남자가 고개 숙여 사과하고 있는 상황입니다. '道歉'은 이합동사이기 때문에 목적어를 쓸 수 없고, '개사 + 목적어 + 이합동사'의 형식으로 써야 합니다. '道歉'은 주로 '向……道歉'의 형식으로 쓰여 '~에게 사과하다'의 뜻을 나타냅니다. 이합동사인지 확신할 수 없는 경우에는 (2)와 같이 수식어로 활용하는 것도 하나의 방법입니다. 참고로 '道歉'과 '抱歉'을 헷갈리면 안 됩니다. '道歉'은 '道(말하다)'와 '歉(미안함)'이 더해져 '사과하다'라는 뜻을 나타내고, '抱歉'은 '抱(품다)'와 '歉(미안함)'이 더해져 '미안하다'라는 뜻을 나타냅니다.

98 ★★

压力* yālì 명 스트레스, 압력

모범 답안

(1) 虽然工作压力很大，但我还是要努力。
업무 스트레스가 크지만 나는 여전히 노력해야 한다.

(2) 工作带来的压力越来越大，经常让我头疼。
업무로 인한 스트레스가 갈수록 커져서 머리를 자주 아프게 해요.

虽然A，但是B suīrán A, dànshì B 비록 A할지라도 B하다 | 还是 háishi 부 여전히 | 带来 dàilái 통 가져오다 | 经常 jīngcháng 부 항상, 자주 | 头疼 tóuténg 통 머리가 아프다

여자가 컴퓨터 화면을 보면서 괴로워하는 상황입니다. '工作(일)' '头疼(머리 아프다)'과 같은 단어를 떠올릴 수 있습니다. 명사

단어를 암기할 때는 함께 쓰이는 동사와 형용사를 같이 외우는 것이 좋습니다. 예를 들어, '压力'는 '大'와 함께 '스트레스가 크다'로 외우면 좋습니다.

---

99 ★★★

打针* dǎzhēn 통 주사를 놓다, 주사를 맞다

모범 답안

(1) 昨天护士给我打针后，现在我就不发烧了。
어제 간호사가 나에게 주사를 놓고 난 후, 지금 나는 열이 나지 않는다.

(2) 因为我感冒了，所以今天去医院打针了。
나는 감기에 걸렸기 때문에 오늘은 병원에 주사를 맞으러 갔다.

护士* hùshi 명 간호사 | 发烧 fāshāo 통 열이 나다 | 因为A，所以B yīnwèi A, suǒyǐ B A하기 때문에 그래서 B하다

간호사가 환자에게 주사를 놓는 상황입니다. '护士(간호사)' '医院(병원)' 등 병원과 관련된 단어나 '发烧(열이 나다)' '感冒(감기에 걸리다)' 등 증상과 관련된 표현을 쓸 수 있습니다. '打针'은 이합동사이기 때문에 '给 + 목적어 + 打针'의 형식으로 써야 합니다. 또한 '주사를 놓다'와 '주사를 맞다' 두 가지 뜻이 모두 있기 때문에 '我被护士打针了。'와 같이 피동문으로 쓸 수 없습니다.

---

100 ★★

地址* dìzhǐ 명 주소

모범 답안

(1) 你能告诉我你家的地址吗？ 저에게 당신의 집 주소를 알려 줄 수 있나요?

(2) 我早就想不起小时候的地址了。
나는 어렸을 때의 주소를 진작에 기억하지 못한다.

早就 zǎojiù 부 일찌감치, 진작에

'地址'는 주소입니다. 지도 사진이 제시되었다고 '地图'와 헷갈리면 안 됩니다. 두 단어 모두 빈출 단어이므로 잘 기억해 두세요. (1)처럼 의문문을 활용하거나 (2)처럼 가능보어문 형식을 활용할 수 있습니다.

왜 정답인지 모두 풀이해 주는
HSK4급 모의고사

지은이 이준복, 성룡
펴낸이 정규도
펴낸곳 (주)다락원

초판 1쇄 발행 2020년 5월 15일

기획·편집 정아영, 한은혜, 이상윤
디자인 구수정, 박선영

녹음 중국어 차오훙메이(曹红梅), 피아오룽쥔(朴龙君)

다락원 경기도 파주시 문발로 211
전화 (02)736-2031 (내선 250~252 / 내선 430~439)
팩스 (02)732-2037
출판등록 1977년 9월 16일 제406-2008-000007호

정가 15,000원 (해설서+문제집+MP3 무료 다운로드)
ISBN 978-89-277-2276-2 14720
       978-89-277-2275-5 (set)

www.darakwon.co.kr
• 다락원 홈페이지를 방문하시면 상세한 출판 정보와 함께 동영상 강좌, MP3 자료 등 다양한 어학 정보를 얻으실 수 있습니다.